识干家

企業閱讀　學以致用

从零开始
打造产业园区

刘晓君◎著

天津出版传媒集团
天津人民出版社

图书在版编目（CIP）数据

从零开始打造产业园区／刘晓君著．--天津：天津人民出版社，2021.7

ISBN 978-7-201-17431-0

Ⅰ.①从… Ⅱ.①刘… Ⅲ.①工业园区—经营管理—研究—中国 Ⅳ.①F424

中国版本图书馆CIP数据核字（2021）第122972号

从零开始打造产业园区
CONG LING KAISHI DAZAO CHANYE YUANQU
刘晓君 著

出　　版　天津人民出版社
出 版 人　刘　庆
地　　址　天津市和平区西康路35号康岳大厦
邮政编码　300051
电子邮箱　reader@tjrmcbs.com

责任编辑　李　羚
策划编辑　李俊丽
装帧设计　仙　境

印　　刷　河北宝昌佳彩印刷有限公司
经　　销　新华书店
开　　本　710毫米×1000毫米　1/16
印　　张　17
字　　数　228千字
版次印次　2021年7月第1版　　2021年7月第1次印刷
定　　价　98.00元

导 读

本书围绕产业园区项目洽谈、产业定位、规划设计、园区招商、园区运营和项目落地六个方面，系统地阐述了一个园区项目从产业定位到园区运营全链条实操要点。与其他同类书不同的是，本书有案例、有工具、有方法，实效落地可操作，拿来就可用，用了就有效，凝结了笔者和所在集团24年的产业地产操盘经验。

笔者从事产业地产多年，先后在集团的市场投资发展中心、产业地产研究院、商学院、园区运营中心等部门担任项目总经理，分别负责了项目的合作洽谈、产业研究、人才培训和园区运营等工作，参与了8个园区项目的落地谈判，指导了10个园区项目总经理，培训了500多名产业地产招商人员，服务了2000多家园区企业。近几年，随着集团规模的扩大，又担任集团产业地产项目总经理一职，亲自操盘两个300亩以上的产业园区项目，全面负责园区的规划、建设、招商和运营工作。通过自身的实际操盘经验，不断学习、积累和总结，期间分别编写了《园区项目开发实操流程》《园区市场化招商管理手册》及《园区运营管理标准化手册》等内部培训教材。在本书写成初稿的时候，就在各部门传阅和学习，是一本非常实用的培训教材，对园区操盘具有实战指导意义，深受集团各部门负责人的喜爱。

第一章主要介绍了产业园区发展由结构单一转变为“产城融合”和产业园区的四种开发建设模式。

第二章主要介绍了产业园区从政府建园到政企合作共建的转变，了解县域产业基础情况，向关键人传递项目合作模式的价值，以及签订项目战略合作框架协议的注意事项。

第三章主要介绍了制订产业调研计划的方法，列举产业调研清单的工具，实施产业调研工作的具体步骤和提纲，编写产业调研报告的方法及研讨产业调研报告的注意事项。

第四章主要介绍了工业地产基本概念，总体规划设计标准，建筑单体总体设计原则与建筑工艺设计标准，结构设计标准，电气设计成本控制措施，给排水工艺设计标准和工程建设全阶段关键节点流程图。

第五章主要介绍了招商团队的建设与管理，招商政策的制定与解读，招商渠道的建设与运营，营销推广方案的策划，基本招商方法与招商人员素质要求。

第六章主要介绍了企业全生命周期概念与服务需求特点，“四链一圈”创新服务体系的内涵，园区运营管理的“三驾马车”和科技孵化器管理办法与众创空间的申报资质要求。

第七章主要介绍了商务谈判策略与技巧，项目合作模式招标文件的检查要点。

本书适合产业地产各层级从业人员阅读，如果你是园区操盘手，可以从本书获得全流程的实操经验，具有借鉴和参考意义；如果你是一个招商人员，可以了解和学习如何做好产业调研、产业策划的思路、标准厂房的规划设计及园区的运营等方面的内容，拓宽自己的横向知识面，提升自己的综合素质和业务能力水平，对实际招商工作具有很强的指导意义；如果你是一个产业地产从业小白，自己愿意学习，理论联系实践，根据书中的方法和工具也能做得像模像样。

目 录
Contents

第一章

缘起丨产业园区改革创新之路

随着社会的不断进步，中国传统的产业园区发展模式已无法适应市场环境的变化，制约着经济发展，亟须改革创新。

第一节　产业园区发展由结构单一转变为“产城融合”

随着中国改革开放不断深化，很多企业越来越重视招商引资，要想成功地实现招商引资，企业就必须改变原有的单一产业结构，提高服务意识，为招商引资营造良好的环境，吸引外商投资。

一、劳动密集型产业结构单一

1978年，中国第一个对外开放的工业园区——蛇口工业园创立。“园区+地产”，即产业园的商业模式第一次出现在世人面前，随后这种商业模式如雨后春笋般在全国各地迅速崛起，成为许多地方政府与地产企业的核心生产力。

我国第一批国家经济技术开发区整体收益如表1-1所示。

表1-1　我国第一批国家经济技术开发区整体收益

第一批14家国家经济技术开发区	
项目	**收益**
总产值	145.94亿元
税收	7.9亿元
出口额	11.4亿美元
累计合同利用外资	13.77亿美元

这一阶段的产业园区发展基础薄弱。在传统管理观念的束缚下，园区远离主城区，不仅缺乏基本的生产条件，也无法借助主城区已有的产业基础发展经济。由于当时中国还在快速发展简单的劳动密集型产业，国内很多大型工程都在开工建设，而且招商引资工作初步开启，导致发展产业园区的资金缺口较大。

尽管这一时期的产业园区整体上以规模较小、技术含量低、劳动密集型产业为主，但是对于我国整个产业园区的发展来说十分重要。其开辟了经济发展新模式，把“产业园”理念落地，各个产业园区的管理者相互借鉴成功经验也为产业园区建设发展提供了参考。

在产业模式上，中国第一代产业园区随着改革开放的浪潮而出现，主要以低端劳动密集型产业为主，其产业园区功能和形态单一，仅是以满足企业的生产制造功能为主。

二、升级的高新技术产业园

1992 年，我国沿海地区掀起新一轮对外开放和引进外资的热潮，产业园区发展迅猛。

1999 年，国家实行彻底分税制，又称“完全分税制”，出口退税，利用外资进行产业结构调整，给大批沿海地区的产业园发展带来新的挑战。

从产业模式上来说，园区引进外资项目的质量明显得到提升。一方面，许多国际知名企业入驻产业园区，带来上亿美元的大项目；另一方面，引进项目的技术含量和技术水准较高，不仅填补了我国相同行业的技术空白，还直接推动了我国工业现代化进程，成为主城区的重要经济增长点。

随着汽车制造、生物制药等产业的发展，高新技术产业概念兴起，各类经济技术开发区在全国铺开，科技研发、商务办公等业态开始出现，资本和技术密集型产业得到发展，有效地促进了各地产业结构升级。

三、功能复合的综合性园区

2001 年，我国加入世界贸易组织，进一步增强了我国产业园区与世界经济的联系，这一时期的资本疯狂占领市场，产业园区也得到了迅猛发展。

由于产业园区扩张速度较快，管理不规范，2003 年和 2005 年，国家对全国范围内部分产业园区进行清理整顿，产业园区由6866家减少到1568家。

在发展模式上，产业园区呈现出精细化发展的趋势，衍生出物流、金融、商务等生产性服务业，并向生产制造企业周边集聚，开始形成完整的上下游产业链，走向功能复合化发展之路。

四、“产城融合”的复合型园区

2011年，国务院发布《关于印发全国主体功能区规划的通知》，其中指出要加快产业园区转变经济发展模式，促进产业园区经济长期平稳较快发展。

在发展模式上，相比过去的产业园区，除了厂房、办公楼、商务酒店，商店、学校、医院等业态出现，不仅在功能上全面契合城市发展的需要，还打造了宜居环境，能够更加有效地吸引人才、留住人才。

产业园区的类型十分丰富，包括高新技术产业开发区、经济技术产业开发区、科技园、工业区、金融后台、文化创意产业园区、物流产业园区等，以及近年来各地陆续提出的产业新城、科技新城等，产业园区开始向“产城融合”方向发展。

“产城融合”的产业园区发展更加注重构建生态产业体系，致力于打造汇集住宅区、商业街、办公楼、休闲区、娱乐区于一体的城市综合体。要实现这一目标，产业园区管理者的运营能力尤为重要，他们凭借市场化手段，依托专业化的服务平台，高度重视产业发展与城市扩张之间的内在联系，使得“产城融合”成为支撑区域经济社会发展的一个突出亮点。

【案例】

长沙高新技术产业开发区

长沙高新技术产业开发区创建于1988年，1991年获批首批国家级高新技术产业开发区。园区区位条件优越，位于长沙城市西中心，东临湖南金融中心，南接岳麓山大学城，是天然的科技成果转化区。园区内长（沙）—（湘）潭西线，长（沙）—常（德）高速，城市西二环线，城市三环线（京珠高速长沙段西线）纵横贯通，地铁2号线、6号线、长株潭城际轻轨均在区内设有站点，现有43条公交线路通达麓谷。依托路网优势，可以迅速进入长邵娄高速、（北）京—珠（海）高速、上（海）—瑞（丽）高速、319（厦门—成都）国道和107（北京—深圳）国道。高新区距湘江新区综合交通枢纽1公里，距市委、市政府驻地3公里，距高铁西站7公里，距长沙霞凝港10公里，距火车站10公里，距高铁南站18公里，距黄花国际机场28公里。

园区内现有企业32000家，其中外资企业近200家，世界500强企业及其分支机构31家，海内外上市公司45家，知名央企50余家，形成了先进装备制造、新一代信息技术（移动互联网）、新能源与节能环保的“两主一特”产业聚集区和新材料、生物医药与健康、现代服务业等优势产业集群，移动互联网、航空航天、信息安全、增材制造、新能源装备、先进储能材料、军民融合、文化创意、绿色节能、人工智能、区块链等新兴产业正加速集聚，蓬勃发展。作为“三区叠加”（三区即长株潭两型社会配套改革试验区、长株潭国家自主创新示范区、国家级湘江新区产业核心区）的产业园区，长沙高新技术产业开发区依托“一区四园”的发展优势，在2019年实现企业总收入近5000亿元，综合实力在全国168个国家级高新技术产业开发区中排名第11位，产业园区竞争力排名第10位，国家级研发机构数量全国排名第3位。

长沙高新技术产业开发区发展的四个阶段如下：

第一阶段：1988 年 7 月—1991 年 3 月，起步阶段。经国务院批准，1988 年 7 月长沙科技开发试验区正式成立，这一阶段的特征是“因陋就简、就地起步，集中管理、分散经营”，逐步建立管理机构，形成科技产业，为试验区进入国家级梯队奠定了基础。

第二阶段：1991 年 3 月—1997 年 4 月，进入国家级梯队的探索阶段。1991 年 3 月长沙科技开发试验区进入国家级梯队，随后，长沙科技开发试验区更名为长沙高新技术产业开发区，这一阶段的特征是“一区一园，以区为主”，在管理上形成“省市共管、以市为主”的体制。同时，这一阶段政策区产业迅速发展，集中园建设经历了先起步后停滞的过程，出现发展严重滞后的局面。

第三阶段：1997 年 4 月—2004 年 8 月，“一区多园”重新起步阶段。1997 年 4 月科技部批准长沙高新技术产业开发区调整为“一区四园”，而湖南省、长沙市两级政府又逐步将范围扩大，调整为“一区多园”，这一阶段的特征是产业逐步向各园区集聚，形成“产业归口管理、园区统一政策、集中高效服务、信息综合统计、利益分级共享”的管理体制，并逐步转变为各园区实行“封闭式管理、开放式运行”，高新区直接管理岳麓山科技园并继续发展政策区产业。特别是 1999 年 1 月长沙市委、市政府决定加快岳麓山科技园望城坡产业基地（即麓谷）规划建设，此举标志着岳麓山科技园集中建设重新起步，为落实发展空间奠定了坚实的基础。

第四阶段：从 2004 年 8 月到现在，建设科技产业新城阶段。高新区岳麓山科技园（麓谷）实现带镇（街）发展，发展特征开始呈现出三个转变，即“从科技园区向科技产业新城转变，从纯科技产业向多业并举转变，从园区管理向准政府转变”，这一转变使得长沙高新技术产业开发区有了明确的发展方向，同时也承担了更多的社会管理责任，履行了准政府的社会管理职能。2009 年 10 月，长沙高新技术产业开发区被科技部正式批准为部、省、市共建的国家级创新型园区试点园区，2014 年底，国务院批复同意长沙、株洲、湘潭三个国家级技术产业开发区建设国家自主创新示范区，高新区战略地位不断提升，将发展成为创新的示范区、改革的试验区、产业的集聚区，成为中西部地区经济发展新的增长极。2019 年，长沙高新技术产业开发区科技创新指标排名全省第一，在全国 169 个国家级高新区中综合排名提升到第 11 位。

第二节　产业园区的四种开发建设模式

产业园区是产业聚集发展的重要载体，招商引资的主要平台，对外开放的窗口，经济发展和城市化进程的推进器。产业园区的开发建设主要有以下四种模式：

一、政府主导，园区平台公司开发建设模式

我国最常见的产业园区开发模式是政府主导，园区平台公司开发建设模式。它是以政府为主导，根据城市和产业发展规划的要求，基于社会经济发展等因素，经招商引资、土地出让等方式引进符合产业定位的发展项目，以地产为载体，产业项目为依托，实现城市功能建设的开发模式。

政府根据产业运营的特点进行规划与开发，并在此基础上为园区提供政策支持、税收优惠等，这种模式的产业园区具备集中统一、权威性高、规划性强、形成周期短等优势。

长沙经济技术开发区成立于 1992 年，2000 年升级为国家级经开区，是湖南省首家国家级经开区。园区位于长株潭自主创新示范区和长沙东部开放型经济走廊，经过 28 年的发展沉淀，园区形成了工程机械、汽车及零部件、电子信息等“两主一特”产业格局，工程机械、汽车

及零部件产业均为千亿产业。截至目前，园区共有规模以上工业企业237家，年产值亿元以上企业96家，过10亿元企业18家，过100亿元企业5家，过1000亿元企业1家，世界500强投资企业34家。2019年，实现规模工业总产值2426亿元，规模工业增加值577亿元，工商税收155.5亿元。在商务部2019年国家级经开区综合发展水平考核中位列第17位，在21世纪经济研究院发布的《2019年全国经开区营商环境指数报告》中位居全国第八、中部第一，已成为中部地区工业发展的核心增长极和重要驱动力。

二、规模龙头企业投资开发建设模式

规模龙头企业投资开发建设模式是指在特定产业领域内具有强大实力的企业获取大量的自用土地后建造一个相对独立的工业园区，并在自身入驻园区且占主导地位的情况下，借助其在产业中的强大号召力，以出售、出租等方式吸引同类企业集聚，最终完善整个产业链的开发建设模式。

这种开发建设模式以规模龙头企业为主导，一方面符合主体企业战略发展的要求；另一方面带动同类产业的聚焦，促进了整个城市经济的专业化建设。

但是，从城市建设的角度来说，相较政府主导的开发建设模式，规模龙头企业投资的开发建设模式是自发形成的，因此存在建设速度慢、形成周期长、缺乏整体规划、具有一定程度的盲目性等劣势，难以形成城市专业化发展的主要模式。

三、产业地产商投资开发建设模式

产业地产商投资开发建设模式是房地产投资开发企业在工业园区内或其他地方获取土地项目，进行项目的道路、绿化等基础设施建设乃至厂房、仓库、研发等房产项目的营建，然后以租赁、出售或合资、合作经营的方式进行项目相关设施的经营、管理，最后获取合理的地产开发利润。

联东集团创立于1991年，是中国领先的产业园区专业运营商。以“联东U谷”为核心品牌，致力于支持中国实体经济发展，专注园区产业运营，服务中国新兴产业，已在全国超过45个城市投资运营产业园区。截至2019年，“联东U谷”连续8年在国务院发展研究中心企业研究所、中国指数研究院联合发布的“中国产业园区十强企业排行榜”和“中国产业园区品牌价值排行榜”中高居榜首。

华夏幸福基业股份有限公司创立于1998年，是中国领先的产业新城运营商。其投资建设房地产项目，修建工业园区及基础设施，提供房地产中介服务、施工设备服务，进行企业管理咨询、生物医药研发，开展科学技术推广服务。

华夏幸福以“产业高度聚集、城市功能完善、生态环境优美”的产业新城作为核心产品，通过“政府主导、企业运作、合作共赢”的PPP市场化运作机制，在规划设计服务、土地整理投资、基础设施建设、公共配套建设、产业发展服务、综合运营服务六大领域为区域经济提供可持续发展的综合性解决方案。

四、政企合作，园企共建的综合运作模式

综合运作模式是指政府主导，园区平台公司开发建设模式与规模龙头企业投资的开发建设模式、产业地产商投资开发建设模式混合运用的开发模式。在这种模式下，政府提供土地，给予减免税收等优惠政策，并成立管委会负责行政管理事务，园区平台公司或地产商投资开发建设并提供相应的园区服务，规模龙头企业入驻发挥产业号召力，多方合力共同推进产业园区开发和经营。

综合运作模式既能充分发挥政府的指导性，也能发挥市场的灵活

性，责权明晰，有利于引入多元化投资主体实施综合性、大规模成片开发项目。但是，这种模式对政企关系协调要求非常高，如果政企关系处理不当，很容易造成产业园区发展停滞不前的局面。

综上所述，单纯采用一种开发模式很难顺利推进产业项目，因此，必须基于区域经济发展情况设计具有针对性的开发方案，灵活运用多种开发建设模式，才能提升园区开发效率，实现园区经营目标。

【案例】

综合运作模式

——湖南金荣集团探索首创的 EPC + O 模式介绍与实践案例

党的十八届三中全会指出经济体制改革是全面深化改革的重点，核心问题是处理好政府和市场的关系，使市场在资源配置中起决定性作用。这要求政府转变政府职能，建设服务型政府。

产业园区是先进制造业的聚集地，是实体经济发展的“主战场”。长期以来，我国产业园区开发建设运营多由园区所在地政府派出机构园区管委会及其下属开发公司主导，市场化程度不高。

如何解决政府园区市场化程度不高带来的土地利用率低、产业招商难、运营服务欠缺、隐性债务增加等问题？

湖南省产业园区建设领导小组发布的《2020 年湖南省产业园区工作要点》给出改革的方向，即以推进市场化改革为主线，以推进亩均产出提高、特色产业集群培育提速、绿色集约化发展水平提升为重点，推动实现园区经济质量变革、效率变革、动力变革。

金荣集团根据近 20 年市场化建设及运营产业园区的经验，探索首创的 EPC + O 模式提供了市场化改革新模式和高质量发展新动能。

EPC + O 模式如图 1 – 1 所示。

EPC + O 模式以“科学定位、合作共建、市场运作、共享发展”为

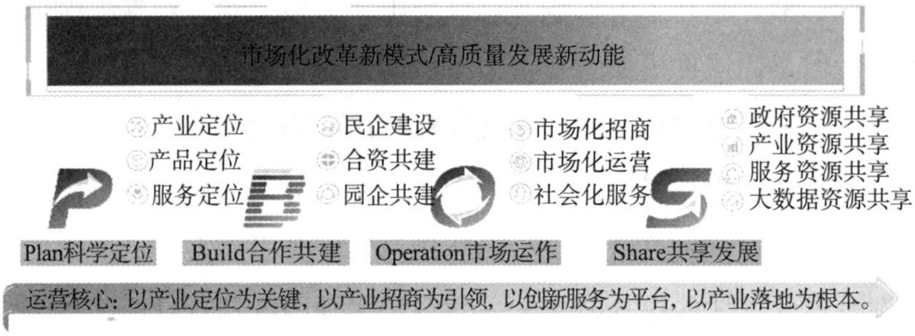

市场化改革新模式/高质量发展新动能

Plan科学定位	Build合作共建	Operation市场运作	Share共享发展
产业定位	民企建设	市场化招商	政府资源共享
产品定位	合资共建	市场化运营	产业资源共享
服务定位	园企共建	社会化服务	服务资源共享
			大数据资源共享

运营核心：以产业定位为关键，以产业招商为引领，以创新服务为平台，以产业落地为根本。

图 1－1　EPC＋O 模式

主旨，通过市场化招商、市场化运营、社会化服务等方式构建“一主一特多辅”的地方性产业结构，开展产业链、产业集群招商，打造竞争优势明显的特色产业园区，提升园区资产价值，提高土地利用率，化解地方政府隐性债务，重构现代产业体系和现代化经济体系，推动区域经济高质量发展。

（1）科学定位（P）是 EPC＋O 模式的前提

根据实地产业调研结果，结合不同地区的产业资源、自然资源、技术资源、市场资源、人力资源，遵循一主导产业、一特色产业、若干辅助产业的原则来确定当地的产业定位，实现地区间产业的差异化、特色化发展。

根据不同的生产工艺、发展阶段、发展水平和企业需要，配置不同的标准厂房、孵化楼、总部大楼，进行产品规划设计定位，提供孵化链、产业链、产业集群等环境和创投风投、银行金融、供应链金融、智慧园区管理、科技孵化、知识产权、国际创新服务、社会化服务等服务平台。

（2）合作共建（B）是园区建设的创新形式

园区建设有民企建设、合资共建和园企共建三种形式。常规形式建设 10 万平方米标准厂房大概需要 24 个月，园企共建形式只需要大概 10 个月，大大缩短了建设周期，减少了工程造价，提升了资金周转效率，提高了产业落地速度。

(3) 市场运作 (O) 是 EPC + O 模式的核心竞争力

具体包括市场化招商、市场化运营和社会化服务。

在市场化招商方面，金荣集团在湖南省商务厅领导的支持下建设湖南—粤港澳产业转移综合服务中心和长三角产业转移综合服务中心，打造一个近千人的专业招商团队，开展产业链招商、行业商协会招商、产业集群招商，实现在园区开工建设前就完成 20% 的预招商，到园区建成时即完成 80% 的招商。

在市场化运营方面，金荣集团构建“四链一圈”，提供“八大服务体系”，打造“十六大服务平台”，不断完善中小企业成长生态圈。引入社会资本，参与组建省级 EPC + O 产业基金，以成本价收购闲置园区资产，注入产业资源，提升资产价值，这些是 EPC + O 模式的重要创新。

在社会化服务方面，金荣集团导入创投风投、银行金融、供应链金融、智慧园区管理、知识产权、智慧食堂等平台资源与增值服务，解决园区企业党建、工商注册、用工、知识产权保护及员工食住行等一系列问题。

(4) 共享发展 (S)

通过政府资源共享、产业资源共享、服务资源共享、大数据资源共享的方式实现各方获益，多方共赢，构建新型共享发展关系，推动地方经济长期可持续性高质量发展。

EPC + O 模式的实践案例

2017 年，金荣集团与祁阳县合作，开创了“政企合作，园企共建”的 EPC + O 模式，共同建设运营祁阳科创产业园，由“政府建园”转变为“市场建园”，由“政府招商”转变为“市场招商”，以成本价向企业销售标准厂房等市场化手段，结合产业培育和企业服务，推动祁阳科创产业园高质量发展。经过两年多的发展，园区规模工业总产值由

180亿元提升到350多亿元，税收由3.5亿元提升到7.6亿元，规模工业企业由79家增长到169家，建成24万平方米标准厂房，完成37万平方米标准厂房的招商，培育了5个主导产业，极大地推动了祁阳产业的高速高质量发展，实现了园区经济总量大提升，发展质量大跨越，整体面貌大变样。

祁阳的成功经验带动了湖南省各地市县的积极跟进，省委、省政府高度重视这一改革成果。长沙市高新区、望城经开区、湘潭市高新区、永州市经开区、株洲市渌口区、岳阳市经开区、邵阳县、澧县、资兴、汨罗、零陵、衡南县、慈利县等已经或计划引入这一模式建设运营当地产业园区。全省推广EPC+O模式被写入湖南省园区办一号文件《2020年湖南省产业园区工作要点》。

EPC+O模式有效地解决了以下几个方面的问题：

（1）依托市场资源，解决政府园区建设所需资金。

（2）提高土地利用率，实现土地集约化使用。

（3）缩短园区建设周期，加快落地。

（4）由行政招商转变为市场化招商。

（5）由政府运营园区转向市场化服务。

（6）打造产业集群，实现园区经济高质量发展。

第二章

连接 | 如何高效对接政府实现战略合作

政企合作、园企共建的综合运作模式是由专业的产业地产开发运营服务商与政府以 EPC + O 模式合作共建园区，在满足资金、土地和园区建设平台公司等条件的基础上，首要工作是开始准备与政府实现高效对接，实现战略合作。

第一节 了解县域产业基础情况

俗话说："知彼知己，百战不殆。"要合作就得先从宏观角度了解项目所在县域经济和产业布局等基础情况。

一、获取县域产业情况资料的渠道

如何了解县域经济和产业布局等基础情况？我们可以通过网络收集和实地调研两种方式获取资料。

（一）网络收集获取资料

网络收集主要是指从公开渠道进行资料收集。为保障资料的准确性，必须从官方渠道获取一些关键数据，具体有以下两个官方渠道：

（1）政府官网。政府官网是指包括工业园区管委会、国土局、统计局、规划局、经信委、发改委、市场投资促进局等项目所在区域的政府官方网站。

（2）专业机构的研究报告。专业机构的研究报告中包含最新的各产业分析报告、城市经济运行分析报告等。一般专业机构的研究报告需要收取一定的费用。

（二）实地调研获取资料

实地调研获取资料花费的人力、物力比较大，收集的几乎都是第一手资料，一般通过政府渠道获取产业分析资料。除了纸质的资料外，调研人员还需与相关人员见面，进行面对面的访谈。

调研人员可以从以下三个方面进行实地调研：

（1）与政府相关人员面谈。一般通过对国土局、统计局、规划局、经信委、工业园区管委会等相关人员进行访谈，作为网络调研的补充。

（2）企业调研。深入当地企业，尤其是龙头企业，了解其发展情况、未来规划，该企业管理者对园区环境的看法，以及上下游企业的基本情况。

（3）专家访谈。访问一些产业研究与区域研究领域的专家，了解其对该区域发展现状的看法及对该区域产业发展趋势的分析。一些当地高校会有这样的专家。

二、应了解县域产业情况的资料

在掌握信息渠道的基础上，我们应具体了解哪些基础资料？笔者认为，应该从城市发展资料、产业现状资料及产业发展趋势资料三个方面了解县域产业情况。

（一）城市发展资料

从区位交通、城市人口、宏观经济、城市规划等方面了解一个城市及其所处城市群，是判断城市或城市群发展情况的重要资料，是判断项目所在区域价值的重要手段。

城市发展资料如表 2－1 所示。

表 2－1　城市发展资料

类型	详细内容
区位交通	区位：所处城市、城市群或特定区域的基本情况 交通：现状交通网与规划交通，包括水路、公路、航空、铁路等
城市人口	总人口、城镇人口、城镇化率
宏观经济	所处城市或城市群的 GDP 及其变化趋势、固定资产投资、消费水平、企业数量与经济活力
城市规划	包括土地利用规划、空间规划、人口规划等

（二）产业现状资料

产业现状资料主要反映一个地区的产业结构、主导产业与新兴产业等，从近几年的发展状况来判断各产业的走向与趋势。除需要了解项目所处城市或园区的产业现状外，还需要对周边园区的产业现状，尤其是中心城市的产业现状有准确的了解与把握，并从各大产业的企业基数来判断目标企业数是否足够支撑项目运行。

产业现状资料如表2－2所示。

表2－2 产业现状资料

类型	详细内容
产业结构	按三产划分的产值与比值数据、各产业的产值与比值
工业发展现状与工业增加值	工业总产值、工业增加值及其增长率，在城市群中的地位，规模企业的数量及其完成的工业增加值
主导产业数据	近年来各主导产业产值及占比、龙头企业与产业聚集情况
新兴产业数据	近年来各新兴产业产值及占比、龙头企业与产业聚集情况、新兴产业招商成果与反馈情况

（三）产业发展趋势资料

从政策及周边地区的要素对比情况找出项目所处区域的比较优势，判断未来产业的发展趋势，如表2－3所示。

表2－3 产业发展趋势资料

类型	详细内容
政策	各级政府对项目所处区域的产业规划与相关优惠政策
产业增长	各大产业产值增长情况、招商引资情况
周边地区产业对比情况	近年来各主导产业产值及占比、龙头企业与产业聚集情况

第二节 向关键人传递EPC＋O项目价值

敲开客户的门，找到项目关键人，传递EPC＋O项目价值，这是项目成功的前提条件。在实际工作中，一个项目从洽谈到签订战略合作框架协议需要经历3次以上沟通，跨度长达3个月甚至更长的时间。比如金荣集团在祁阳落地的第一个 EPC + O 项目——祁阳科创产业园，高层领导之间互访、调研、交流，历经一年才达成合作意向，并且是在其他项目已经合作并取得一定成绩的基础上达成的。笔者亲历常德市澧县高新区项目，感触颇深。通过与该项目的党工委书记、高新区副主任交流，以及澧县高新区党工委书记率队到集团的 4 次调研交流，对集团的“政企合作·园企共建”理念有了较深的认识和理解，最后由澧县县委书记率领全县各部门领导到集团园区和祁阳项目调研考察后，最终签订战略合作框架协议。所以，要做出很多努力才能让一个项目落地。

如何向关键人传递 EPC + O 项目价值?

具体来说，可以采取以下几种方式:

一、发工作函

向对方投资促进局（之前叫商务局，有的地方称为投资促进中心）发函，说明拜访事由。

二、带上集团宣传资料，做好准备工作

未雨绸缪，有备无患，调研小组成员出发前先检查是否带了项目介绍所需的资料，比如集团宣传画册、项目介绍 PPT、视频等资料，以及发给对方盖有公章的调研工作联系函原件。切记，工作联系函是政府接待客户时产生费用报销的重要凭证。司机出发前必须检查车况是否良好，燃油是否充足，导航地点是否准确，出发时间是否充裕，同行人员是否报备出差流程。带队组长出发前还必须告知对方对接人出发时间和大致的到达时间。其中，调研小组成员必须着商务正装，注意个人形象。

三、抵达调研地点，开展实地调研工作

首先，调研工作小组要进行分工，安排主谈人员、辅谈人员、记录人员（含现场拍照人员）、宣讲人员等。

其次，在实地考察中要做到眼到、口到、笔到、心到。

“眼到”是指要留心观察园区的实际情况，比如周边环境（市区商业环境、园区道路情况、厂房层高及层数、产品参数、车间生产情况、倒班房宿舍、园区食堂、园区车辆摆放情况、环境卫生情况等）。

“口到”是要依据之前了解的县域经济、产业布局等材料进行现场核实。不要问一些不专业的问题，也不要说一些让政府领导尴尬的话题，在陈述园区的痛点时语气要委婉。

“笔到”是指要随时随地做好记录，重要的数据和问题必须记在工作笔记本上，这样在座谈会上发言的时候就可以作为素材。

“心到”是指要用心观察，用心说话，不能走马观花，敷衍了事，要善于发现问题，通过分析问题找到问题的根源。

最后，值得注意的是，一定要随身带好对方发给调研小组队长的行程安排表及参与座谈人员的名片，记住对方的姓名和职务，避免打招呼时出现尴尬局面。

四、进入会议室，面对面座谈交流

会谈双方进入会议室后，面对面交流环节非常重要。

第一，要注意交际礼仪。在主客双方面对面座谈前，先与重要领导（比如市委书记、县委书记、市长、县长）寒暄，互相交换名片，分发集团相关介绍资料，供对方阅读了解，等主要领导落座后我方工作人员再按顺序就座。

第二，座谈会主持人根据会议流程先后发言，介绍园区的情况，此时要细心倾听对方相关领导的讲话，并做好会议笔记。我方工作人员开始介绍集团基本情况时，先播放集团宣传视频，再由主谈人员和宣讲人员向对方详细介绍集团基本情况和“政企合作·园区共建”EPC+O模式的创新理念。

第三，在互相交流提问环节要做到用事实说话，展现我方的诚意。

在会谈中，对方领导会提出很多问题，下面列举几个问题。

（1）只听说过 EPC 模式，从来没有听说过 EPC + O 模式中的 EPCO 模式，这种模式是否合法合规，有没有相关的法律法规文件？

（2）采取 EPC + O 模式中的 EPCO 模式建设园区，如何解决资金问题？

（3）采取成本价销售标准厂房，如何实现盈利？

（4）你们投资建设这么多园区，招商压力很大，如何确保与我方合作后能完成园区的招商任务？

（5）园区标准厂房建成后，后期还要交给你们运营 5 ~ 8 年，我们现有的平台公司做什么？

（6）你们说自己的招商能力很强，在建设前期就要完成 20% 的招商任务，我们如何对你们进行考核？

（7）双方合作，你们会投资吗？如果投资，我们以成本价销售，你们靠什么盈利？

在座谈会上双方交流的过程中会出现很多问题，团队成员要充满自信，用事实说话，用专业的语言和真诚的态度打动对方。我方人员要做到不卑不亢，不拍胸脯胡乱承诺，一定要邀请对方领导率团到标杆项目和投资建设的园区进行实地考察、调研和交流，把 EPC + O 模式的价值充分传递给对方关键人，让对方加深了解。

最后，通过多次的交流互访、调研考察，双方需要达成以下三项共识：

（1）双方认同 EPC + O 模式，采用“政企合作 · 共建园区”的方式，签订战略合作框架协议。

（2）邀请集团领导到项目合作县域为各级领导干部做培训，详细讲解模式的创新理论。

（3）达成项目所在县域产业定位咨询服务合作。

示例一：赴项目所在地调研工作联系函

《赴××县调研工作联系函》

应××县高新区相关领导邀请，我方拟组织专业团队于2019年10月29日—11月1日赴××县进行产业调研相关工作。为切实做好此次调研对接活动，特制定本方案。

一、活动时间

2019年10月29日（周二）—11月1日（周五）

二、参加人员

我方参加人员9人，具体名单：

三、行程安排

第一天：10月29日（周二）

上午

08：30 从我集团统一乘车前往某县高新区管委会

11：45 抵达××县高新区管委会

12：00 午餐

下午

14：00 与××县高新区管委会相关领导座谈

（1）考察××县高新区基本情况和开发地块情况

（2）我方介绍EPC+O项目实施流程

（3）××县高新区管委会相关领导介绍园区相关情况

第二天至第四天：10月30日—11月1日（周三至周五）

08：30 企业调研与相关部门情况了解

14：00 企业调研与相关部门情况了解

四、调研支持

调研工作的市场、产业、企业对接情况，需××县高新区安排2~3人按我方分组陪同调研，需2台车

示例二：××集团高层赴项目考察对接案例

××集团来××县对接洽谈工作方案

××集团××领导一行6人拟于2019年11月12日—13日来我县考察产业发展、招商引资及洽谈双方开展EPC+O项目合作等工作。为切实做好此次考察接待工作，特制定本方案。

一、活动时间

2019年11月12日（周二）—11月13日（周三）

二、参加人员

1. ××集团方（6人）

2. ××县方

①县级领导：

廖××　　××县县委书记

冯××　　××县人大常委会主任

翦××　　××县县委常委、常务副县长

张××　　××县县委常委、统战部部长

周××　　××县县委常委、县委办主任

王××　　××县人民政府副县长

刘××　　××县高新区党工委书记

汤××　　××县高新区管委会主任

②县直单位：

县委办、政府办、高新区、发改局、财政局、工信局、招商促进事务中心、××实业、农发行

三、行程安排

第一天：11月12日（周二）

下午

14：30 我方一行从××集团统一乘车出发前往××县（全程约3

小时 30 分钟）

18：00 抵达 × × 县 × × 酒店，晚餐

× × 县陪同人员：冯 × × 等 6 人

高新区联络人：彭 × ×　　电话：

招商促进事务中心联络人：马 × ×　　电话：

19：30 住 × × 酒店（招商促进事务中心负责）

第二天：11 月 13 日（周三）

上午

7：30 × × 集团一行在 × × 酒店 3 楼自助餐厅吃早餐

8：00 × × 酒店大堂集合，前往 × × 县职中（参加人员：翦 × × 等 8 人；车辆：考斯特一辆、公车一辆，高新区负责）

8：10 参观考察 × × 县职中

8：30 出发前往创新创业园

8：50 实地考察标准厂房一期、二期及三期拟建地块（张 × × 准备好园区规划图纸）

9：30 从东区返回，走绕城北线

9：50 实地调研西区拟合作工业地块（原运达拟迁建的 340 亩地块）

10：10 考察 × × 企业

10：30 前往 × × 企业

10：40 考察 × × 企业

11：50 返回 × × 企业酒店

12：00 × × 酒店午餐（× × 县陪同人员：廖 × × 等 6 人）

下午

14：10 × × 集团一行在 × × 酒店一楼大堂集合，乘车前往 × × 县总工会（高新区负责引领）

14：30 × × 集团领导“招商引领 · 产业驱动”报告会

地点：××县总工会会议室

主持：廖××　××县县委书记

议程：

①××集团领导作“招商引领·产业驱动”主题演讲

②双方签订战略合作框架协议

甲方：翦××　××县人民政府常务副县长

乙方：李××　××集团领导

参加人员：

①××集团

李××等集团领导

②××县

县直副科级以上行政事业单位、县高新区、工信局、投资促进事务中心全体工作人员及××实业发展有限公司总经理

17：00 前往××酒店

17：30××酒店晚餐（参加人员廖××等6人）

19：00××集团一行返回长沙

四、职责分工

县委办：负责活动全程统筹调度，下发活动正式通知

高新区：负责与××集团对接，拟订接待方案初稿及 13 日下午会议主持词初稿，准备车辆，园区考察现场

总工会：负责 13 日下午会场布置

招商促进事务中心：负责 13 日下午战略合作框架协议的准备工作，负责 12 日、13 日的餐饮、住宿等后勤保障

××实业公司：负责 13 日考察创新创业园的现场准备工作

示例三：项目政府领导来××集团调研考察

赴××集团考察对接工作方案

根据县委、县政府工作安排，拟定于2019年10月22日—23日赴××集团考察对接EPC+O项目相关工作。为切实做好此次考察对接活动，特制定本方案。

一、活动时间

2019年10月22日（周二）—10月23日（周三）

二、参加人员

1. ××县方参加人员（9人）

徐××　　县委副书记、县长

张××　　县委常委、统战部部长

刘××　　县高新区党工委书记

戴××　　县财政局党组书记、局长

张××　　县发改局党组书记、局长

徐××　　县高新区党工委副书记、管委会副主任

唐××　　××实业发展有限公司董事长

司机、工作人员共2人

2. ××集团陪同人员

三、行程安排

第一天10月22日（周二）

下午

12：30从××县县政府大院统一乘车出发前往××工业园（全程约3小时30分钟）

16：00抵达××工业园，考察园区建设及有关企业情况

17：00××集团总部会议室座谈

18：30晚餐

住宿：××酒店

第二天 10 月 23 日（周三）

上午

08：00 酒店早餐

08：30 乘车返回××县

四、职责分工

此次活动的企业对接、车辆安排及相关后勤保障工作由××县高新区负责

第三节　签订项目战略合作框架协议

签订项目战略合作框架协议是迈向成功的第一步，集团必须认真对待，特别是与政府或国有企业签订战略合作框架协议，不能出岔子。

一、与业务合同的不同之处

项目战略合作框架协议与业务合同的不同之处主要体现在以下两个方面：

（一）战略合作框架协议通常不具备法律约束力

在大多数战略合作框架协议中通常会这样约定："本协议为框架式协议，仅为表明双方进行友好合作的意愿，不对双方构成法律约束力的义务或承诺。"或者是这样约定："本协议为双方战略合作的框架性协议，是对双方权利、义务原则性的约定，所商定事项为今后业务战略合作的意向文本，不构成协议双方互相追究违约责任的依据。"

即使有的协议并未如此约定，也会出现这样的文字表述："就合作过程中单个项目的合作模式、要求及双方的具体权利、义务，以双方今后签订的项目合同约定为准。"也就是说，战略合作框架协议中并没有约定之后的具体事项，即使约定，也不算数，最终还是以将来的项目合

同约定为准。

所以，这种协议的条款通常都不具备法律约束力。

（二）战略合作框架协议的条款内容较为原则性、抽象

战略合作框架协议通常都是约定合作的领域、合作原则，一般不会涉及具体的交易模式、交易金额、支付进度、结算方式等具体事项，这也是这种协议通常不具备法律约束力的主要原因。即使协议中未明确前述那些条款，但由于都是原则性、抽象的条款，所以不具备法律约束力。

二、战略合作框架协议的作用

战略合作框架协议可以说既重要，又不重要。之所以说重要，是因为从企业发展的角度来看，上升到“战略”的高度，还能说不重要吗？说不重要，是因为从合同的角度来看，协议不具备法律约束力，自然没有重要性可言。

所以，此类协议与其说是法律文件，不如说是商务文件。条款本身并不重要，重要的是企业是否跟合作方一起“玩”，“玩”的内容是否与企业自身的发展方向一致，企业是否会往这个合作领域投入相关资源。我们应该更多考虑的是协议背后的内容，而不是文本本身。如果这些问题没考虑清楚，签订战略合作框架协议后结果可能不了了之。这就是战略合作框架协议无法落地的原因。合作双方没有经过认真沟通、考察而签订的此类协议往往难以“开花结果”。

三、实务建议

根据以往在处理此类协议的过程中总结的经验，笔者认为在实务中应该注意以下三点：

（一）注意保密

可能有人会问：“既然是不具备法律约束力的协议，又不涉及具体事项，为何还得注意保密？”笔者认为签订战略合作框架协议确实有必要保密，一方面是为了防止泄露商业机密；另一方面则是避免影响未来项目中标结果的效力。

1. 防止泄露商业机密

假如双方准备合作的领域是一片大有可为的“蓝海”，而且其他同行都未涉足该领域，这时签订战略合作框架协议就应该低调一些，以免被竞争对手知道后“截和”。要想成为行业内的引领者，而不是跟随者，就必须抢占先机。所以，如果双方合作的是新兴业务领域，就需要低调一点，以免“起个大早，赶个晚集”。

2. 避免影响项目中标结果

我国《招标投标法》规定招标人与投标人不得在确定中标人之前就投标价格、方案等实质性内容进行谈判。在不少依法必须公开招标的项目中，如果招标人在招标前就与中标人就招标项目签订战略合作框架协议，而且条款内容涉及项目实施方案、金额、垫资比例等实质性内容，没有中标的竞争对手就会质疑中标结果的效力。

一些地方政府部门喜欢高调宣传这些战略合作框架协议的签订事宜，有的甚至还召开新闻发布会大力宣传。究其原因，可能与招商引资有关，这些战略合作框架协议可以作为招商引资的阶段性成果，不过这样做容易带来意想不到的麻烦，在实务中已经出现过类似的事例。

当然，如果双方签订战略合作框架协议的目的是造势，就可以忽略这一点。

（二）注意把握条款的具体内容

正如前文所述，有不少战略合作框架协议签订后并未落地，或者是未能按合作双方最初设想得那样落地。因此，为了避免承担违约责任，双方应注意此类协议的条款内容必须注明不具备法律约束力。

协议中一定要加上“不构成法律约束力的义务或承诺”之类的文字表述。即使出于种种原因未能加入此类语句，也应该注意不要约定具体的责任、义务，记得强调“以双方签订的具体项目合同的约定为准”。

如果双方认为确实需要提前锁定各自的权利、义务，需要详细约定后续合作的实质性内容，就必须明确一点：这份协议不再是单纯的战略合作框架协议。双方应该将其视为一份业务合同，合作双方各自在内部按照业务合同进行管理。在一些战略合作框架协议中，双方会约定共同设立公司，认缴出资比例或约定项目的支付进度等事项，这时就另当别论。

在起草、审查此类协议的过程中，大家一定要意识到一份协议的性质并不取决于名称，而是取决于具体的条款内容。

（三）让合适的部门来管理协议

按理说涉及战略的事项得由公司的最高决策层通过研究做出决定，但是在公司内部应该选定一个合适的部门来牵头管理战略合作框架协议的起草、谈判、签订及后续事宜。

由于思维定式，很多公司领导习惯将此类协议交给合同管理部门或法务部门，由其负责管理。笔者认为这种做法并不妥当，因为合同管理部门或法务部门的负责人会认为这类协议并不具备法律约束力，也不是具体的业务合同，他们的职责是防止这类协议的性质从双方设想的初步合作意向变成可作为“呈堂证供”的承诺。

最适合管理此类协议的部门应该是公司内部负责战略或市场发展的部门，因为大多数战略合作框架协议会关系到公司的战略发展方向或市场开拓情况。

正因为如此，企业管理者不能让合同管理部门或法务部门来牵头管理这些协议，让他们来把握公司的战略发展方向和市场开拓情况，岂不是“赶鸭子上架”？

综上所述，公司在与合作伙伴签订战略合作框架协议时应该防止让协议变成有法律约束力的合同文件，还要注意保密，防止泄露商业机密。最后，要在公司内部选定合适的部门来管理这些协议。

第三章

决策丨如何通过调研确定项目产业定位

针对项目合作园区进行产业定位，向集团投资决策委员会和政府部门提供重要决策依据是 EPC + O 项目合作与落地的“敲门砖”。没有产业定位，后期的项目规划设计、产业招商和园区运营犹如空中楼阁，无本之木，会为日后的工作埋下隐患。

何为产业定位？产业定位是指某一区域根据自身具有的综合优势和独特优势、所处的经济发展阶段及各产业的运行特点合理地进行产业发展规划和布局，确定主导产业、支柱产业及基础产业。主导产业是指在某一经济发展阶段中对产业结构和经济发展起着较强的带动作用及广泛、直接或间接影响的产业，它能迅速有效地利用先进技术和科技成果满足不断增长的市场需求，具有持续的高增长率和良好的发展潜力，属于生产联系链条中的关键环节，是区域经济发展的核心力量。

所以，产业定位是产业地产项目定位的方向。由于产业地产项目是中小企业聚集的载体，要最大限度地发挥集群效应，就必须从产业定位入手，对入驻企业有所选择，更好地发挥产业聚集效应，有利于项目的后期运营。

第一节 制订产业调研计划

完成产业定位咨询报告的第一步是制订产业调研计划。产业调研计划是行动的纲领，也是对接政府的重要文件。政府部门工作人员会根据调研人员提供的调研计划做出部署，协调各部门人员配合调研工作，主动提供产业调研所需的材料，安排调研人员的后勤保障等工作，让产业调研人员有章可循，无后顾之忧。

产业调研计划分为前言、调研目的、调研内容、调研对象及抽样、调研时间及单位、调研方法、调研流程及人员安排、调研预算表。下面我们来逐一论述。

（1）前言。需要阐述调研的背景、意义及通过调研解决的问题。

（2）调研目的。需要阐述调研的目的，比如了解城市发展情况、产业发展现状、分析产业发展趋势，等等。

（3）调研内容。需要详细列举调研的问题清单，比如产业数据报表、规划设计图、企业数据库、区域发展资料、园区运营管理，等等。

（4）调研对象及抽样。调研对象分为政府相关部门负责人、具有代表性的中小企业负责人、龙头企业负责人。调研人员要针对不同行业具有代表性的企业负责人进行抽样调查。需要注意的是要对调研对象加以选择，分清主次，确定调研的顺序，既要做到所选取的调研对象具有代表性，又要做到调研的全面性，要选取正反两个方面的调研对象开展调研工作。

（5）调研时间及单位。调研时间是调研计划的跨度（从什么时候开始，到什么时候结束），涉及的调研单位要以表格的形式体现出来。

（6）调研方法。目前有很多种调研方法，比如线上通过网络渠道收集资料，线下通过一对一面谈法、座谈法、实地观察法、样本数据分析法、问卷调查法、角色扮演法（扮演客户）等获取资料。

（7）调研流程及人员安排。调研流程可根据实际情况来确定，比如分组调研法（人员安排），一般分为政府部门调研小组、企业调研小组和市场调研小组；分步调研法（调研流程），一般分为调研前、调研中、调研后。调研流程的重点是安排好调研工作任务，明确调研工作任务的标准和完成时间，以及需要达到的效果。另外，需要提醒调研人员提前准备 B 方案，作为突发情况下的补救措施。

（8）调研预算表。调研预算表应该先列出明细，然后进行分类，最后制表。

第二节　列举产业调研清单

产业调研清单就像中医开出的药方，需要注意的是一要开对药方，二要抓对药，三要抓好药。调研人员不能乱列产业调研清单，要选取具有代表性的调研对象进行调研。集团策划部提出三定：一定产业，二定产品，三定服务。行业内的知名机构提出产业定位、行业定位、企业定位、产品定位、配套定位、服务定位、招商定位、运营定位八个定位，对产业定位咨询具有一定的借鉴意义。

一、产业定位调研清单

产业定位调研清单包括城市发展相关资料、产业现状相关资料、产业发展趋势相关资料三个部分。此部分内容在第二章第一节已做过详细介绍，此处不再赘述。

二、行业定位筛选

行业是产业形成的基础，没有行业就无法构建产业，要将产业发展壮大必须要以行业作为支撑，而行业需要进行优化组合才能够促进产业的发展，两者相辅相成、密不可分。行业定位是基于产业定位的行业细分。如果说产业定位是项目的“航标”，行业定位就是项目的路线。

行业筛选定位方法首先根据国民经济行业分类与代码（GB/T4754 - 2017）找出定位产业所涵盖的行业，然后对目标行业进行由宏观到微观的分析。宏观评估可以用行业筛选评估表予以体现。

行业筛选评估表如表 3 - 1 所示。

表 3 - 1　行业筛选评估表

序号	评估指标	得分小计	总分
	行业风险评估		
1	该行业是否是政府禁止或不鼓励的行业		
2	该行业发展趋势		
3	该行业近三年新发放贷款不良率		
4	该行业在存量小企业客户的风险评级平均值变动率		
5	财务状况——当地该行业平均资产负债率		
6	财务状况——当地该行业平均毛利率（销售利润率）		
7	财务状况——当地该行业资本投资回报率（净利率/所有者权益）		
8	财务状况——当地该行业平均销售收入		
	市场机会评估		
1	当地该行业集中程度（是否有产业集群和各级工业园区）		
2	该行业小企业贷款余额占比		
3	当地该行业固定资产/总资产比例		
4	当地该行业产值与当地 GDP 总量比重		
5	当地该行业小企业行业销售收入增长率与当地 GDP 增长率之比		
	定性分析评估		
1	当地现阶段对该行业掌握的知识/经验		
2	当地政府是否对该行业予以特别的支持政策		
3	与本区域内其他行业相比较，该行业是否存在行业进入壁垒		

续表

序号	评估指标	得分小计	总分
4	与本区域内其他行业相比较，该行业是否具有明显的竞争优势		
5	与本区域内其他行业相比较，该行业是否具有明显的竞争劣势		
6	该行业的上游行业情况如何		
7	该行业的下游行业情况如何		

从表 3 – 1 中我们可以看到行业发展政策分析需要考虑以下因素：

（1）筛选行业要符合国家的政策方针。

（2）在符合国家政策方针的前提下，筛选行业还必须符合地方政府的发展规划要求，能够很好地融入区域经济。

（3）通过分析行业区域发展现状，考察行业落地条件。所有定位都是为了行业能够顺利落地运营，所以要对行业落地条件进行分析，行业落地条件包括以下两个方面：

①区位条件，比如位置、交通、社会、经济、科技、管理、政策、文化、教育、休闲配套，等等；

②园区条件，比如生产/办公产品、园区配套、园区行业构成、园区服务、行业在产业链中所处的环节，等等。

三、企业定位调研清单

企业需要通过研究分析市场资料确定自己在行业中的地位，而市场资料包括两个方面，即需求市场资料和竞争市场资料。

（一）需求市场资料

需求市场资料是指项目所在区域的企业资料，所需资料主要分为两种：一种是宏观资料；另一种是微观资料。

需求市场资料如表 3 – 2 所示。

表 3－2 需求市场资料

分类	具体资料
宏观资料	1. 产业定位和行业定位下的中小型企业数量 2. 中小型企业聚集的区域及生存现状 3. 作为外来产业转移的承接地，熟悉产业移出地的中小型企业情况
微观资料	1. 企业基础特征：所属行业、年产值、员工数量、企业性质等 2. 企业对物业的要求：生产车间与办公空间规模及配比、层高、荷载、物流要求、能源配置要求等 3. 企业来源：同区范围、同市范围、市外产业移出地等 4. 企业接受度：持有物业方式、租购意愿、能够接受的价格、付款方式等

（二）竞争市场资料

竞争市场资料是指项目所处区域同类的产业地产竞争项目资料，这些项目往往会分流到部分目标企业。

竞争市场资料如表 3－3 所示。

表 3－3 竞争市场资料

分类	具体资料
宏观资料 （产业地产竞争项目资料）	1. 近年来项目所处区域的产业地产规划量 2. 近年来项目所处区域的产业地产库存量 3. 近年来项目所处区域的产业地产去化量 4. 竞争项目的产业定位和行业定位方向 5. 竞争项目各项规划指标 6. 竞争项目产品卖点 7. 竞争项目招商客户情况
微观资料 （园区企业竞争对手资料）	1. 竞争对手在区域市场的经营动向 2. 竞争对手的经销网络和营销网络 3. 对项目种类、品种及其数量进行分析 4. 对项目的功能、工艺和采用地材料进行分析

四、产品定位调研清单

产品定位是项目规划设计的基础，直接关系到项目的施工建设与招商，因此也是定位的核心部分。这一部分需要收集的材料涉及项目地块基础数据，比如用地面积、区位、规划图、红线图、蓝线图、标高等资料。

（一）产品设计依据

以下两个方面可以作为产品设计的依据：

（1）以客户需求为设计依据，比如生产与办公面积及其配比，层高、荷载、货梯与楼面荷载，装卸货平台。

（2）以政策要求为设计依据，比如规模要求，占地面积、总建筑面积和单体面积的要求，产品的形态要求（比如独栋、标准厂房、单层厂房、研发楼）。

注：产品设计依据有相关的标准和规定，比如《厂房建筑模数协调标准（GB/T50006－2010）》规定，全国各地对标准厂房的占地面积与总建筑面积做出明确要求，对标准厂房规划设计也有相关要求。

（二）产业地产产品线

详见第四章“蓝图丨如何从产业定位向产品设计华丽蜕变”的详细内容介绍。此处不做赘述。

五、配套定位调研

一个成功的产业地产项目为入驻企业提供的不仅是一个生产、办公的建筑空间，更大程度上为企业提供的是一个生态圈。入驻企业处于这个生态圈中，可以正常地生产、经营和运作，可以方便地找到合适的人才，便利地享受园区优惠政策，降低企业运营成本。项目配套包括基础设施配套、服务设施配套两类。

（一）基础设施配套

基础设施配套是企业生产的基本要素，对于项目用地来说，集团要求项目平台公司至少对土地进行一级整理，做到“五通一平”，甚至“九通一平”。集团还要求园区的道路物流组织配套（横向和竖向设计）、道路宽度必须满足生产运输物流车辆的通行条件。此外，雨水管网、污水处理厂、通信设施、供气设施、供电设施及供水设施（包括消防、办公和生活用水设施）也必须达标。

（二）服务设施配套

服务设施配套是指除企业生产和办公的空间外，产业地产项目为入驻企业提供的生产与生活服务空间，各地政府部门关于标准厂房的相关文件中会对园区的配套占地占比和配套建筑面积占比做出规定，比如湖南省长沙市配套占地占比≤10%。

服务设施配套调研包括以下内容：

1. 倒班楼

（1）是否建住宿配套设施。考察项目周边5公里范围内是否有可租售的住宿配套设施，分析这些住宿配套设施是否能够满足企业的基本需求。如果周边能够提供充足的住宿配套设施，就不需要单独建倒班楼。

（2）规模定位。普通倒班楼一般按照4人/35m^2/间进行配置。

2. 员工食堂

（1）是否存在餐饮配套商户。考察项目周边500米范围内是否有餐饮配套商户，餐饮配套商户数量是否能够满足所有入园企业员工的饮食需求。

（2）规模定位。根据园区用餐人数，一般按照0.5～0.8人/m^2的标准进行配置。

3. 园区商业配套设施

考察项目周边一公里范围内是否有商业配套设施，这些商业配套设施是否能够满足员工的需求。业态有各类餐饮店、超市、银行、网吧、洗衣店、诊所、药店等。

六、服务定位调研

园区服务定位调研需了解以下内容：

（1）生活服务，比如园区文化活动、通勤车。

（2）企业服务，比如物业管理服务、综合政务服务、金融服务、人力资源服务、法律服务、管理咨询服务、企业交流服务、商务统购服务，等等。

其中，最重要的需求调研是根据产业定位、行业定位、企业定位所确定的园区所在区域是否需要建设创新服务平台、技术检测平台、重点实验室、工业设计平台、智慧园区平台等。

七、招商定位调研

产业地产项目招商难是行业内公认的事实。招商定位的调研内容主要包括以下几个方面：

（1）项目所在区域的招商政策有哪些？

（2）周边县市的招商政策有哪些，与项目所在区域的招商政策有什么不同？

（3）有哪些招商渠道？在长三角、京津冀、粤港澳大湾区是否有自己的招商驻点？

（4）是否有自己的招商平台？

（5）项目所在区域的招商队伍的整体素质和专业水平如何？

（6）项目所在区域举办了哪些招商活动，效果如何？

（7）项目所在区域的企业是通过什么方式招来的？

（8）外地企业对项目所在区域是否感兴趣？如果不感兴趣，原因是什么？

八、运营定位

园区采取哪种运营模式？园区如何运营？如何实现盈利？它是 EPC + O 项目中的核心部分，也是 EPC + O 模式中的“O（运营）”部分。具体内容详见第六章“运营‘四链一圈’，打造园区企业成长生态圈”，此处不做赘述。

第三节　实施产业调研工作

有了好的调研计划和产业调研路线图，编写一份让政府部门满意的产业定位咨询报告的关键是扎扎实实地做好产业调研工作。如果不重视这项工作，其结果必然是“搬起石头砸自己的脚”，集团多年积累的品牌形象就会毁于一旦。

一、思想上重视产业调研基础工作是产业地产策划人员的基本素质

作为一名产业地产策划人员，从事政府项目的产业定位工作，首先，在思想上要高度重视，产业定位不精准，产品设计不符合企业的需求，就招不来商户，导致厂房空置，当地政府不能及时收回投资成本，就会背负更多的债务，集团多年塑造的品牌形象也会受损；其次，要敢于吃苦；最后，要有团队协作精神，我们倡导集体主义，反对个人英雄主义。

二、专业是对产业地产策划人员的基本要求

专业的人做专业的事，作为一名产业地产策划人员，专业是对其的基本要求。产业地产策划人员要熟练掌握产业地产策划的各项技能，比如沟通表达能力、语言文字组织能力、善于发现问题的能力、分析总结能力，掌握产业定位调研的基本方法。产业地产策划人员还要勤于学习行业知识，熟悉相关产业链地图、县域经济、产业发展趋势、招商政策、园区运营管理方式、园区产品线等。产业地产策划人员只有具备专业素质，才能赢得客户的信任，自己也能在工作中得到锻炼，有利于个人成长。

三、合理分工，快速收集资料，掌握第一手素材

在实践工作中，根据产业定位调研计划安排，集团可以将相关人员分为三组，即政府调研小组、企业调研小组和市场调研小组。

（一）政府调研小组

1. 调研前

根据政府项目对接人前期提供的调研清单整理资料，形成调研报告和初步结论。

2. 调研中

将调研报告和政府相关部门提供的材料进行对照，如果对材料中的一些内容存在疑问，就要及时找到相关负责人进行一对一访谈。

在一对一访谈中，我们应该注意以下问题：

第一，开场陈述时进行必要的寒暄，与被访谈者建立联系，取得对方的信任。

到达被访谈者办公室后，调研人员应该尽快与其建立联系，取得对方的信任。调研人员可以通过寒暄拉近两人之间的距离，缓解尴尬气氛。通过拉家常、讨论热点话题等方式逐渐消除对方的紧张感和压迫感，为被访谈者营造相对轻松的谈话氛围。在此之前，调研人员需要做好相应的准备工作，包括被访谈者的基本信息、兴趣爱好等。

经过短暂的寒暄之后，调研人员要开门见山地问需要了解的内容。调研人员可以按照以下步骤开展工作：

- 进行自我介绍。
- 告知被访谈者自己此次访谈的目的。
- 告知被访谈者访谈大概需要多长时间。
- 告知被访谈者此次访谈的内容（调研清单中已有讲述）。

介绍项目背景情况：

- 告诉被访谈者：“您给我们提供的信息很重要，您可以从专业的

角度和对项目的整体认识上为我们提供必要的信息，这样做对于项目的圆满交付是必要的保障。”

- 告诉被访谈者：“访谈中所谈及的内容只用于此次项目分析，我们会为您保密，希望您畅所欲言。”

第二，提问与记录。

开场寒暄，说明来意之后，调研人员接下来可以根据访谈提纲正式提问。访谈最好以开放式的问题为主，调研人员可以这样说：“您好，我看到贵单位提到的一项政策，请问这项政策的落实情况如何？”

在一对一访谈时，调研人员应该以倾听为主，把 80% 的时间用在听和观察上，20% 的时间用来提问，引导被访谈者讲话。

对于健谈的被访谈者，调研人员应该鼓励他继续讲述，在适当的时候可以顺着被访谈者的话题进行纠偏；对于比较沉默的被访谈者，调研人员要采取各种方式引导他继续讲话。

在一对一访谈的过程中，调研人员不但要记录被访谈者的讲话内容，还要注意观察被访谈者的行为，包括面部表情、手势、身体的姿势等，以利于调研人员掌控整个访谈的节奏，捕捉被访谈者的言外之意。

在访谈中调研人员应该以“嗯”“是的”“有道理”“确实如此”等肯定性的语言为主，引导被访谈者继续讲话。调研人员要铭记一点：只做听众，不做裁判。

第三，验证与确认。

在一对一访谈的过程中，调研人员要对被访谈者做出的描述进行印证。也就是说，调研人员要及时概括被访谈者说的话，请被访谈者确认是否正确。调研人员可以这样说：“您的意思是说……是这样吗？”这样做的目的在于准确把握信息。需要注意的是调研人员不要添加任何细节，以免歪曲事实。

第四，访谈结束。

调研人员了解情况后，可以通过以下几种方式结束访谈工作：

● 对被访谈者给予肯定。调研人员可以这样说："在本次访谈中您提出一条与招商政策有关的重要建议，对于我们制定招商政策有很好的参考价值。"

● 将问题延伸。调研人员可以这样对被访谈者说："请问有什么问题是我应该问而没有问到的?"这样做通常会有意想不到的收获。

● 感谢被访谈者配合工作，再次重申会对访谈内容保密。调研人员可以这样对被访谈者说："非常感谢您在百忙之中抽出宝贵的时间接受我的访谈，我会将您提供的重要信息上报给项目小组，请放心，我会对访谈内容保密，再次感谢您的配合!"

3. 调研后

调研工作结束后，调研人员就要着手整理调研访谈资料，做好总结工作。

（二）企业调研小组

企业调研小组的工作因涉及面广，所以任务最重。如果采取一对一访谈的调研方法，需要花费很长时间，调动大量的人力资源。对于重点行业、龙头企业应该采取实地考察和一对一访谈的方式进行调研，对于其他类型的企业，则可以采取调查问卷和抽样调查的方式进行调研。

一对一访谈的方式在政府调研小组工作部分已经阐述，运用的方法一样，只是所提的问题不一样，可以参考本章第二节内容。下面重点介绍问卷调查的方法。

采用问卷调查的方法就是产业调研人员通过提出一系列问题收集用户基本信息，征询用户的意见。因其成本低、调研速度快、结果可量化，所以是一种常见的定量研究方法。

1. 企业调研的主要内容

一般来说，问卷调查要确定合适的调查范围，在企业调查层面我们至少需要了解以下信息：

（1）企业名称。

（2）企业经营范围及所属行业。

（3）用工规模、人才层次及人力成本。

（4）生产用厂房性质及基本参数。

（5）企业投资总额、产值及税收情况。

（6）企业对厂房的要求。

（7）企业购买/租赁厂房考虑的区域及所需面积。

（8）在生产过程中有哪些制约企业进一步发展的因素。

（9）其他问题。

2. 问卷调查注意事项

为了避免在设计问卷的过程中出现问题，调研人员应该了解问卷调查的五个基本步骤。

进行问卷调查的五个基本步骤是确定研究目标、细化问卷内容、问卷投放、数据分析、结果呈现。下面我们来逐一论述。

（1）确定研究目标。这样做主要是为项目产品设计、招商及运营工作提供参考依据。

（2）细化问卷内容。确定研究的大方向后，调研人员可以对问卷内容进行细化，包括问卷的标题介绍、题目设计、选项设计。

①标题介绍。标题介绍要做到简短有效，不要出现让人看不懂的专业术语。为了保证问卷的填写率，调研人员可以强调调研对象只要填写问卷，就能够领取奖品。

②题目设计。在设计题目的时候要把几个相关问题放在一起，问卷排序要做到先易后难，先提出封闭式问题，后提出开放式问题。问卷的题目数量控制在 15 题以内，时长不超过 5 分钟。在题目文案上要做到清晰易懂，不会产生歧义，态度中立，不误导调研对象。

③选项设计。设计者可以按照问题的题目类型设置单选、多选、排序、填空等形式，但是要注意尽量减少参与者的填写成本。一个题目里

面的选项应该互斥，避免相互包含。我们举一个例子。

贵公司的产值是：□500 万元以下；□500 万 ~ 1000 万元；□1000 万 ~ 2000 万元；□2000 万 ~ 3000 万元。

这里的 500 万元、1000 万元、2000 万元分别出现在多个选项中，应该改成这样：

□499 万元以下；□500 万 ~ 999 万元；□1000 万 ~ 1999 万元；□2000 万 ~ 3000 万元。

（3）问卷投放。问卷投放时要确定投放对象、投放渠道及计划样本量。

问卷投放对象一般需要根据研究目标确定范围和维度，对于产业定位调研来说，问卷调研方法最好能覆盖园区所有企业，而这需要得到园区所在地政府部门的帮助。如果收回的问卷数量较少，样本不够，调研数据分析就会存在比较大的偏差。

（4）数据分析。问卷收集上来后需要先对数据进行“清洗”，排除明显异常的结果，常见的“清洗”规则有以下几种：

①答题时间极快或极慢。

②规律作答。

③答案相互矛盾。

④答案空缺。

获得“清洗”过的原始数据后，调研人员再对数据进行进一步的分析解读。数据分析解读涉及很多统计学知识，这里不做赘述。

（5）结果呈现。问卷的结论最好采用可视化的呈现方式，图表便是最好的载体。我们可以基于之前数据分析的结论采用合适的图标加以体现，比如表现对比关系可以采用饼状图、柱状图。

调研人员也可以通过问卷调研软件（比如问卷星）进行调研，将设计好的问卷输入进去，用户填写完成后，会形成一份完整的数据统计分析报告。

调研人员可以参照我们制作的企业访谈表和企业调查问卷设计相关内容。

企业访谈表如表3－4所示，企业调查问卷如表3－5所示。

表3－4　企业访谈表

（　　　）产业园			
企业名称		地址	
法人		联系电话	
经济技术指标			
股份构成情况		厂房面积	
员工人数及构成		产值税收	
厂房要求		所属行业	
座谈情况			
企业诉求			
重点情况			
主要产品及经营范围			
主要服务品牌			
所需优惠政策			
主要产业（供需链构成）			
产品销售情况			
总结			

表 3－5　企业调查问卷

× ×企业置业发展需求调查问卷

企业代表：

您好！× ×高新区拟打造× ×项目，为了更好地建设符合企业需求的厂房，特进行此次调研，希望能够得到贵公司的协助，谢谢！

1. 贵公司名称：______________________________

2. 贵公司所属行业（注：一般园区企业调研所属行业会比较集中，设计此类问题时应事先了解相关情况，方便设计选项，也可以附加上游行业或下游行业）：

□电子信息；□生物医药；□智能制造；□食品加工；□新能源；□新材料；□其他（请注明）

3. 贵公司的用工人数：

□10～19 人；□20～49 人；□50～79 人；□80～99 人；□100～299 人；□300 人以上

4. 贵公司人才学历层次及人数：

□高中（含职高、中专）及以下（　人）

□大专文化（　人）

□本科文化（　人）

□硕士及以上（　人）

5. 贵公司的用工成本

□基层员工（　　元/月）

□中层管理员工（　　元/月）

□高层管理员工（　　元/月）

□技术、研发人员（　　元/月）

6. 贵公司年产值（此题也可加入投资总额或税收总额）

□499 万元以下；□500 万～999 万元；□1000 万～1999 万元；□2000 万～2999 万元；□3000 万元以上

7. 贵公司对厂房的需求（或已有厂房的参数）

楼层	层高	货载	电力配置	交通物流	三废排放	其他

8. 贵公司购买/租赁厂房的区域是哪里（根据项目所在区域设计）

9. 贵公司购买/租赁厂房的面积是多少

□1000m² 以下；□1000～1499m²；□1500～1999m²；□2000～2500m²；

□其他（　）

10. 目前贵公司在经营过程中遇到的制约企业发展的因素有哪些

□厂房面积小；□人才招聘难；□企业融资难；□技术创新难；□政策支持力度小；□物流成本高；□员工食宿不便；□与上下游企业距离远；□周边配套不成熟

□其他：______

（三）市场调研小组

行业内通常把市场调研称为“踩盘”。相比其他调研小组，市场调研小组的工作比较简单，但也不能草率从事，在项目所处区域有竞争项目的情况下，更不能掉以轻心。总的来说，可以采用线上收集资料、扮演客户、一对一访谈、问卷调查等方式开展调研工作，市场调研小组应该充分利用各种资源和渠道，全面了解情况，这样做对于项目设计、招商具有一定的借鉴意义，比如产品差异化、招商方案、政策优化，等等。

市场调研小组的调研内容应该包括以下几个方面：

（1）项目基本情况。比如园区名称、开发商、联系电话、园区地址，等等。

（2）经济技术指标。比如总占地面积、总建筑面积、容积率、标准厂房面积、绿化率、办公物业面积、停车位数量、配套面积、运营模式（租、售等）。

（3）物业类型与租赁情况。比如各类产品线类别、总建筑面积、单户面积范围、总户数、租售价格、去化率，等等。

（4）配套情况。比如企业配套服务、生活配套服务、其他配套服务，等等。

（5）入驻企业情况。比如主要入驻企业名称、企业所处的行业，等等。

（6）园区优惠政策。

接下来是整理、总结、分析调研资料。

在实际工作中经常出现的问题是相关人员缺乏整理资料、分析数据和总结概括的能力。很多基础工作看似简单，其实需要相关人员具备一定的逻辑思维能力，只有这样才能整理出有价值的内容。相关人员在整理资料时发现素材分析包括以下三种类型：

①数据类素材分析。首先，要将采集的数据类素材进行归类；其次，将数据形成表格后生成柱状图或饼状图等图形；最后，找出规律，对数据进行横向或纵向比较，形成分析观点结论。

②文字类素材分析。首先，将采集到的文字类素材进行分类，形成目录；其次，根据不同类别的文字素材找出共性问题，运用现状呈现、原因分析和解决措施的逻辑进行分析，提炼观点，给出解决办法，输出结果。

③图片类素材分析。做好图片文字说明，发现图片中的重要问题。

第四节　定提纲，编写产业定位报告

厨师做菜，会先确定菜系，然后列出菜谱，将菜配好，最后动手烹饪，口味优劣就看厨师的手艺如何。编写产业定位咨询报告与此类似，也能体现出策划咨询师的功力。

在实际工作中，我们发现策划咨询师编写产业定位报告的时候会出现各种问题，比如逻辑不够严谨，现状呈现不够突出，原因分析不够彻底，观点提炼不鲜明，数据引用不准确，产业定位不精准，等等。有的产业定位报告还会出现错别字，语句不够通顺，这些都属于低级错误。

一、产业园区定位存在的问题

产业园在招商之前都会面临一个难题，就是如何为产业园区进行产业定位。很多产业园在发展建设中由于缺乏先进的指导思想、统一的科学规划及准确的产业定位，因而没有摆脱粗放式管理的发展模式。问题大多体现在以下方面：

1. 产业过多，布局杂乱

产业园区刚开始招商引资的时候，为了吸引企业入驻，无论企业品质优劣、规模大小，都来者不拒，导致入驻园区的企业良莠不齐，产业种类过多，产业定位不明确。此外，由于产业园区没有统一的布局规划，企业往往会根据自身需求和园区的区位特点选择适合自身发展的区域进行布局，造成企业布局杂乱无章，各种产业混杂，阻碍了产业园区的进一步发展。

2. 产业关联度小，“集而不群”

随着社会分工逐渐细化，一家企业所从事的生产活动往往是整个产业链中的一个环节，只有极少数企业的生产活动会贯穿整个产业链。在产业链中，每家企业都需要上游企业提供原材料，每家企业的产品（除终端产品外）都要供应给产业链下游的企业进行再加工生产。上下游企业之间这种通过产品供需关系而形成的内在联系便构成了产业关联度。较高的产业关联度是企业能够共融共生、形成产业集群的必要条件。然而，很多工业园区在产业定位、产业布局和招商时并没有注重产业之间的联系，没有形成产业之间的配套关系。虽然入驻的企业数量比较多，但是因为企业之间的关联度较小，不能形成产业链的上下游配套关系，技术和信息等方面的资源也无法实现共享，造成“集而不群”的现象。

3. 片面追求高技术、高附加值产业

我国面临新一轮产业转移和产业结构调整，各地区的工业园都在紧锣密鼓地进行产业结构调整和产业升级。我国东部地区的工业园凭借其优越的投资环境、雄厚的产业基础和丰富的资金、技术和人才等方面的优势正在大力发展高新技术产业、创意产业、服务型产业等，而原有的加工制造和劳动密集型产业将被逐步转移出去。我国西部地区的一些工业园区的管理者没有意识到自己所处的区域与东部地区存在差异性，忽视自身比较优势，不满足承接东部地区转移过来的产业，也要发展高技术、高附加值的产业。由于缺乏必要的生长环境，既导致高技术、高附加值产业没有成长起来，也影响了劳动密集型等优势产业的发展。

4. 产业同构，缺乏可持续发展的产业园区

当一个项目在某个地区运作成功后，其他地区往往忽视自身产业发展环境，低估潜在的风险，竞相发展相关产业，抢占制高点，导致全国范围内产业同构，产能过剩。比如光伏产业，无锡尚德成功在美国上市后，大批政府、民间、境外的资本涌向光伏太阳能行业，很快造成产能过剩，再加上金融危机的影响，市场萎缩，资金链断裂，工厂停产、倒闭接踵而来。再如创意产业，东部地区产业基础较为雄厚，投资环境优越的工业园区纷纷将创意产业作为新的发展方向，中西部地区基于“东部地区能发展，我们也能发展”的认识，也将发展创意产业放在重要位置。这种盲目的重复性建设必将导致创意产业遍地“开花”，恶性发展。

二、如何找准园区产业定位方向

产业园区进行产业定位要充分考虑资源禀赋、区位优势、产业基础和区域分工协作等因素。此外，产业升级和产业转移也是产业定位过程中需要考虑的重要因素。不同的产业园区优势各不相同，产业园区要充分发挥比较优势，做好产业定位，做大做强优势产业。

1. 基于资源优势的产业定位

人力、信息、资金等社会资源构成一个地区的资源禀赋，产业园区要充分发挥本地区的资源优势，以科学发展观为指导，以有效利用为前提，进行产业定位。北京、上海、深圳等东部发达城市社会资源优势突出，拥有丰富的人力资源，海量的信息资源，雄厚的金融基础，适合发展第三产业、创意产业、高新技术产业等都市经济和楼宇经济。北京总部基地率先提出企业总部的概念，充分利用北京的地缘政治优势，吸引大批企业入驻园区。

2. 基于区位优势的产业定位

一个地区的区位优势主要由自然资源、劳动力、工业聚集、地理位置、交通便利等因素决定，大多数产业园区要依靠产业聚集度、地理位置、交通便利这几个方面的区位优势来确立自己的产业定位。

3. 基于区域产业基础的产业定位

基于区域产业基础的产业定位是目前产业园区定位的主要方式，在原有产业的基础上发展壮大相关产业，针对原有产业进行产业招商，并围绕产业链进行上下游配套产业的招商，形成产业集聚。河南省的郑州台湾科技园临近富士康基地，其以此为依托，定位电子信息产业。

4. 基于区域分工协作的产业定位

随着区域经济的不断发展，区域分工协作也在不断深化，要求区域城市之间加强合作，强调进一步分工协作，相互协调发展。我国已经形成京津冀经济圈、长江三角洲经济圈和珠江三角洲经济圈，以及正在形成和发展的以重庆和成都为中心的西南经济圈，以武汉为中心的中部经济圈和容纳东北诸多城市的东北经济圈。在这些经济圈中，中心城市具有很强的带动作用和集聚效应，围绕中心城市形成的卫星城要依据中心城市的主导产业积极发展配套产业，与中心城市分工协作，共同发展。

5. 基于产业升级的产业定位

产业园区经过一段时间的发展之后，需要调整产业结构，提档升级，以便促进产业园区可持续性发展。环渤海、长三角、珠三角等东部发达地区的工业园区正在进行产业结构调整，逐渐将传统高能耗、低产值、劳动密集型产业转移出去，将创意产业、楼宇经济和都市经济作为下一阶段的产业定位，在有限的土地资源上发展楼宇经济和都市经济，提高单位面积的产值，提升产业结构，促进园区可持续性发展。

三、产业园区三大定位体系梳理

产业园区的品牌影响力如何？策划的招商体系是否精准？是否能够清晰地把园区价值与用户画像进行匹配，同时提高签约率？下面我们就来分析一下产业园区的定位体系。

（一）转变思维方式，适应环境的变化

产业园区经过政策调整，基本接入企业模式，逐步被企业认同。随着房地产政策的变化，产业园区用地不断增加，危机显现，只是很多产业园区的决策者不愿意面对这一问题。目前，产业园区的租售模式已经走到“悬崖”边，其中包括一些政府部门引导建设的科创园区。

开发企业的管理者站在自身角度思考问题，期望在符合产业发展方向的情况下实现利益最大化，而产业园区的管理者一心想着把厂房盖起来，就能吸引高端企业入驻。在当前形势下，国家正在全力为企业减税，加速让资本流入实体产业，以降低实体产业的发展成本，而开发企业目前的做法正好与政策趋势背道而驰，开发企业和产业园区的管理者必须转变思维方式，以适应外部环境的变化。

（二）勤分析，多思考，勇于尝试

产业升级不但需要创新环境，而且需要政府部门出台政策加以扶持。企业投入资金研发新产品，资本在其中起着助推作用，可以说产业升级的过程相当漫长。

从企业的层面来讲，产业升级需要资本和人才，目前中国实体企业的主要盈利模式还是“价格战”，企业发展到一定规模后才会产生品牌价值，需要很长时间才能达到产业思维的高度，即使企业具备产业思维，也会面临困境，要么有技术没市场，要么有技术没资金，企业还有很长的路要走。

因此，产业园区搭建商业模式的意义在于让企业降低成本，提高效率，协助企业可持续发展，为政府解决多业态的诉求（这已经不是简单的税收和就业问题，当然，这两项依然重要）。

（三）引进优秀企业，强力联合协作

开发企业的决策者和产业园区的管理者必须牢牢记住以下两点：

第一，不能固化思维。不管是产业园区的管理者，还是开发企业的决策者，都应当转变思维方式，快速跟上市场形势的变化。商业模式的变化远比我们想象得要快，应当开放思维，“走出去、引进来”。

第二，不能单打独斗。现今社会，一个开发商主体或一级政府已经不能独立完成一个产业园区的全链条服务，要想促进产业发展，一定是由多个专业而优秀的团队形成多方利益联合体，共同实现目标。企业家就是联合体的核心和纽带，正确的商业模式应该聚焦企业家生态圈，而不是产业园区生态圈。

四、产业园区发展规划总体思路

产业园区是执行城市产业职能重要的空间形态，产业园区发展规划的最终目的是更好地利用产业园区有限的土地，打造具有较强市场竞争力的产业集群，让区域经济在特色产业集群的支撑下实现又好又快发展。

（一）产业园区发展面临的问题

无论是现有产业园区的进一步发展，还是新兴产业园区的开发建设，园区运营管理者都可能面临一些园区发展的共性问题，这些都是产业园区发展规划所要解决的问题，以下是几个比较常见的问题：

（1）如何进行战略定位？

（2）如何选择主导产业？

（3）如何打造园区自身特色？

（4）如何进行“招大引新”，提升招商效率？

（5）如何进行存量盘活，实现园区产业升级？

（6）如何营造良好的商务环境，聚集优质的要素资源？

（7）如何促进产业裂变和创业孵化，培育内生增长动力？

（8）如何理顺管理体制和运作机制，提升管理服务效率？

（9）如何获取持续的园区竞争力？

（二）规划思路

一般而言，产业园区发展规划包括规划背景分析、发展定位、空间布局、经营测算、招商策略、园区运营服务等。规划思路的关键在于产业的定位分析，只有进行准确的产业定位分析，后续的空间布局、招商策略和管理服务的设计才会更有成效。当然，在进行产业定位之前，需要对外部环境和内部条件进行全面梳理，为产业定位打下坚实的基础。笔者结合自己多年参与园区产业规划的经验，总结了以下几个总体规划思路：

（1）外部环境分析。包括产业环境分析、行业发展趋势分析、政策分析、竞争分析。

（2）内部条件分析。包括产业基础分析研究、资源禀赋、区位交通条件。

（3）产业定位分析。包括确定主导产业、辅助产业，以及产业组合方案。

（4）发展规划和空间布局。包括具体的产业发展规划、功能分区、空间布局。

（5）经济测算。包括分期（近期、中期、长期）测算园区产值规模、税收、土地开发强度等。

（6）实施策略。包括招商策略、运营管理策略、增值服务策略、投融资策略。

（三）产业园区规划基本框架

第一章，产业园区规划的背景。内容主要包括产业园区规划的目的、意义，以及产业园区发展的有利条件等。

第二章，产业园区产业发展能力分析。内容主要包括产业园区发展相关产业的软、硬件环境条件分析。

第三章，产业园区的发展定位。内容主要包括产业园区的功能定位和产业定位。

第四章，产业园区的产业链搭建。内容主要包括产业园区内产业链条的设计。

第五章，产业园区的规划布局。内容主要包括产业园区的用地布局、各功能区的建设规模与产业布局。

第六章，产业园区的投资成本与收益估算。内容主要包括产业园区总投资、分阶段投资、成本估算、产值、销售收入及销售税金估算和社会效益、生态效益评估。

第七章，产业园区适应性评价指标体系。内容主要包括目标适应性指标、经济适应性指标，以及社会适应性指标等。

第八章，产业园区保障体系。内容主要包括产业园区建设和发展所需的产业政策支持体系、搭建园区公共服务平台、运营模式设计等。

五、产业园区规划流程

产业园区规划流程包括园区产业规划、建筑与建设规划、招商规划、园区运营规划、园区经济指标规划。

（一）园区产业规划

园区产业规划是园区规划中首要的规划内容，产业规划是其他规划内容的基础，只有产业规划清晰，其他规划才能够按图索骥、按部就班地顺利开展。产业规划主要是对园区核心产业、重点产业和相关产业的界定，在此基础上分析产业链和上下游企业的构成与关系，以及影响园区产业定位的因素。

具体来说，有以下几种确定核心产业与重点产业的方法：

（1）洞悉园区所在区域的经济发展战略，了解区域产业基础和拥有的产业资源，归纳出可以重点发展的全部产业范围，初步确定园区意向产业。

（2）研究国家产业政策，看哪些属于国家重点鼓励的产业，哪些属于国家明确限制的产业，缩小园区意向产业的范围。

（3）研究国内外经济发展走势与行业市场发展情况，掌握意向产业是否存在市场潜力和风险，同时分析技术发展趋势，看意向产业的技术是否存在替代转型的风险。这当中千万不要忘记对意向产业的产能情况进行调研，不能让产业园区项目遭遇产能过剩的问题，或者是面临极其惨烈的市场竞争。

（4）根据各方面的研究分析情况聚焦一个或几个产业，将其作为园区的重点产业，并将其中最具发展潜力且适合自己园区的产业定为核心产业。

（5）针对核心产业与重点产业分析上下游企业的构成与关系，以及具体行业企业的组成分布情况，为制定招商策略奠定基础。除此之外，还要明确对相关产业起着支撑作用的机构，比如服务于核心产业与重点产业的产业结构、社会机构等。

实际上，园区产业定位是寻找区域发展、国家产业政策、行业发展趋势和市场前景等多项指标的交集点。

此外，园区核心运营团队的公共关系资源（比如产业资源、人脉资源）也是产业定位参考的因素。在园区产业规划中经常会用到战略管理方面的知识，比如SWOT（优势、劣势、机会、威胁）分析、EPST（政治、经济、社会、技术）宏观环境分析等，运用这些知识能够更顺畅地找到产业发展方向，更快捷地获得研究成果。园区也可以借助“外脑”，弥补园区缺乏专业人才和专业经验的短板。

（二）建筑与建设规划

园区建筑与建设规划包括建设规划、建筑规划和工程规划。建筑与建设规划虽然主要由专业的规划设计院和建筑设计公司来进行规划，但从产业运营的角度来说，为设计机构提供一些创新型、具备前瞻性的建议十分必要。下面我们就建设规划、建筑规划、工程规划逐一展开论述。

（1）建设规划。大型园区、产业新城的整体建设规划要从城市土地使用与空间布局、市政配套，以及产业分布上着手，立足现在，着眼未来，统筹兼顾，系统规划。为产业新城的产业用房、商业配套与住宅配套规划合理的建设开发比例与空间布局。

（2）建筑规划。建筑规划必须结合产业定位，确定建筑标准与建筑配套，不同行业类型的产业园建筑规划要体现出鲜明的特色。

（3）工程规划。工程规划要求明确先建什么，后建什么。不要小看工程规划，它与产业规划、企业招商密切相关，如果建设未能按照规划如期进行，产业配套就无法落实，招商工作难以推进，甚至可能导致企业资金链断裂。

（三）招商规划

园区招商规划是一套注重实操的策划，主要包括目标客群、优惠政策、招商/营销策略、人员配置与专业培训、招商管理制度等。

在招商规划中，寻找目标客群很重要，而能否找到理想的目标客群取决于前期产业上下游企业分析的准确度。

园区优惠政策必须具有针对性，需要适合行业企业的特点，除了普惠政策外，还必须有一事一议的“撒手锏”般的政策。

招商/营销策略需要与时俱进，充分利用现代营销推广手段进行合理的营销整合。

很多园区会忽略对招商人员的专业化培训，没有健全招商制度，尤其是地产成分较大的产业园区，往往会因为忽略这一点而极大地影响招商绩效。

（四）园区运营规划

园区运营规划包括物业管理、配套商业经营、园区公共服务平台、政府公关协调、园区管理规范化、园区内生发展与品牌复制经营模式等。

运营规划是很多园区的短板。有的园区因为项目以短线的地产经营为主，不考虑长线的运营管理；有的园区决策者因为缺乏运营管理经验，不了解园区运营管理的核心内容；有的园区决策者虽然了解基本的运营管理知识，但是不想投入太多的人力、物力，将运营规划落地。

物业管理水平直接决定园区的层次，就像一个楼盘开盘销售，日后是否能够升值需要依据物业管理状况来进行判断。一个产业园是否能够获得业主的认可，提升物业价值，考验的是园区决策者的运营管理能力（物业管理只是系统管理中的一个组成部分）。

（五）园区经济指标规划

园区经济指标规划包括园区技术经济指标规划和园区经营指标规划。我们逐一分析，帮助大家理解。

1. 园区技术经济指标规划

园区技术经济指标规划是对园区项目投资经营状况的测算与考量，根据数据对园区建设经营予以适当调整，主要涉及营业指标估算，营业收入构成比例（地产增值和产业增值），财务盈利能力分析（比如内部收益率、投资回收期、投资利润率、资本金利润率），清偿能力分析（盈亏平衡分析、敏感性分析）等。

2. 园区经营指标规划

园区经营指标是衡量一个园区经营状况的综合量化指标，包括园区入驻企业数量、投资密度、园区企业总产值与利税（有的园区考核开票数额）、园区就业人数、人均产值、行业龙头企业数量或上市企业数量等。正如现在以“亿元楼宇”作为高端写字楼的评价标准，园区经营指标能够比较真实地体现一个园区的经营水平及其所带来的社会经济效益。园区经营指标规划具有重大意义。

总的来说，产业园区规划是一个产业园区全方位、流程化、长久性的发展计划，是未来一个时期引领园区可持续性发展的重要指标和路线图，“园区未建，规划先行”是产业园区建设的一个重要原则。

六、编写产业定位报告需要注意的问题

编写产业定位报告需要注意以下几点：

（一）围绕调查报告的主题确定标题

调查报告的标题要新颖，具有吸引力和感染力。可以采用单一标题，也可以采用复合标题。标题主要是反映报告的主题，揭示报告的主旨，起着提纲挈领、画龙点睛的作用。调查报告的标题有以下三种常见形式：

1. 公文式标题

我们列举几个标题，以便抛砖引玉。比如"单位名称 + 关于 + 事由 + 的 + 调查报告""关于 + 事由 + 的 + 调查报告""事由 + 的 + 调查报告"。

2. 文学式标题

文学式标题可以采用判断句式、评价句式，也可以采用设问句。这类标题的优点是针对性强，其特点是鲜明、生动、醒目、传神。

3. 正副结合式标题

一般主标题是文学式标题，副标题是公文式标题。这类标题的特点是前虚后实，主标题突出思想性，副标题体现指向性。可用副标题说明调查对象、内容、范围和研究的具体问题。

（二）搭建框架结构

在搭建调查报告框架结构时要先区分调查报告的类型，安排整体结构，然后确定调查报告主体部分的结构。

1. 根据调查报告类型安排结构

调查报告的类型很多，结构也不尽相同，比如反映情况的调查报告以情况的叙述为主，无论是以空间为序，还是以时间为序，都要围绕情况介绍来安排结构。

常见的调查报告包括以下几种类型：

（1）推广经验的调查报告。这类调查报告一般按照“做法—效果”的顺序安排结构。

（2）揭露倾向性问题的调查报告。这类调查报告一般按照“问题—原因”的思路安排结构。

（3）研究探索性调查报告。这类调查报告一般按照“问题—对问题的分析—对策和建议”的思路安排结构。

2. 调查报告主体部分结构

由于调查的目的、内容和范围不同，调查报告主体部分的结构形式也各不相同，常见的有递进式结构、并列式结构和综合式结构三种类型。

（1）递进式结构，又称纵式结构。通常是按照事物发展的顺序或调查的程序安排结构层次。常见的递进式结构形式一般按照介绍情况或问题，分析原因或指出利弊，提出对策、意见和建议的顺序展开，可以按顺序分成三个部分来写，也可以分成两个部分，先介绍和分析情况，然后提出对策、意见和建议。

（2）并列式结构，又称横式结构。通常是把调查情况和对策思考结合起来安排结构层次。这种结构形式适用于内容丰富、背景广阔、综合性比较强的调查报告，即在主题形成之后，把调查的事实和形成的观点按性质和内在逻辑分成几个并列的部分分别叙述，从不同层面说明调查报告的主题。这种结构的特点是观点鲜明，重点突出，问题展开，论述集中，条理清晰。

（3）综合式结构，又称纵横结合式结构。这种结构兼具递进式结构和并列式结构的特点，可以以纵为主，纵中有横，也可以以横为主，横中有纵。叙事采用递进式结构，剖析原因，阐述经验，提出对策、意见和建议可以采用并列式结构，或者是上一层次采用递进式结构，下一层次采用并列式结构。调研人员也可以在上一层次采用并列式结构，下一层次采用递进式结构。综合式结构多适用于介绍经验、分析事故或案件、推介新事物或新做法的调查报告。

调研文章层次的设置要讲究逻辑性，“切口”一定要小，将一个问题讲述清楚，不能没有重点，杂乱无章。在确定文章的结构特点后，处理各层次标题之间的关系，提炼各层次标题。撰写调研文章，调研人员很大一部分精力要放在各层次标题的提炼上，如果事先拟出提纲，就可以少走弯路。

（三）精心撰写调查报告的正文部分

调研人员在编写调查报告时需要注意以下几点：

1. 前言直截了当，引导读者把握全文的中心内容

调查报告的前言应该直截了当，以精练的语言介绍调查研究的目的、调查对象、调查方法、简要经过、基本结论等主要内容，让读者对调查对象和调查主题有一个总体印象，以便把握全文的中心内容。前言要做到逻辑性强，调研人员可以采用以下几种方式写作：

①可以通过交代调查的依据、目的、范围及重要意义说明调查的缘由。

②可以介绍有关情况，简要地介绍调查对象的基本情况及工作成果，或者是简单叙述调查对象的变化过程。也可以着重交代调查工作的基本情况，说明在什么范围、就什么问题做出调查，概括说明调查报告的主要内容或基本结论。

③可以从情况叙述中引出问题，这类前言一般从叙述情况入手，引发议论，说明所调查问题的重要性，以期引起读者的重视。

④从议论入手提出问题，即从阐述一般原理入手，把问题提升到一定的高度，然后提出此次调查的主题。

⑤先提出问题，然后针对问题说明调查的主题和调查范围，以及调查方法等。

2. 主体内容充实，让读者认同调查报告中所提出的观点

调查报告的主体部分要紧密围绕调研目的安排观点和材料。首先，在写作前，调研人员要明确为什么要进行调查研究，也就是要把调查研究的目的搞清楚；其次，调研人员要坚持实事求是的原则，不能为了迎合上级的意图、迁就下级的情绪而写作；最后，要处理好写文章与指导工作的关系。调查研究不是做表面文章，主要看调查研究的成果是否能够解决问题。

调研人员撰写调查报告主体部分时需要注意以下几点：

（1）客观陈述调查的基本情况，用词准确，态度鲜明。调查报告的内容必须是确凿的事实和准确的数据，客观地描述调查对象的状况，材料中涉及的人物、事件、时间、地点、数据等要表述得准确无误。调研人员必须用恰当的词汇反映客观事物的真实情况，表达调查者的思想观点。叙事要完整，展现事物的本来面目。判断要有依据，不夸大事实，要恰如其分地表达自己的观点。

（2）合理选择和分配材料以支持自己的观点。在调查的过程中，调研人员掌握了大量情况，搜集了丰富的材料，但是不能把所有东西都写到调查报告里面，调研人员可以根据所搜集的材料概括基本事实，得出基本结论。写作时要依据写作提纲，从调查材料中找出最具有说服力的事实，把精选出的具有代表性、针对性的事例、引文、数据等分配到调查报告主体的各个部分。

（3）论证要做到有理有据，紧扣观点。调研人员撰写调查报告时要通过陈述客观事实，抓取典型事例和数据，呈现出对调查情况的看法，不能罗列现象，空发议论。调研人员在写作的过程中要将观点和材料有机地结合在一起，通过严谨的论证使观点站住脚，经得起推敲。

（4）找准问题，提出切实可行的对策。调研人员不仅要陈述客观情况，还要研究问题的成因，提出解决的方法，要处理好写文章与指导工作之间的关系。调研的初衷是要找准问题并拿出好的解决方案，既要

回答“是什么”“为什么”，又要回答“怎么办”。调研人员要做到客观科学地分析问题，提出切实可行的措施，内容实在具体，针对性强，能抓住主要矛盾，为破解难题找准突破口。

3. 结尾简洁有力，点明主旨

调查报告的结束语主要是概括要点，深化主题或补充正文。一般来说，结尾要做到简洁有力，点明主旨。调研人员可以采用总结式、结论式、建议式、展望式等结尾方式。至于调查报告的结束语采用何种结尾方式，这需要根据调研人员的写作目的及内容的需要而定，但是也会存在一些例外的情况，比如有的调查报告没有单独的结束语，以正文部分的末段自然结尾，意尽言止。

第五节　研讨产业调研报告

调研人员从开始调研到提交产业调研报告一般需要 7 周左右的时间，如果在讨论审议的环节未能协调处理好各方面的关系，项目就可能会延迟 2 ~ 3 周时间，甚至还有可能出现“断单”，收不回尾款，前功尽弃。

出台一份合格的产业调研报告至少需要开三次研讨会，这三次研讨会分别是产业调研报告内部研讨会、产业调研报告初稿研讨会、产业调研报告终稿研讨会。

一、产业调研报告内部研讨会

具体来说，产业调研报告内部研讨会包括以下两个方面的内容：

1. 首次内部研讨会参与人员

董事长、副总裁、项目公司总经理、市场拓展部和策划部成员、工程设计中心成员、招商中心负责人等。

2. 研讨内容

研讨内容包括产业调研报告整体框架逻辑、产业调研报告观点陈述、确定产业定位和产品初步规划布局、项目各项经济指标（总建筑面积、容积率等)、招商政策、服务定位和项目合作模式等。

二、产业调研报告初稿研讨会

产业调研报告初稿研讨会包括以下内容：

1. 初稿研讨会参与人员

项目公司总经理、市场拓展部和策划部主要成员、工程设计中心设计师、经开区（高新区）党工委书记、主任、平台公司总经理等。

2. 研讨内容

确定主、特、辅产业，进行产品初步规划布局，确定经济指标、项目合作模式等。

3. 注意事项

调研人员需要认真记录对方提出的修改意见，修改后将二稿提交给项目组总负责人，由其确认后发送给经开区（高新区）咨询项目对接人。

三、产业调研报告终稿研讨会

产业调研报告终稿研讨会包括以下内容：

1. 终稿内部研讨会参与人员

项目公司总经理、市场拓展部和策划部主要成员、工程设计中心设计师、县政府项目领导小组指挥长、经开区（高新区）党工委书记、主任、平台公司总经理等。

2. 研讨内容

汇报产业定位咨询报告终稿内容。

3. 注意事项

（1）认真汇报，突出亮点，从容应对对方提出的问题。

（2）让客户签字，签订项目咨询成果确认书，为项目回款提供依据。

（3）让客户签收正式的报告文本。

（4）做好研讨会会议记录，如果能够拿到对方的会议纪要更好。

第四章

蓝图｜如何从产业定位向产品设计华丽蜕变

确认产业定位咨询报告后，接下来就是产品设计环节，这一环节时间紧，任务重，过程复杂，时间跨度大约 8 周。EPC + O 项目中产品设计部分和建设施工部分分别由项目联合体的各个公司承担，所以项目公司总经理需要了解以下三点内容：

（1）产品设计分为规划设计、初步设计和施工设计三个部分，进入初步设计环节需要对接地勘公司，每个阶段性节点需要经过政府部门评审并进行批复。所以，在设计工作中既要坚持我方工程设计人员、招商负责人的意见，也要考虑当地政府相关部门人员的意见，还要多与项目合作联合体中的设计院、项目平台公司、政府相关部门积极沟通，达成一致意见。

（2）产品必须符合产业定位，满足各类企业的生产需求，产品线要丰富，比如单层厂房、多层标准厂房、企业独栋、研发楼、孵化楼、综合服务大楼、倒班楼等。

（3）产品设计既要美观，也要实用，更要控制建设成本，因为项目建成后是以成本价销售，成本过高会导致销售不畅，影响招商引资。

本章从基础概念、规划、建筑、结构、电气和给排水这几个方面阐述，详细介绍项目从产业定位向产品设计华丽蜕变的过程。

第一节　工业地产基础概念

工业地产基础概念包括房地产基本术语、工业地产基本知识、房屋建筑基本知识。

一、房地产基本术语

房地产基本术语包括以下内容：

1. 房地产

房地产又称不动产，是房产和地产的总称，具体指土地及其附着物。房地产总是以地产联结为一体的，具有整体性和不可分割性。

2. 土地使用权

土地使用权是指国家机关、企事业单位、农民集体和公民个人，以及三资企业，凡具备法定条件者，依照法定程序或依约定对国有土地或农民集体土地所享有的占有、利用、收益和有限处分的权利。政府部门以拍卖、招标、签订协议的方式将国有土地使用权在一定年限内出让给土地使用者。土地使用权期满后，如果该土地用途符合当时的城市规划要求，土地使用者可以申请续用，经批准并补清地价后可以继续使用。

3. 房地产市场

房地产市场主要包括房地产买卖、租赁市场，含一级市场、二级市场和三级市场。

一级市场是指国家土地管理部门按照土地供应计划，采用签订协议、招标、拍卖的方式，以土地使用合同的形式将土地使用权按一定的年限、规定的用途及一定的价格出让给房地产发展商或其他用地者的市场。

二级市场是指房地产发展商根据土地使用合同的要求将建好的房屋连同相应的土地使用权转让给单位和个人的市场。

三级市场是指单位、个人之间的房地产权转让、抵押、租赁的市场，它是在二级市场基础上第二次或多次转让房地产交易活动的市场。

4. 生地

生地是指空间地、田地、未开垦地等不具备使用条件的土地，也称为待开发的土地。

5. 熟地

熟地是指“三通一平”或“七通一平”，具备使用条件的土地，也称为完成市政设施建设的土地。“三通一平”是指通水、通电、通路，场地平整；“七通一平”是指通水、通电、通路、通排污系统、通信号、通暖气、通天然气，场地平整。

6. 宗地

宗地是地籍的最小单元，是指以权属界线组成的封闭地块。

7. 建筑物

建筑物是指人工建造而成的房屋和构筑物，比如墙体、楼地层、楼梯、门窗基础。

8. 建筑面积

建筑面积是指建筑物外墙勒脚以上的结构外围水平面积，如果计算多、高层建筑物的建筑面积，则是各层建筑面积之和。建筑面积包含房屋的可用面积、墙体及柱体占地面积、楼梯走道面积、其他公摊面积等。

9. 公有建筑面积

公有建筑面积包括电梯井、管道井、楼梯间、垃圾道、变电室、设备间、公共门厅、过道、地下室、值班警卫室，以及为整幢建筑物服务的公共用房和管理用房的建筑面积，以水平投影面积计算。

10. 基底面积

基底面积是指建筑物首层的建筑面积。

11. 用地面积

用地面积是指城市规划行政主管部门确定的建设用地位置和界线所

围合而成的用地的水平投影面积。

12. 红线图

红线图又叫“宗地图”，是按照一定比例制作的用以标示一宗地的用地位置、界线和面积的地形平面图。它由政府土地管理部门颁发给土地使用权受让者，受让者只能在红线范围内施工建房。

宗地图是土地使用合同书附图及房地产登记卡附图。它反映一宗地的基本情况，其内容包括宗地权属界线、界址点位置、宗地内建筑物位置与性质，与相邻宗地的关系等。证书附图即房地产证后面的附图，是房地产证的重要组成部分，主要反映权利人拥有的房地产情况及房地产所在宗地情况。

13. 建筑高度

建筑高度是指建筑物室外地平面至外墙顶部的总高度。烟囱、避雷针、旗杆、风向器、天线等在屋顶上的突出构筑物不计入建筑高度。

14. 道路红线

道路红线是指城市道路（含居住区级道路）用地的规划控制线。

15. 建筑线

建筑线一般称为建筑控制线，是建筑物基底位置的控制线。

16. 房地产开发

房地产开发是指在依法取得土地使用权的土地上按照使用性质的要求进行基础设施、房屋建筑的活动。

17. 土地开发

土地开发是将生地开发成可供使用的土地。

18. 土地所有权

土地所有权是指土地所有者在法律规定的范围内对其拥有的土地享有占有、使用、收益和处分的权利。土地所有权可分为国有土地所有权和集体土地所有权两类。

19. 国有土地与集体土地

国有土地是指属于国家所有的土地，国家是国有土地所有权的唯一主体，用地单位或个人对国有土地只有使用权，没有所有权。

集体土地是指属于农村居民集体经济组织所有的土地，集体土地所有权的主体是农村居民集体经济组织。

20. 五证二书

房地产商在预售商品房时应具备《建设用地规划许可证》《建设工程规划许可证》《建设工程施工许可证》《国有土地使用证》和《商品房预售许可证》，简称“五证”。

其中，前两个证由规划部门核发，《建设工程施工许可证》由建设部门核发，《国有土地使用证》和《商品房预售许可证》由自然资源部门和房屋管理局核发。

《国有土地使用证》是证明土地使用者向国家支付土地使用权出让金，获得在一定期限内某块国有土地使用权的法律凭证。

《建设用地规划许可证》是建设单位在向土地管理部门申请征用、划拨土地前，经城市规划行政主管部门确认建设项目位置和范围符合城市规划的法定凭证。

《建设工程规划许可证》是有关建设工程符合城市规划要求的法律凭证。

二书是指《新建商品房质量保证书》和《新建商品房使用说明书》。

21. 物业管理

物业管理泛指一切有关房地产开发、经营及商品房销售、租赁、售后服务的管理活动。

22. 业主委员会

业主委员会是在物业管理区域内代表全体业主实施自治管理的组织，是代表全体业主合法权益的社会团体，其合法权益受国家法律保护。业主通过召开业主大会，从全体业主中选举代表组成业主委员会。

23. 期房

期房是指消费者在购买时不具备即买即可入住条件的商品房。

24. 预售合同

预售合同是指消费者在购买期房时签订的销售合同。

25. 现房

现房是指消费者购买时具备即买即可入住条件的商品房，即房地产开发商已办妥所售房屋的大产证的商品房。消费者在与房地产开发商签订商品房买卖合同后，立即可以办理入住并取得产权证。

26. 毛坯房

房地产开发商交付屋内墙面、地面仅做基础处理而未做表面处理的房叫作毛坯房。

27. 商品房

商品房是指经政府有关部门批准，由房地产开发经营公司向政府机关单位租用土地使用权期限 40 年、50 年、70 年开发的房屋，建成后用于市场出售、出租。商品房又称“大产权房”，包括住宅、商业用房及其他建筑物。

28. 商品房预售

商品房预售是指房地产开发企业与购房者约定，由购房者交付定金或预付款，而在未来一定日期拥有现房的房产交易行为。

29. 低层住宅

低层住宅是指 1 ~ 3 层的住宅。

30. 多层住宅

多层住宅是指 4 ~ 6 层的住宅。

31. 小高层住宅

小高层住宅一般指 7 ~ 11 层的住宅。

32. 中高层住宅

12 ~ 18 层的住宅为中高层住宅。

33. 高层住宅

18 层以上的住宅为高层住宅。

34. 超高层建筑

超高层建筑是指 40 层以上，高度 100 米以上的建筑物。

35. 层高

层高是指下层地板面或楼板面与上层楼板面之间的距离。

36. 净高

层高减去楼板的厚度或结构层的高度的差叫作净高。

37. 总建筑面积

总建筑面积是指在建设用地范围内单栋或多栋建筑物地面以上及地面以下各层建筑面积之和，包含实用面积和公摊面积。

38. 架空房屋

一般为底层架空，以柱子作为承重支撑物的房屋。

39. 间距

间距是指建筑平面外轮廓线之间的距离。

40. 日照标准

2 个以上居住空间大寒日底层满窗连续日照不低于 1 小时，全天满足 2 小时。

41. 容积率

容积率是指项目规划建设用地范围内全部建筑面积与规划建设用地面积之比。

42. 建筑密度

建筑密度即建筑覆盖率，是指项目用地范围内所有基底面积之和与规划建设用地之比。

43. 绿地率

指公共绿地、住宅旁（住宅间）绿地、公共服务设施所属绿地和道路绿地四类绿地面积的总和占居住区用地总面积的比例。

44. 绿化率

绿化率是指所有绿化面积在建设用地面积中所占的比例，用公式来表示，就是绿化率 = 绿化面积 ÷ 基地面积 × 100%。

45. 商品房预售许可证

商品房预售许可证是房地产管理部门向房地产开发公司颁发的证书，用以证明列入证书范围内的正在建设中的房屋可以预先出售给承购人。

46. 公共维修基金

公共维修基金是指住宅的公共部位和共用设施、设备的维修养护基金。

47. 印花税

印花税是对经济活动和经济交往中书立、领受具有法律效力的凭证的行为所征收的一种税。

48. 土地使用年限届满后怎么办

业主可以在继续交纳土地出让金或使用费的前提下，继续使用该土地。

49. 房地产抵押

房地产抵押是债务人或第三人（抵押人）以其合法拥有的房地产作为担保物向债权人（或押权人）提供债务履行担保的行为。按揭就是一种房地产抵押形式。

50. 银行按揭

银行按揭的正确名称是购房抵押贷款，是购房者以所购房屋的产权作为抵押，由银行先行支付房款给开发商，以后购房者按月向银行分期支付本息。

51. 工业厂房按揭需提交的资料

（1）小企业法人授信业务客户申请表。

（2）法定代表人、实际控制人、主要股东及其配偶、财务负责人身份证复印件。

（3）法定代表人、实际控制人及其配偶户口本。

（4）法定代表人、实际控制人、主要股东及其配偶个人征信查询授权书。

（5）企业法人营销执照（经营年限满 2 年）。

（6）企业法人公司章程。

（7）企业法人机构信用代码证。

（8）借款企业及关联企业征信查询授权书。

（9）近两年年度财务报告、最近一个月财务报表，其他的资产证明文件。

（10）经营合同及单据。

（11）主要资产清单及证明文件或权属说明。

（12）最近 6 个月主要经营账户流水。

52. 企业不能获批或不能足额获批贷款的原因

（1）企业营业执照年限不够。

（2）企业银行流水不能覆盖或满足按揭款月供的需要。

（3）企业或法人自身在购买本厂房前已经有相应的贷款，但企业的负债率超过银行评定范围的，不能获批或不能足额获批贷款。

（4）企业或法人列入银行黑名单或失信被执行人名单。

（5）企业或法人列入在法律上曾有被执行或正在被执行的司法问题。

（6）部分外地企业在本地银行无法办理贷款。

（7）新注册的企业与老公司主营业务不符合，资产不够，上下游供销合同不够等。

53. 底价

底价为开发商开发成本和期望收益合成的销售价格，是开发商的最低销售价格。

54. 起价

起价是指商品房在销售时各单元或整个项目销售价格中的最低价格。

55. 均价

均价是单元或整个项目总销售额除以可销售面积得出的价格。

56. 定金

定金是预付款的一部分，起到担保债权的作用。在开发商违约不签订合同的情况下，双倍返还定金，如果客户违约，定金不退。

57. 订金

订金是预付款的一部分，起不到担保债权的作用。在开发商违约不签订合同的情况下，客户无法得到双倍返还。

58. 市场调研

市场调研是对相关项目的市场信息进行系统的收集、整理、记录和分析的过程。

59. 市场调查

市场调查共分为 8 个部分，分别是环境分析、产品分析、价格分析、去化分析、客源分析、业务分析、媒体分析、综合分析。

（1）环境分析，包括区位情况、交通情况、配套设施等。

（2）产品分析，包括基地情况、经济指标、房型配比、面积配比等。

（3）价格分析，包括单价范围、总价范围、付款方式、折扣情况等。

（4）去化分析，包括去化顺序、去化特征、去化抗性等。

（5）客源分析，包括区域划分、客源层次、消费意图等。

（6）业务分析，包括业务配备、业务能力、业务执行等。

（7）媒体分析，包括媒体选择、宣传模式、主要诉求等。

（8）综合分析，包括优势分析、劣势分析、综合结论等。

60. 房地产价格构成

房地产价格由以下费用构成：

（1）土地费用。

（2）前期工程费，包括设计费、监理费、报建费等。

（3）房地产开发成本，包括建设费、配套费。

（4）管理费。

（5）销售费用，包括代理费、广告费等。

（6）财务费用，包括贷款利息、税费等。

（7）不可预见费用。

二、工业地产基本知识

接下来我们了解一下工业地产基本知识。

1. 地产类型

常见的有以下地产类型：

（1）居住用地。居住用地是指住宅区内的居住建筑本身用地，以及与建筑有关的道路用地、绿化用地和相关的公共建筑用地。

（2）工业用地。工业用地主要是指工业生产用地，包括工厂、动力设施及工业区内的仓库、铁路专用线和卫生防护地带等。

（3）仓库用地。仓库用地是指专门用来存放各种生活资料和生产资料的用地，包括国家储备仓库、地区中转仓库、市内生活供应服务仓库、危险品仓库等。

（4）交通用地。交通用地是指城市对外交通设施用地，包括铁路、公路线路及相关的防护地带等用地。

（5）市政用地。市政用地是指用于建造各种公共基础设施的用地，包括城市供水、排水、道路、桥梁、广场、电力、电讯、供热等基础设施用地。

（6）商业服务用地。商业服务用地是指为整个城市或小区提供各种商业服务的用地，包括商店、超市、银行、饭店、娱乐场所等。

（7）公共绿化用地。公共绿化用地是指城市区域内的公园、道路及街心的绿化带等所占用的地产。这类用地的作用是改善城市生态环境，为居民提供休闲场所。

（8）教科文卫设施用地。这类用地包括各类学校、科学研究机构、卫生医疗机构等所占用的地产，以及各类文化体育活动场所。

（9）港口码头用地。主要是货运、客运码头，以及民用机场等。

（10）军事用地。军事用地是指为军事活动提供服务的用地，属于特殊用地。

（11）其他用地。其他用地是不属于以上项目的其他城市用地，包括城市郊区的农田、牧场、空地等。

2. 工业用地

工业用地是指工业类土地使用性质的所有毛地（生地）、熟地，以及该类土地上的建筑物和附属物，其是除住宅、商业和综合类用地以外的第四种性质用地。占用工业用地的建筑物包含的范围较大，比如工业制造厂房、物流仓库、工业研发楼宇，等等。

3. 各类土地使用年限

（1）居住用地 70 年。

（2）工业用地 50 年。

（3）教育、科技、文化卫生、体育用地 50 年。

（4）商业、旅游、娱乐用地 40 年。

（5）综合或其他用地 50 年。

（6）加油站、加气站等用地 20 年。

4. 工业园区基础设施

工业园区要建设基础设施为企业提供服务，建设基础设施的标准是“七通一平”，也就是通水、通电、通路、通排污系统、通信号、通暖气、通天然气，场地平整。

5. 园区配套

园区配套包括硬件配套和软件配套。

（1）硬件配套。包括办公楼、厂房、实验室、仓库、停车场、会展中心、休闲中心、生活设施、商铺、酒店、广场等。

（2）软件配套。包括政务、商务、金融、科技、人才、住宅、咨询、审计、法律、市场服务、广告服务、外交服务、增值服务等。

6. 几种常见的建筑构造形式

建筑构造形式是指支撑建筑物的方式。

常见的建筑构造形式包括以下几种类型：

（1）砖混结构。其特点是墙体承重，一般用于5～6层的多层建筑。砖混结构住宅中的“砖”指的是一种统一尺寸的建筑材料，也有非标准尺寸的异形黏土砖，比如空心砖。“混”指的是由钢筋、水泥、沙砾、水按照一定比例制成的钢筋混凝土配件，包括楼板、过梁、楼梯、阳台、挑檐，将这些配件与承重墙结合使用，可以建成砖混结构式建筑。

（2）框架结构。框架结构是由梁、柱等线形杆件组成的一种结构体系，墙体不承重，仅以梁、柱、板作为承重体系，各平面框架通过连系梁和板组成空间体系，形成竖向及水平荷载。框架结构布置灵活，使用方便，可获得较大的室内空间，广泛应用于厂房、旅馆、科研楼、办公楼、医院、商场、学校等多层和高层建筑。框架结构水平荷载的能力较弱，刚度较小，使用时受房屋高度限制，墙体在地震中容易损坏，通常适用20层以下的房屋。

（3）剪力墙结构。纵横承重墙体组成的结构体系叫作剪力墙结构。按照施工工艺，可以将剪力墙结构分为现浇剪力墙结构和装配式剪力墙结构，一般采用现浇剪力墙结构。它的空间整体性好，刚度大，抗侧力强度高，水平力作用下侧向变形小。装配式剪力墙结构一般由装配式大型墙板拼装而成。墙板之间及墙板与楼板之间的连接十分重要，一般内外墙板除了采用焊接工艺进行连接外，还要将留有锚筋、齿槽和插筋的相邻墙板用混凝土浇筑成为整体。施工工艺是采用卡口楼板，与端头留有齿槽和锚筋的墙板通过浇筑混凝土形成整体连接。这种结构体系一般以横墙承重为多。考虑到结构整体性的需要，内纵墙一般做成承重墙，外纵墙因为不承重，所以采用围护墙板。剪力墙结构多用于高层建筑。

（4）剪力墙结构和框剪结构（也称框支剪力墙结构）。在框架结构体系中适当布置剪力墙，组成框架与剪力墙协同工作的结构体系。其中，剪力墙是主要的抗侧力构件。这种体系既有框架结构的灵活性，又有较强的抗震性能，刚度比较大，是常用的高层结构体系，适用于各类公共建筑。

（5）钢架结构。钢架结构是指主要承重构件全部采用钢材的结构。它的优点是自重轻，能制作跨度大、空间比较高的建筑，适用大型公共建筑，比如摩天大楼；它的缺点是价格昂贵，装配施工组织要求高，一般只用于高档写字楼、宾馆，或者是应用于工业建筑。

（6）钢混结构。这类结构的材料是钢筋混凝土，即钢筋、水泥、粗细骨料（碎石）、水等的混合体。采用这种结构的住宅抗震性能好，整体性强，抗腐蚀能力强，经久耐用。其还有一个优点是房间开阔，空间较大，可以自由分割。

7. 工业地产地块分类

工业地产地块分为以下几类：

M1 一类工业用地。这类用地是指对居住和公共设施等环境基本无干扰和污染的工业用地，比如电子工业、缝纫工业、工艺品制造工业等用地。

M2 二类工业用地。这类用地是指对居住和公共设施等环境有一定干扰和污染的工业用地，比如食品工业、医药制造工业、纺织工业等用地。

M3 三类工业用地。这类用地是指对居住和公共设施等环境有严重干扰和污染的工业用地，比如采掘工业、冶金工业、大中型机械制造工业、化学工业、造纸工业、制革工业、建材工业等用地。

8. 工业地产开发模式

目前我国各级地方政府经常使用的是工业地产开发模式，这是我国工业地产市场的主要载体，其运作主体一般是开发区或工业园区管委会下设的开发公司。

9. 工业地产商模式

工业地产商模式是指房地产投资开发企业在工业园区内或其他地方获取工业土地项目，再进行项目的道路修建、绿化等基础设施建设，营建厂房、仓库、研发大楼等房产项目，然后以租赁、转让或合作经营的方式进行项目相关设施的经营、管理，最后获取合理的地产开发利润。

10. 主体企业引导模式

在某个产业领域具有强大综合实力的企业为了实现自身更好的发展，取得更大的利益价值，获取大量工业土地，营建一个相对独立的工业园区，主体企业在占主导地位的前提下，借助自身在所在行业中的强大凝聚力与号召力，通过土地出让、项目租售等方式吸引其他同类企业入驻园区，形成聚集效应，实现产业升级。我们将这种模式称为主体企业引导模式。

11. 综合运作模式

综合运作模式是指将工业地产开发模式、主体企业引导模式和工业地产商模式三者结合在一起进行混合运用的开发模式。

12. 私人业主开发模式

小厂房多采用私人业主开发模式，主要是因为厂房租金持续上涨，其利润回报率已经超过商业地产，而且操作起来比较简单。随着国家逐步完善工业地产政策，工业用地逐步紧缩，私人业主开发的厂房在设计和配套设施服务等方面没有竞争力，这类开发模式会逐渐退出市场。

13. 盈利模式

开发商主要依靠土地溢价增值获取利润。开发商在完成项目基础设施建设后，进行项目主题包装与概念推广，实现项目中部分土地或整体土地的转让。

取得土地使用权后，有些大的开发商会独立开发项目，还有的开发商会联合其他开发商进行项目的整体开发，通过将建成的房地产项目进行出租、出售或租售结合等方式获取收益。开发商一般在项目地块上建造标准化厂房、研发中心、配套服务设施，然后根据确定的产业主题招商引资，从而获取项目销售后所带来的利润，或者是长期持有项目获取经营管理收益。

“物流房地产商”普洛斯公司在取得土地之后进行一级开发，包括建设基础设施，打造平台，吸引物流企业入驻园区。普洛斯公司只进行房地产投资开发和物业管理，日常物流业务仍由客户操作，其本质是开发商，而非物流商。

工业地产开发商还可以通过与工业企业联合，按需定制地产开发模式。工业地产开发商取得工业用地后，进行项目主题包装与概念推广，与已确定主题的产业企业强强联合，按产业企业需求量身定制工业厂房等产品项目，从而控制风险，获取项目收益。

14. 工业园区开发流程

工业园区开发流程包括工业地产选址，工业地产定位，工业地产园区设计、建造，工业地产招商，园区服务。客户最关心的问题是招商政策（比如优惠政策），园区未来的规划，对企业发展有何帮助等。

三、房屋建筑基本知识

下面介绍一些房屋建筑基本知识。

1. 房屋构成部分

房屋由地基和基础、墙和柱、楼板和地面、门窗、楼梯、屋顶等组成。

2. 地基和基础

（1）地基。地基是建筑物下面的土层。它承受基础传来的整个建筑物的载荷，包括建筑物的自重、作用于建筑物的人与设备的重量。

（2）基础。基础位于墙柱下部，是建筑物的地下部分。它承受建筑物的全部载荷并把它传给地基。

3. 墙和柱

承重墙和柱是建筑物垂直承重构件，它承受屋顶、楼板层传来的载荷，连同自重一起传递给基础。此外，外墙能抵御风、霜、雨、雪对建筑物的侵袭，使室内具有良好的生活与工作条件，起到围护作用；内墙则把建筑物内部隔成若干个空间，起到分割作用。柱子之间的距离简称为跨度。

4. 楼板和地面

楼板是水平承重构件，主要承受作用在它上面的竖向载荷，并将它们连同自重一起传递给墙或柱，同时将建筑物分为若干层。楼板对墙身还起着水平支撑作用。底层房间的地面贴近地基土，承受作用在它上面的竖向载荷，并将它们连同自重一起传递给地基。

5. 楼梯

楼梯是楼层之间的交通通道。

6. 屋顶

屋顶是建筑物最上层的覆盖构造层，它既是承重构件，又是围护构件。它承受作用在其上面的各种载荷，并且连同屋顶结构自重一起传递给墙或柱，同时起到保温、防水等作用。

7. 门和窗

（1）门。门是提供人们进出房屋及搬运家具、设备等的建筑配件。有的门兼有采光、通风的作用。

（2）窗。其主要作用是通风采光。

一般来说，基础、墙、柱、楼板、地面、屋顶等是建筑物的主要部分，门、窗、楼梯等则是建筑物的附属部件。

第二节　总体规划设计标准

产业园区开工建设前必须进行产业定位，设计总体规划方案，以便实现有序管理，进行产业升级。产业园区开发商要根据政策规定确定产业园区设计总体规划原则，然后进行合理布局，按照一定的标准开工建设产业园区。

一、总体规划原则

产业园区总体规划原则包括以下内容：

1. 合规化

产业园区总体规划必须满足政策要求，合理合规使用土地。

2. 人性化

产业园区总体规划应该满足人性化需求，空间设计合理，色彩协调统一，给人视觉上的享受，让人产生愉悦感。

3. 适应性

产业园区应该根据项目所在的区域、地形地貌、城市路网情况制定适合项目场地的方案。

4. 经济性

产业园区开发商应该结合营销模式、产品定位、产品方案制定总体规划方案，使得产品的布置能做到功能分区明确，突出重点，疏密有度，经济合理。

二、总体规划布局

集团要根据产业园区建设的规模进行整体规划，分期实施。根据产品运营方案，结合城市规划，制定合理的分期实施方案。

在整体规划中，建筑产品主要分为两种类型，即标准厂房和定制厂房。这两种厂房对建筑的要求不同，适宜分区、分组团布置，故总体规划布局宜采用区带式布局模式。区带式布局是将园区建筑（构筑）物按照一定标准布置成不同区域，通过园区道路把建筑（构筑）物划分为若干个“组合带”，各部分相对独立，在每个区域适当设置配套服务区，如图 4 - 1 所示。

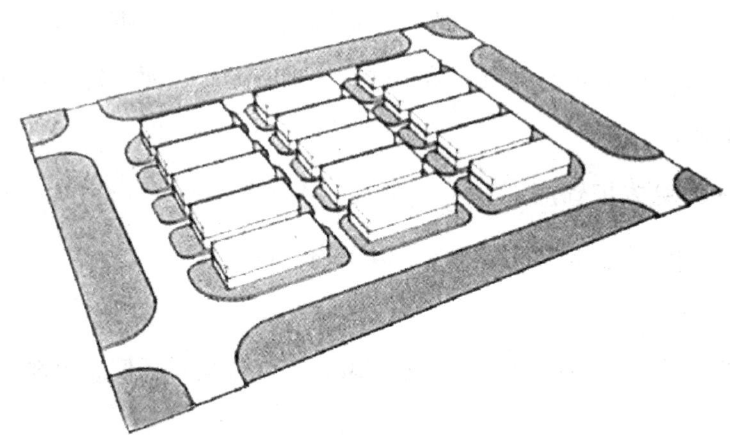

图 4 - 1　区带式布局模式

三、总体指标控制

在拿地方案中，除了控制规定的硬性要求外，原则上以土地利用最大化为准。容积率为 2.0 ~ 2.5，建筑密度为 35% ~ 38%，绿化率≤15%，同时各个项目的容积率、建筑密度、绿化率、停车位等达到当地政府职能部门提出的规划要求。

四、建筑间距

产品类型以丙类厂房为主，多层厂房之间的最小间距为 10 米，多层厂房与高层厂房最小间距为 13 米，多层厂房与单、多层民用建筑最小间距为 10 米，多层厂房与一类高层民用建筑最小间距为 20 米，多层厂房与二类高层民用建筑最小间距为 15 米。建筑间距同时需要符合地方性城市管理技术的规定。比如《长沙市城市规划管理技术规定》长政发（2018）12号文中规定“非居住建筑低多层平行间距需≥1.1H，且≥12米”。

五、建筑高度及天际线

标准厂房的建筑高度（指室外地坪到屋面面层的总高度）宜控制在24米以内，高层研发办公楼及公寓建筑的高度宜小于50米，原则上不规划超高层建筑，天际线则要求整体顺畅协调。

六、建筑离界及退让

（1）建筑离界（用地红线），有政府职能部门提供规划条件的，按规划条件设计；无明确规划条件的，参考以下标准执行：

非主城间距区：

①多层：主要朝向7米，次要朝向按消防间距控制，且≥3.5米；

②高层：主要朝向15米，次要朝向12米；

③地下室离界距离不得小于3米；

④地埋式垃圾站离界距离不得小于5米；

⑤新建建筑物退让河道不得小于10米；

⑥铁路干线两侧建筑工程与轨道中心线的距离不得小于20米；

⑦铁路支线两侧建筑工程与轨道中心线的距离不得小于15米。

（2）建筑退让城市道路等设施，有政府职能部门提供规划条件的，按规划条件设计；无明确规划条件的，参考标准如表4-1所示。

表4-1 建筑退让城市道路等设施最小距离控制表（单位：米）

类别		主城间距区				其他间距区			
		低多层	高层≤50	50<H≤100	H>100	低多层	高层≤50	50<H≤100	H>100
城市一般道路	W<26	6	10	12	15	8	12	15	18
	26≤W<46	8	12	15	18	8	12	15	18
	W≥46	8	12	15	18	10	15	18	20

续表

<table>
<tr><th colspan="2" rowspan="2">类别</th><th colspan="4">主城间距区</th><th colspan="4">其他间距区</th></tr>
<tr><th>低多层</th><th>高层≤50</th><th>50 < H ≤100</th><th>H > 100</th><th>低多层</th><th>高层≤50</th><th>50 < H ≤100</th><th>H > 100</th></tr>
<tr><td colspan="2">蓝线</td><td>10</td><td colspan="4">15</td><td>15</td><td colspan="2">20</td></tr>
<tr><td colspan="2">绿线</td><td>5</td><td>6</td><td>8</td><td>10</td><td>6</td><td>8</td><td>10</td><td>12</td></tr>
<tr><td rowspan="2">城市特殊道路</td><td>高架路</td><td colspan="4">20（无辅道时）</td><td colspan="4">25（无辅道时）</td></tr>
<tr><td>立交桥</td><td colspan="4">20</td><td colspan="4">25</td></tr>
<tr><td rowspan="4">铁路</td><td>高速铁路</td><td colspan="8">50（至最外侧轨道外边线距离，下同）</td></tr>
<tr><td>铁路干线</td><td colspan="8">20</td></tr>
<tr><td>铁路支线</td><td colspan="8">15</td></tr>
<tr><td>铁路专线</td><td colspan="8">15</td></tr>
<tr><td rowspan="3">城市轨道交通</td><td>磁悬浮线</td><td colspan="8">50（且符合环保等方面的要求）</td></tr>
<tr><td>地上轨道交通</td><td colspan="8">30</td></tr>
<tr><td>地下轨道交通</td><td colspan="8">至隧道外边线距离且符合轨道交通管理有关规定</td></tr>
<tr><td rowspan="3">公路</td><td>国道、快速公路</td><td colspan="8">50</td></tr>
<tr><td>省道、主要公路</td><td colspan="8">20</td></tr>
<tr><td>次要公路</td><td colspan="8">10</td></tr>
<tr><td rowspan="4">架空电力线路</td><td>10KV</td><td colspan="8">5（至导线边线延伸距离，下同）</td></tr>
<tr><td>35 ~ 110KV</td><td colspan="8">10</td></tr>
<tr><td>220KV</td><td colspan="8">15</td></tr>
<tr><td>500KV 以上</td><td colspan="8">20</td></tr>
</table>

注：H 指建筑高度，W 指道路宽度，退让距离按照到建（构）筑物外墙轴线计算；高层建筑退让城市道路红线是指主楼部分的退让，其裙房退让按低多层建筑退让要求控制（裙房高度小于 24 米）。一般建设项目的传达室、大门、进出闸口等退让城市道路边线的距离不应少于 6 米，退让绿线的距离不少于 5 米；各类垃圾站退让城市道路边线的距离不应少于 10 米，退让绿线的距离不少于 5 米。

七、停车位

停车位要与园区道路有顺畅的交通联系，车辆出入口不得直接与城市主干道连接，与城市主要道路交叉口应有不小于 80 米的距离，与过街天桥、地道、桥梁应有不小于 50 米的距离（出入口应设置减速装置）。一般办公按 1.0 车位/100 平方米建筑面积，工业地产项目按 0.8 车位/100 平方米建筑面积。

其他工业厂房规划标准为单层按 0.2 车位/100 平方米建筑面积，多层按 0.3 车位/100 平方米建筑面积，高层按 0.8 车位/100 平方米建筑面积。

具体按照当地职能部门规划要点设计。厂房每 3000 平方米建筑面积设 1 个装卸车位，每栋厂房至少设置 1 个装卸车位，同时设计卸货平台，建议按需设计（平台面不小于 3.0 米宽 ×2.5 米深）。

八、园区道路

园区道路采用方格网式道路网，适用地势平坦，受地形条件限制小的工业园区，道路布局合理，地块划分整齐，符合工业建筑造型较为方正的特点，有利于建筑物的布置和节约用地，有利于交通分散，便于机动灵活地进行交通组织。设计时应注意园区内外交通的联系与分离、道路的分级、适宜的道路间距与道路密度。

主干道为双向车道，宽度 9 米；次干道为双向车道，宽度 7 米，一般情况下，厂房区域不设置人行道。服务区域人行道宽度为 1.0 ~ 1.5 米。

在道路两侧均有停车位的情况下，建筑距离如下：

主干道：6 车位 +9 道路 +6 车位 =21 米

次干道：6 车位 +7 道路 +6 车位 =19 米

在道路一侧有停车位的情况下，建筑距离如下：

主干道：6 车位 +9 道路 =15 米

次干道：6 车位 +7 道路 =13 米

车位可根据具体情况设计为绿化停车位或沥青道路画线停车位，一般采用热熔型标线。小车停车位标准尺寸为 2.5 米 ×5.5 米，装卸车位尺寸不得小于 3.5 米 ×7 米。

主干道交叉路口转弯半径为 15 米，次干道交叉路口转弯半径为 12 米。

主次干道均按市政三级公路设计，设计车速 30km/h ~ 40km/h，日通行量 200 ~ 2000 辆车，采用改性沥青路面。路面纵坡不得大于 3%，特殊条件下不得大于 5%；路面横坡为 2%。

主次干道线形设计要求流畅，尽量采用环线设计，方便车辆在园区内行驶，园区出入口车辆流向与人流流向要考虑安全因素，并进行交通组织分析。

尽量避免出现尽端式消防回车场。消防车道转弯半径不小于 12 米。

室外工程主要材料如表 4 -2 所示。

表 4 -2　室外工程主要材料

序号	项目	做法（自面层到基层）
1	城市型沥青混凝土路面道路收边大样（物流广场同此做法）参见 05MR201 相关做法	40mm 厚中（细）粒式沥青混凝土面层（AC -10）
		沥青黏层油（0.5L/m²）
		80mm 厚粗粒式沥青混凝土（AC -13）
		沥青透层油（0.8L/m²）
		150mm 厚水泥稳定砂砾（6% 水泥含量）
		300mm 厚级配碎石底基层（夯实系数不得小于 0.93）
		路基碾轧密实，压实系数不小于 0.93
2	石材铺装（适用于主体形象建筑前广场、人行道）	50mm 厚花岗石面层（颜色及规格详见各部分平面图）
		30mm 厚 1∶3 干硬性水泥砂浆
		200mm 厚 C20 混凝土
		150mm 厚碎石基层
		素土夯实（夯实度≥0.93）

续表

序号	项目	做法（自面层到基层）
3	透水砖铺装（一般适用于有海绵城市设计要求的区域或人行道，内庭）	50mm 厚透水砖，细砂掺混凝土扫缝
		30mm 厚中砂垫层压实
		200mm 厚 C20 混凝土
		150mm 厚碎石基层
		素土夯实（夯实度≥0.93）
4	停车位	387mm×334mm×38mm 植草格面层
		20～30mm 厚砂垫层
		300mm 厚级配砂石层夯实
		素土夯实（夯实度≥0.90）

九、竖向标高

产业园区一般以物流业为主，园区内应该做到地面平整。

进行竖向设计前，要认真研究原始地形地貌，反复推敲土方平衡方案，尽量做到场内土方平衡。遇到场地原始地貌起伏较大，可考虑分区域，大地块平台式放坡竖向设计。道路竖向标高设计要考虑到道路标高的联动关系（一处标高的调整将影响其他道路的纵坡）。

由低至高竖向控制：市政道路—园区道路—人行道—建筑物。

建筑物高于室外地坪 15～30cm，人行道高于园区道路 12cm，绿化停车位与园区道路平齐。

十、综合管网

综合管网尽可能安排在人行道或建筑物周边的绿化停车位下，当位置不够时，可将排水管敷设在机动车道中央。电信电缆、给水、燃气管道等管线敷设在非机动车道下。

从建筑物边线至道路中心线方向，管线平行布置的顺序是电力电缆、电信电缆、燃气、给水、雨水、污水。

各种管线之间尽量减少交叉的情况，尽量避免横穿道路，管线之间的避让应遵循一条原则，即压力管让重力自流管，分支管线让主干管线，易弯曲管线让不易弯曲管线，小管径管线让大管径管线，临时管线让正式管线。

园区管线的最小覆土深度标准（M）如表 4－3 所示。地下管线交叉时最小垂直净距如表 4－4 所示。

表 4－3　园区管线的最小覆土深度标准（M）

<table>
<tr><th colspan="2">序　号</th><th colspan="2">1</th><th colspan="2">2</th><th colspan="2">3</th><th>4</th><th>5</th><th>6</th></tr>
<tr><td colspan="2" rowspan="2">管线名称</td><td colspan="2">电力</td><td colspan="2">电信</td><td colspan="2">热力</td><td rowspan="2">燃气</td><td rowspan="2">给水</td><td rowspan="2">排水</td></tr>
<tr><td>直埋</td><td>管沟</td><td>直埋</td><td>管沟</td><td>直埋</td><td>管沟</td></tr>
<tr><td rowspan="2">最小覆土深度</td><td>人行道下</td><td>0. 50</td><td>0. 40</td><td>0. 70</td><td>0. 40</td><td>0. 50</td><td>0. 20</td><td>0. 60</td><td>0. 60</td><td>0. 60</td></tr>
<tr><td>车行道下</td><td>0. 70</td><td>0. 50</td><td>0. 80</td><td>0. 70</td><td>0. 70</td><td>0. 20</td><td>0. 80</td><td>0. 70</td><td>0. 70</td></tr>
</table>

表 4－4　地下管线交叉时最小垂直净距（M）

<table>
<tr><th colspan="2" rowspan="2">下面的管线名称
上面的管线名称</th><th rowspan="2">给水管</th><th rowspan="2">排水管</th><th rowspan="2">热力管</th><th rowspan="2">燃气管</th><th colspan="2">电讯</th><th colspan="2">电力电缆</th></tr>
<tr><th>直埋</th><th>管道</th><th>直埋</th><th>管道</th></tr>
<tr><td colspan="2">给水管</td><td>0. 15</td><td></td><td></td><td></td><td></td><td></td><td></td><td></td></tr>
<tr><td colspan="2">排水管</td><td>0. 40</td><td>0. 15</td><td></td><td></td><td></td><td></td><td></td><td></td></tr>
<tr><td colspan="2">热力管</td><td colspan="2">0. 15</td><td>0. 15</td><td></td><td></td><td></td><td></td><td></td></tr>
<tr><td colspan="2">燃气管</td><td colspan="3">0. 15</td><td>0. 15</td><td></td><td></td><td></td><td></td></tr>
<tr><td rowspan="2">电讯</td><td>直埋</td><td>0. 50</td><td>0. 50</td><td rowspan="2">0. 15</td><td>0. 50</td><td colspan="2" rowspan="2">0. 25</td><td></td><td></td></tr>
<tr><td>管道</td><td>0. 15</td><td>0. 15</td><td>0. 150</td><td></td><td></td></tr>
<tr><td rowspan="2">电力电缆</td><td>直埋</td><td rowspan="2">0. 15</td><td rowspan="2">0. 50</td><td rowspan="2">0. 50</td><td>0. 50</td><td colspan="2" rowspan="2">0. 50</td><td colspan="2" rowspan="2">0. 50</td></tr>
<tr><td>管道</td><td>0. 15</td></tr>
</table>

十一、园林绿化

园林绿化标准参照金导园一期绿化工程。总体绿化工程要做到简洁美观，植物搭配要合理。具体设计由工程承包单位负责，报建设方审核批准后实施。

园林绿化包括以下几个方面：

（1）种植**行道树**，比如樟树、杜英树、桂花树、银杏树。

（2）种植**点缀**色彩的树木，比如樱花树、花石榴、石楠树、红枫、椤木石楠。

（3）种植**球类**植物，比如杜鹃、红花檵木、石楠球、大叶黄杨球。

（4）种植**铺地类**植物，比如红叶石楠、春鹃、果岭草、马尼草。

（5）**铺装**石材，路沿采用麻石，人行小路采用烧结砖、透水砖，或者是麻石板。

（6）安装植物养护给水系统，采用自动喷淋方式，喷洒管线尽量短一些，方便就近取水，做到完全覆盖需要喷洒的植物。

十二、变配电站、水泵房、消控室、监控室

其他设施规划如下：

1. 变配电站选址

变配电站要接近园区电力负荷中心，这样进出线方便，接近电源侧，设备进出方便，不宜设置在可能积水的场所，比如低洼地带，且最好位于园区第一期项目开发范围内。

2. 供电方式

根据园区总体规划采用树干式和放射式混合供电。变配电站空间大小根据园区整体用电设备一次性考虑到位，变压器等设备分期安装。

3. 水泵房选址

水泵房是园区给水、消防管网核心部分，应尽量靠近用水大户或处于整个园区的中央位置，可以减少主干管线的长度，也可以减少管网水的损失。生活给水泵房和消防泵房宜合建，一般考虑放置在地下室，且位于园区第一期项目开发范围内。

泵房的大小由生活水池、消防水池及水泵组的布置来确定（园区供水整体一次性考虑，水泵分期安装）。

4. 消控室选址

消控室应该布置在建筑群体接近中心区域的位置，使管线长度最短，不应占用商业价值高的区域。消控室应该设置在建筑首层靠外墙部位，或者是设置在地下一层，还应该设置直通室外的安全出口，最好位于园区第一期项目开发范围内。

5. 消控室空间尺寸

按照整体用电设备规模一次性考虑到位，预留分期增加的消防控制设备空间，分期安装。

6. 监控室选址

监控室与保安室、门卫室合并设计，以提高效率，多方兼顾。

7. 监控室空间尺寸

要提前考虑园区内分期建设所用到的监控终端及线路数量，确定监控室的空间尺寸，同时考虑墙面挂设显示器的位置，并留足保安上班的工作空间。

第三节　建筑单体总体设计原则与建筑工艺设计标准

下面我们进一步分析建筑单体总体设计原则与建筑工艺设计标准。

一、建筑单体标准平面布置

建筑单体包含以下几种形式：

1. “一”字形厂房

“一”字形厂房适用于独栋、双拼类厂房，宜用7.5米、8米、8.4米柱网。根据面积、层数的要求，可以布置成1000～9000平方米的独栋厂房，独栋厂房单层不宜低于500平方米，不宜高于1500平方米。

独栋厂房如图4－2所示。

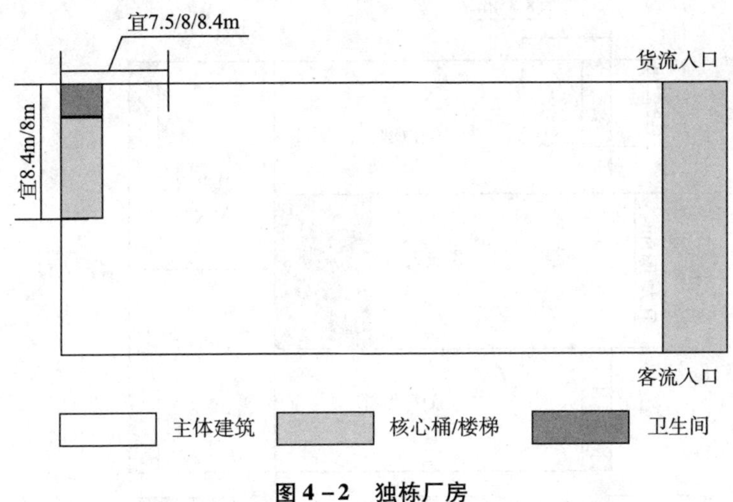

图 4－2　独栋厂房

双拼厂房如图 4－3 所示。

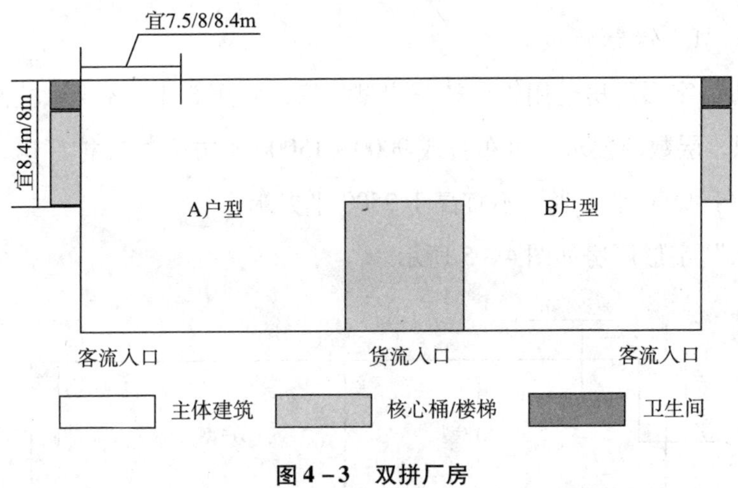

图 4－3　双拼厂房

2. “U” 字形厂房

“U” 字形厂房适用于复合型/多户型厂房，宜用 8 米、8.4 米柱网。根据面积、层数的要求，可布置成 12000～18000 平方米的独栋厂房，单层不宜低于 2000 平方米，不宜高于 3000 平方米。

“U” 字形厂房如图 4－4 所示。

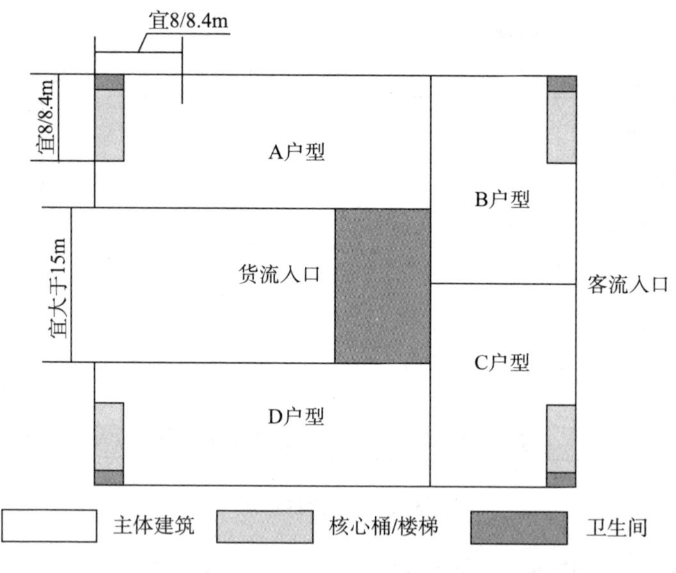

图 4－4　“U” 字形厂房

3. “L” 字形厂房

“L” 字形厂房适用于一核三户型厂房，宜用 8 米、8.4 米柱网。根据面积、层数的要求，可布置成 9000～15000 平方米的独栋厂房，单层不宜低于 1500 平方米，不宜高于 2500 平方米。

“L” 字形厂房如图 4－5 所示。

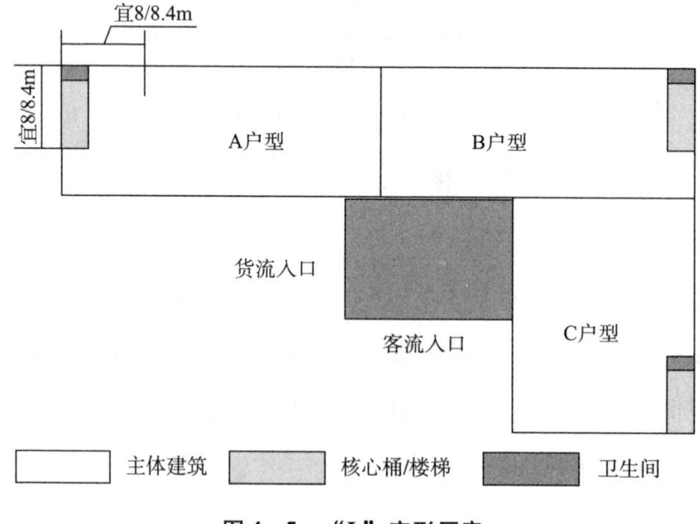

图 4－5　“L” 字形厂房

4. “工”字形厂房

“工”字形厂房适用于一核四户型厂房，宜用 8 米、8.4 米柱网。根据面积、层数的要求，可布置成 12000 ~ 24000 平方米的独栋厂房，单层不宜低于 1500 平方米，不宜高于 3000 平方米。

“工”字形厂房如图 4 – 6 所示。

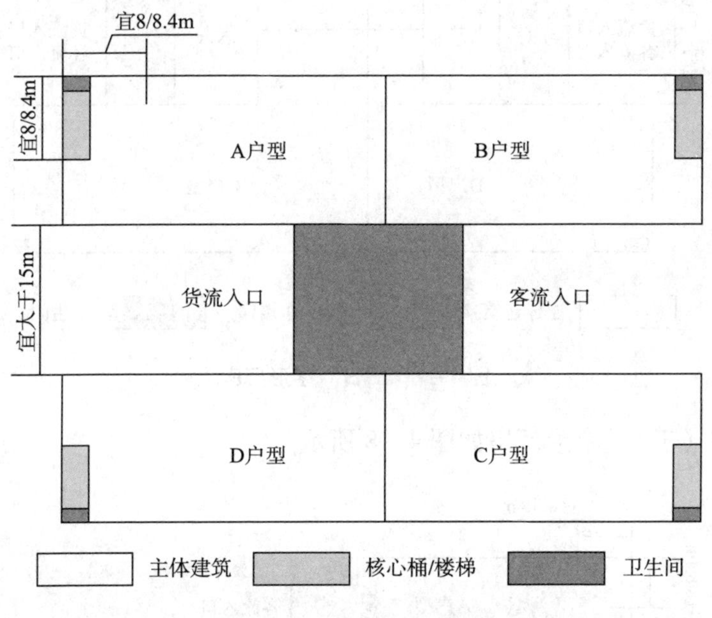

图 4 – 6 “工”字形厂房

5. “日”字形厂房

“日”字形厂房适用于一核四户型厂房，宜用 8 米、8.4 米柱网。根据面积、层数的要求，可布置成 18000 ~ 24000 平方米的独栋厂房，单层不宜低于 3000 平方米，不宜高于 4000 平方米。

“日”字形厂房如图 4 – 7 所示。

6. “E（王）”字形厂房

“E（王）”字形厂房适用于一核四户型厂房，宜用 8 米、8.4 米柱网。根据面积、层数的要求，可布置成 9000 ~ 18000 平方米的独栋厂房，单层不宜低于 1500 平方米，不宜高于 3000 平方米。

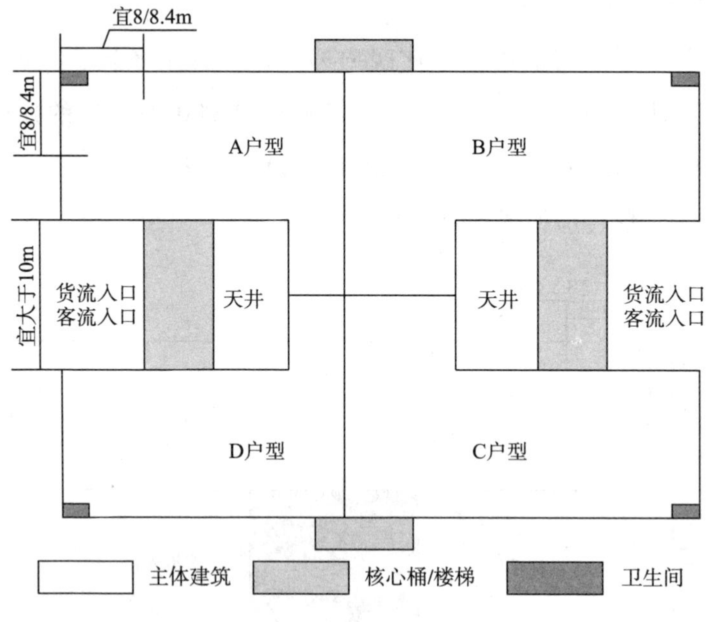

图 4－7　“日”字形厂房

“E（王）”字形厂房如图 4－8 所示。

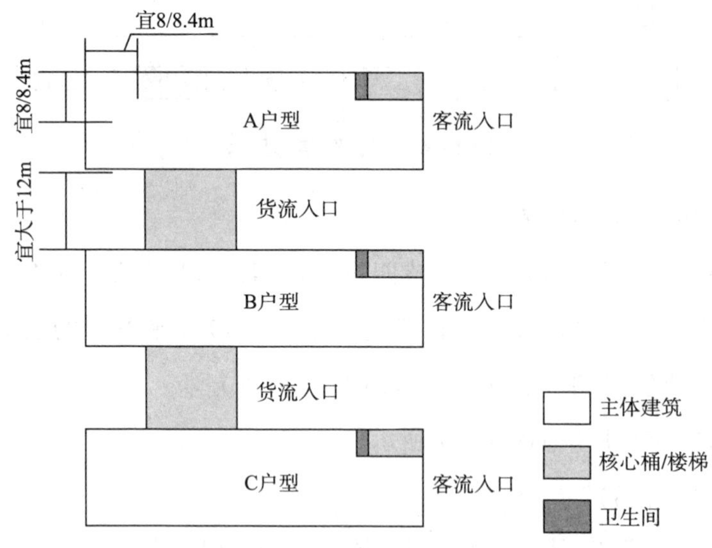

图 4－8　“E（王）”字形厂房

产业园区应该根据地块形状、厂房每层的建筑面积、每层的分户数量、单体建筑面积要求、总体建筑面积要求、容积率要求加以甄别，选定合适的厂房类型。

厂房的其他要求如下：

（1）标准厂房的颜色以白色、灰色、淡黄色为主。

（2）外墙材料采用通体砖，规格为45mm×45mm，仿石材抽缝。

（3）厂房框架柱跨距为7500～8400mm。

（4）厂房层数为5～6层，一层层高4900mm，标准层层高3800mm，总高为23.9m。（可根据具体情况适当调整）

（5）如果有地下室，标准层层高3.8m，主跨8100mm×8400mm，覆土平均厚度小于1.2m，种植树木处不大于1.5m，种植草皮处不大于0.3m。

（6）造型简洁大方，可以不使用装饰线条。

（7）空调主机以挑板的形式置于室外。

二、建筑工艺设计标准

建筑物各部位均有一定的工艺设计标准要求。

以下是地下室几个部位的建筑工艺设计标准：

1. 地下室停车区和车道区设计标准

（1）地面：钢筋砼结构底板；水泥浆掺建筑胶刷一遍；8cm厚C25混凝土；金刚砂面层（4～6kg/m²，4mm厚）。

（2）柱子和墙面：15厚1∶1∶6水泥石灰砂浆；5厚1∶0.5∶3水泥石灰砂浆；批一遍腻子；刷两遍仿瓷涂料。参见05ZJ001P45内墙4。

（3）顶棚：钢筋砼底面清理干净；5厚1∶1∶4水泥石灰砂浆；5厚1∶0.5∶3水泥石灰砂浆；批一遍腻子；刷两遍仿瓷涂料。参见11ZJ001P65顶103。

2. 地下室配电房、水泵房、消防泵房、消控室设计标准

（1）地面（配电房）：地下室钢筋砼底板；素水泥浆结合层刷一遍；20厚1∶2.5水泥砂浆掺入水泥用量5%的防水剂分两次涂抹；

20 厚水泥按照 1∶2 的比例制成水泥砂浆抹面压光；绿色地坪漆刷两遍。设备区及设备周边 1.5 米范围铺绝缘胶垫（10KV5mm 厚；35KV12mm 厚）参见 11ZJ001P18 地 101f。

（2）地面（水泵房和消防泵房）：地下室钢筋砼底板；素水泥浆结合层刷一遍；20 厚 1∶4 干硬性水泥砂浆；600mm × 600mm 灰色防滑玻化砖铺实拍平，水泥浆擦缝。参见 11ZJ001P24 楼 202。

（3）地面（消控室）：地下室钢筋砼底板；素水泥浆结合层刷一遍；1∶3 水泥砂浆找平；活动架空防静电地板。参见 11ZJ001P29 楼 209。

（4）墙面：原墙体；20 厚 1∶2.5 水泥砂浆掺入水泥用量 5% 的防水剂分两次涂抹，分三次抹灰，每抹一遍收水时压实一遍；5 厚 1∶2 水泥砂浆抹面压光；批一遍腻子；刷两遍仿瓷涂料。参见 11ZJ001P51 内墙 105。

（5）顶棚：混凝土板底清理干净；素水泥浆甩毛（掺建筑胶）；批一遍防裂腻子；批一遍耐水腻子；刷两遍仿瓷涂料。参见 11ZJ001P66 顶 106。

3. 地下室其他区域设计标准

（1）地面：钢筋砼结构底板；素水泥浆结合层刷一遍；20 厚水泥按照 1∶2 的比例制成水泥砂浆抹面压光。参见 11ZJ001P18 楼 101。

（2）柱子和墙面：15 厚 1∶1∶6 水泥石灰砂浆；5 厚 1∶0.5∶3 水泥石灰砂浆；批一遍腻子；刷两遍仿瓷涂料。参见 05ZJ001P45 内墙 4。

（3）顶棚：钢筋砼底面清理干净；5 厚 1∶1∶4 水泥石灰砂浆；5 厚 1∶0.5∶3 水泥石灰砂浆；批一遍腻子；刷两遍仿瓷涂料。参见 11ZJ001P65 顶 103。

三、一层建筑设计标准

一层建筑设计标准如下：

1. 地面

（1）大厅门头室外踏步：素土夯实（压实度 >90%）；300 厚三七灰土；C15 砼踏步；素水泥浆结合层刷一遍；30 厚 1∶4 干硬性水泥砂

浆；20 厚花岗岩踏步及踢脚板。参见 11ZJ001P128 台 7。

（2）大厅、电梯前室及走廊。

大厅、电梯前室及走廊有以下两种做法：

①素土夯实（压实度 >90%）；80 厚 C15 砼；素水泥浆结合层刷一遍；20 厚 1∶4 干硬性水泥砂浆；600mm×600mm 玻化砖铺实拍平，水泥浆擦缝。参见 11ZJ001P24 地 201。

②素土夯实（压实度 >90%）；80 厚 C15 砼；金刚砂地面；砼密封固化剂。

（3）客梯采用不锈钢电梯门套。

（4）厂房套内地面：素土夯实（压实度 >90%）；150 厚碎石垫层找平；C30 砼 150 厚随时捣随时抹光；预留 50 厚高度由客户自行浇筑金刚砂面层。150mm 高丙烯酸涂料踢脚。

（5）一层公共消防疏散楼梯：对外出入口门采用铝合金玻璃有框地弹门。

2. 墙面

（1）大厅和电梯前室墙面：15 厚 1∶1∶6 水泥石灰砂浆；5 厚1∶0.5∶3 水泥石灰砂浆；批三遍腻子；刷两遍灰色乳胶漆（1.2 米以上白色）。参见 05ZJ001P45 内墙 4。

注：一层大厅和电梯前室水泥砂浆踢脚。

（2）走廊墙面：踢脚高 120mm，水泥砂浆踢脚。刷一遍界面处理剂；12 厚 1∶1∶6 水泥石灰膏砂浆打底；5 厚 1∶0.3∶3 水泥石灰膏砂浆粉面；批三遍腻子；刷两遍灰色乳胶漆（1.2 米以上白色）。

（3）厂房套内墙面（不含卫生间）：刷一遍专用界面剂；8 厚 1∶1∶6 水泥石灰膏砂浆打底扫毛；5 厚 2∶1∶5 水泥石灰膏砂浆抹平。

3. 顶棚

（1）大厅和电梯前室顶棚：参见 11ZJ001 顶 202 轻钢龙骨纸面石膏板。

（2）走廊顶棚：刷一遍素水泥浆（内掺建筑胶）；板底批三遍腻子；刷两遍乳胶漆。

（3）厂房套内顶棚：刷一遍素水泥浆（内掺建筑胶）；刷一遍顶棚素水泥浆（掺3%白乳胶），刷两遍仿瓷涂料。

四、二层到顶层建筑设计标准

二层到顶层建筑设计标准如下：

1. 楼面

（1）电梯前室、公共阳台及公共走廊楼面有以下两种做法：

①刷一遍素水泥浆；20厚1∶4干硬性水泥砂浆；600mm×600mm玻化砖铺实拍平，水泥浆擦缝。参见11ZJ001P24楼201。

②金刚砂地面；砼密封固化剂。

（2）厂房套内楼面：混凝土结构板地面（预留卫生间区域下沉部分及地面周边上返300mm，涂刷两遍1.0厚聚氨酯防水涂料）。150mm高丙烯酸涂料踢脚。

2. 墙面

（1）电梯前室、公共阳台及公共走廊墙面：踢脚高120mm，水泥砂浆踢脚。墙面刷一遍界面处理剂；12厚1∶1∶6水泥石灰膏砂浆打底；5厚1∶0.3∶3水泥石灰膏砂浆粉面；批三遍腻子；刷两遍乳胶漆。

（2）厂房套内墙面（不含卫生间）：刷一遍素水泥浆；8厚1∶1∶6水泥石灰膏砂浆打底扫毛；5厚2∶1∶5水泥石灰膏砂浆抹平。

3. 顶棚

（1）大厅和电梯前室顶棚：刷一遍素水泥浆（内掺建筑胶）；板底批三遍腻子；刷两遍乳胶漆。

（2）走廊和公共阳台顶棚：刷一遍素水泥浆（内掺建筑胶）；板底批三遍腻子；刷两遍乳胶漆。

（3）厂房套内顶棚：刷一遍素水泥浆（内掺建筑胶）；板底刷三遍仿瓷涂料并刮平（刮至平梁底）。

五、公共卫生间建筑设计标准（套内卫生间毛坯交房）

公共卫生间建筑设计标准如下：

1. 地（楼）面

（1）下沉式楼地面：11ZJ001 地 201XF，11ZJ001 楼 201XF，其中地面采用 600mm×600mm 防滑玻化砖。

（2）非下沉式楼地面：11ZJ001 地 201F3，11ZJ001 楼 201XF3，其中地面采用 600mm×600mm 防滑玻化砖。

2. 墙面

11ZZJ001 内墙 202，页岩砖内墙选 202A，加气砼内墙选 202B。墙体抹灰后增加益胶泥满刮 3mm 防水层，刮至 1.8m 高；墙面砖采用 300mm×600mm 玻化砖（倒角 45°）。

3. 顶棚

11ZJ001 顶 216 铝板 300mm×300mm。

六、公共楼梯间建筑设计标准

公共楼梯间建筑设计标准如下：

1. 地面

11ZJ001 地 201，其中地面采用 600mm×600mm 防滑玻化砖。

2. 墙面

踢脚高 120mm，踢脚与地面使用相同的材料。墙面：刷一遍界面处理剂；12 厚 1：1：6 水泥石灰膏砂浆打底；5 厚 1：0.3：3 水泥石灰膏砂浆粉面；批三遍腻子；刷两遍乳胶漆。

3. 顶棚

刷一遍素水泥浆（内掺建筑胶）；板底批三遍腻子，刮平；刷两遍乳胶漆。

4. 楼梯栏杆（不锈钢）

11ZJ401W/15 扶手：15/37。

5. 楼梯间有落地窗的栏杆

款式做法：参见 11ZJ501P38 凸窗栏杆。栏杆高度按照施工蓝图设计，材质选用不锈钢，材质厚度由设计院确认。

七、外墙建筑设计标准

外墙建筑设计标准如下：

（1）外墙采用页岩多孔砖，厂房无保温节能要求。

（2）窗户采用铝合金单层白玻窗户。

（3）入户门采用木质门或木质防火门，屋顶楼梯间门和电梯机房门采用钢质防盗门。

（4）外墙采用通体砖贴面，操作步骤如下：

①使用 15 厚 1∶3 水泥砂浆；

②刷一遍素水泥浆；

③4～5 厚 1∶1 水泥砂浆加水重 20% 建筑胶镶贴；

④8～10 厚面砖，1∶1 水泥砂浆勾缝。

八、其他

其他部分建筑标准如下：

（1）电梯井内壁不抹灰。

（2）强电管道井内壁、给水管道井内壁 2cm 厚混合砂浆抹灰。

第四节　结构设计标准

我们以长沙地区多层标准厂房为例介绍结构设计标准。

一、设计参数

（1）建筑物结构安全等级：二级；结构重要性系数 1.0。

（2）建筑耐火分类等级：二类；火灾危险性类别：丙类生产厂房。

（3）地基基础设计等级：丙级；建筑物抗震设防烈度：6 度。

（4）主体设计基准期50年；设计使用年限50年。

（5）建筑抗震设防类别：丙类。

二、荷载取值

（1）基本风压：0.35KN/m^2；地面粗糙度取B类。

（2）基本雪压：0.45KN/m^2。

（3）楼面恒载取值：

①厂房楼面附加荷载标准值：1.5KN/m^2（考虑业主做金刚砂地面，不含板自重）；

②填土荷载18KN/m^3，炉渣14KN/m^3，素混凝土24KN/m^3，泡沫混凝土6KN/m^3。

③填充墙荷载：

外墙：非承重200厚烧结页岩多孔砖，容重14KN/m^3，标准层层高为3000～5000mm时外墙填充墙线荷载要考虑窗户洞口折减系数。

内墙：非承重烧结页岩多孔砖，容重14KN/m^3，厚度见建筑图。

（4）楼面活荷载如表4－5所示。

表4－5　楼面活荷载

序号	项目	标准值（KN/m^2）
1	标准厂房楼面	5.0
2	研发类办公楼面	2.5
3	楼梯、疏散楼梯	3.5
4	阳台、卫生间	2.5
5	种植屋面	3.0
6	不上人屋面	0.5
7	上人屋面	2.0
8	电梯机房	7.0

（5）屋面附加荷载标准值如下：

①上人及非上人普通屋面：4.0KN/m^2；

②种植屋面：7.0KN/m^2（覆土厚度取0.3米，覆土容重18KN/m^3）。

三、结构材料

选用的结构材料设计标准如下：

（1）混凝土：基础垫层C15，柱、梁、板、基础均取C30；构造柱、圈梁均取C25；有抗渗要求的混凝土，抗渗等级P6。

（2）钢筋选用类型：一级钢HPB300（φ）、三级钢HRB400（φ），采用符合抗震性能指标的钢筋，吊钩、吊环应采用HPB300级钢筋，当直径大于14mm时，采用Q235B圆钢；钢板及型钢未注明均采用Q235B级钢。

（3）焊条：一级钢HPB300（φ）、Q235B级钢选用需根据不同焊接条件选用E4315、E4316、E5015、E5016其中之一。型焊条；三级钢HRB400（φ）选用E5300型焊条。

（4）页岩砖：室内地面10cm以下及出屋面女儿墙采用MU15页岩烧结实心砖和M10水泥砂浆砌筑，采用20厚1：2水泥砂浆掺5%防水剂双面粉。考虑到厂房除楼梯间、管道井、电梯井之外，内隔墙非常少，为了便于统一采购和施工，室内地面±0.000以上：均采用非承重MU10页岩烧结多孔砖（容重≤14KN/m^3），M7.5混合砂浆砌筑。

（5）防潮层：设置于±0.000以下6cm处，1：2.5水泥砂浆掺5%防水剂，20mm厚（有基础梁或圈梁的取消）。

（6）一层有砖墙的位置均设计基础梁，以免墙体沉降开裂。

四、PKPM结构模型设计标准

PKPM结构模型设计标准如下：

（1）厂房设计使用年限50年，楼面和屋面活荷载调整系数取1.0。

（2）永久荷载分项系数：当永久荷载效应对结构不利时，对由可变荷载效应组合控制取 1.2；永久荷载效应组合控制取 1.35。

（3）可变荷载分项系数：标准值大于 4KN/m^2（控制钢筋含量条文）的工业楼面活荷载取 1.3，其他情况取 1.4。

（4）工业建筑楼面等效匀布，包括计算主次梁、基础时的楼面活荷载，按《建筑结构荷载规范》附录 C 确定。

（5）楼面和屋面匀布活荷载取值均需按《建筑结构荷载规范》5.2、5.3 考虑组合值系数、频遇值系数、准永久值系数。

（6）基础选型优先顺序：独立基础（承台）—人工挖孔桩—预制管桩—旋挖扩底灌注桩，根据地质条件具体分析选定。

（7）PKPM 软件输入砌体容重时，注意采用非承重墙页岩多孔砖容重 14KN/m^3。

（8）外墙自重荷载要扣除窗户洞口进行折算。

（9）全楼选择梁活载不利布置计算；中梁刚度放大系数：2.0；梁柱重叠部位简化为刚域。

（10）柱配筋计算原则：按单偏压计算，然后按双偏压进行复核。单双偏压计算模式对钢筋含量有较大影响。

（11）有效质量系数大于 0.9 时，满足规定要求即可，没有必要过多地增加振型数。

（12）位移比小于 1.2，考虑偶然偏心；位移比大于 1.2，考虑双向地震。考虑偶然偏心后，钢筋含量增加 3% 左右。

（13）多层混凝土框架（规则建筑）原则上既不考虑“偶然偏心”，也不考虑“双向地震”。如果考虑“双向地震”，结构配筋一般增加 5% ~8%。

（14）双向板采用塑性理论计算，按其计算得到的配筋结果比按弹性理论计算少 30% 左右。尽量采用双向板，进行分离式配筋。

（15）梁计算参数的取值上弯矩放大系数及配筋放大系数取 1.0。在后期施工图设计时再针对薄弱的部分（比如悬挑梁等）适当放大，提高其安全储备。

（16）合理设计梁截面。尽量避免梁宽≥350mm，否则箍筋按构造须采用4肢箍，增加箍筋用量。

（17）除非由内力控制计算梁的截面要求比较高，否则不要轻易取大于600mm梁高，这样可以避免配置一些腰筋。

（18）柱截面尺寸应合理，轴压比不宜太接近限值，应使大部分柱配筋由构造配筋而非内力配筋控制，这样不仅可以减少配筋，还比较容易达到强柱弱梁的要求。此时柱主筋就可以按规定取最小配筋率。尽量使梁对柱中布置，减少柱子偏心的情况。

第五节　电气设计成本控制措施

产业园区在进行电气设计的时候需要制定一套标准，以便降低损耗，节约成本。下面我们逐一讲解，方便大家理解。

一、电力负荷密度计算标准（产业园区）

产业园区的用电容量决定供配电工程的成本，容量越大，成本越高。根据金荣集团以往的开发建设经验，各业态用电负荷密度标准如下：

（1）标准厂房：50W/m^2 或 70W/m^2（根据项目定位由项目公司确定）。

（2）孵化楼：70W/m^2。

（3）公寓楼：6KW/户。

（4）住宅：8KW/户。

（5）办公楼：70W/m^2。

（6）食堂：100W/m^2。

（7）商务配套服务（银行、小卖部等）：120W/m^2。

二、高压线路（根据负荷确定10KV/35KV）

（1）电压等级：外电源常用的供电电压有10KV、20KV、35KV。要根据当地的供电条件来决定选用何种电压等级的外电源。

（2）每一条独立专用回路供电容量：外电源电压等级越高，每回路所带的容量越大。通常情况下10KV专用回路所带容量为6000～10000KVA，20KV专用回路所带容量为10000～16000KVA，35KV专用回路所带容量为16000～25000KVA。

（3）选择最近的变电站引入，避免近电远供、迂回供电。园区内有一级、二级负荷，应采用双回路供电（根据建设进度分步实施），除消防用电设备需要在最末一级配电箱处设置自动切换装置外，其余二级负荷尽可能不用双电源供电。

（4）遵循线路最近原则，优先考虑高压铠装电缆沿市政原有电缆沟直埋加过路套管敷设，这样做成本最低。直埋电缆沟深度、宽度在满足有关要求的前提下要控制在规格最小范围内。

（5）10KV电缆规格选择应符合规范要求，不能浪费。

（6）园区配电线路可以采用以下几种方案：

①铠装电缆直埋＋过路套管；

②普通电缆＋全程穿管；

③铠装电缆＋全程穿管；

④普通电缆＋电缆沟；

⑤铠装电缆＋电缆沟。

当电缆数量达到一定规模后，在进行集中敷设的时候选用电缆沟敷设方式更加节约成本，产业园区可以根据具体情况进行估算，决定采用何种方案。

三、外电源工程成本

外电源工程成本如下：

（1）上一级变电站间隔费用。可以一个间隔出一条独立专用回路。

（2）电缆工程费，即电缆供应、安装工程费。

（3）电缆管道占用费。铺设专用电缆回路时，尽量利用原有的管道，节约成本。

（4）电缆管道建设费。如果原来没有电缆管道，需要新建电缆管沟和顶管施工。

（5）市政工程破坏补偿费，包括道路、绿化带补偿费等。

（6）高可靠性供电费。

负责规划的部门要提前与电力部门沟通，决定高压电缆的材质，如果能够使用铝芯电缆和铝合金电缆，就可以节约大量的成本。具体线路等要以供电局答复为准。

四、变配电所

变配电所主要设备包括高压柜、变压器、低压柜，设计优化时要注意以下几点：

（1）变配电所应深入或接近负荷中心，以便减少低压电缆敷设长度，降低电压损耗，同时可以采用减小电缆截面的方式节约成本。

（2）变配电所的位置尽可能设置在一层（从土建成本考虑），其净高一般不小于 3.9 米。应该根据变压器数量和出线量来设计变配电所。容量配置一般不超过 8000KVA，使配电设备数量达到最佳配置。

（3）低压出线回路设置：重要负荷、容量较大的独立业态采用放射式配电，一般负荷、相同功能性质的负荷采用树干式配电。供电半径不超过 250 米，备用回路预留 20%。每个出线回路选择一个低压断路器，按用电容量计算电流，选择断路器整定电流，满足预期短路分断能力。出线回路的设置数量决定配电柜的配置数量。

（4）配电设备成本关注点：

①高压配电柜。变压器容量800KVA以上选用中置柜，800KVA及以下选用环网柜。应选用通用的国家标准柜型。真空断路器应尽可能选用国产品牌，额定电流和分断能力等技术参数要合理选择。综合保护器要满足基本要求。直流屏电池的容量设计要合理，应选择性价比高的免维护铅酸蓄电池品牌。

②变压器。选用干式节能型变压器，接线方式选择D. yn11；采用负荷密度法及需用系数法计算容量；公用变压器容量一般不超过1600KVA，室内安装应选用干式变压器。在选择变压器时要综合考虑初始投资和运行费用。在需求总容量不变的情况下，选用的变压器越少越经济，单位容量费用低，除了可以节省费用，还可以节省空间。配电柜之间、配电柜与变压器之间尽量靠近布置，减少母线的用量。分期建设项目可根据入园企业数量、入园企业阶段性用电量及入驻时间，分阶段安装变压器。

③发电机。发电机容量除了应该满足消防用电负荷外，还应该满足城市电网停电后的部分公共部位的用电负荷。主要用电范围如下：

a. 消防设施用电。包括消防水泵、消防电梯、消防控制中心、变配电所、报警阀间、防排烟设施等用电。

b. 安防设施、信息机房、生活水泵、走廊楼梯间疏散应急照明灯、电梯等设施用电。

发电机使用频率很低，宜选用国产品牌。发电机机房宜靠近负荷中心设置，以方便管理和缩短接线距离，可以靠近变配电所。

④高低压配电柜及电气元器件。高低压配电柜、断路器、双电源开关、计量表等电气元器件原则上选用国产品牌。如果是特殊部件，可以采用合资品牌，或者是职能部门指定的品牌。低压配电柜主要开关在400A及以下，尽量采用抽屉式柜型，630A及以上尽量采用固定分隔式柜型。按照建造标准选择低压断路器品牌，影响断路器成本的主要因素

有极限短路分断能力 Icu、运行短路分断能力 Ics 等，可以根据所需功能进行合理选择。计量仪表要求采用数字式，带远传通信接口，电度测量精度达到5%，馈出柜需要具备电度和电流计量功能。低压补偿装置只要满足功率因数大于0.9即可。

五、供配电系统

供配电系统设计标准如下：

（1）供配电系统等级：低压供电回路应根据相关规范进行负荷等级分类，消防负荷应采用放射式供电方式。

（2）多层标准厂房：

配电系统采用放射式供电方式，由首层配电箱向各层配电箱配电，再分别向业主户内配电箱配电。标准厂房的垂直干线至业主户内均采用三相供电系统。每栋楼应设置一块公共电度表，计量该栋楼共用照明系统、弱电系统、智能化系统等公共用电。

六、配电线路

配电线路设计标准如下：

（1）在地下车库的配电线路中，桥架的规格尺寸要合理，不能留有太大的余量；桥架走向尽可能为最短路径，不能影响风管、消防干管等。

（2）在确保使用安全的情况下，选择电缆截面小的低压电缆；阻燃、耐火同型号电缆价格由低到高，在满足规范要求的情况下，宜选择低等级电缆。

（3）电井不宜过大，满足最多电气设备层安装要求即可，集中电表箱、应急照明箱等要留有检修空间，电井照明采用节能灯具，应设置在顶部或门上部，不会对安装竖向桥架和插接母线造成影响。每层电井楼板应采用后浇方式，待电井内竖向设备及管线安装完毕后再进行浇筑。

（4）电表箱到户内配电箱暗敷电缆，室内配电线路由业主自主安装，费用自理。

（5）公共部分照明采用声光控制开关，光源采用 LED 节能灯具。地下车库照明不宜过亮，应分区控制或间隔控制。楼道公共部分照明、应急照明、消防及动力设备采用集中计量方式。

七、消防报警系统

消防报警系统设计标准如下：

（1）在消防设备中，消防栓泵、喷淋泵、消防风机采用多线制设计方式，其他监控点设备，比如信号灯、电源、消防电话、广播、火灾显示盘等均采用总线制设计方式。

（2）消防报警系统设施应根据最新版《火灾自动报警系统设计规范》进行设置；火灾报警控制器所连接设备不应留太大余量；火灾显示盘一般根据需要在一层设置；住宅建筑物按照不同的系统进行分类，C 类系统每三层设置 1 个火灾警报器，应急广播每台扬声器覆盖的楼层不应超过 3 层，可以根据规范要求间隔楼层布置，既能满足规范要求，也能节约成本。

（3）消防报警系统的施工单位可以在施工图设计阶段提前介入，对消防施工图进行优化审核，在满足消防验收条件的情况下，尽可能节约成本，同时也可以进行消防备案的报审工作。

八、机电设备

机电设备设计标准如下：

1. 电梯

（1）应该在项目规划阶段根据项目定位来确定电梯等级，在施工图设计阶段确定电梯品牌，根据电梯厂商提供的电梯基础资料进行电梯井道尺寸、基坑深度、机房高度等主体设计，这样做既可以最大限度地减少公摊面积，优化设计，也可以避免后期被动地根据基础条件来选择电梯品牌。

（2）应根据建筑物高度和项目定位确定梯速和额定载重，如果是厂房，货梯 2T，梯速 0.5 米/秒；客货梯 1.35T，梯速 1 米/秒；高层公寓电梯 1T，梯速 1.5 米/秒。所有建筑均采用有机房电梯。

（3）电梯数量要与运行量匹配，独栋厂房一般不超过两台电梯，可以根据客户要求定制电梯。如果其中一台电梯具有消防梯功能，尽量将电梯设置为并联运行（两台电梯相距很远的除外），这样既可以提高电梯的工作效率，也能节约运行成本。

2. 风机、水泵类设备

（1）风机、水泵类设备应根据其功能、使用区域等实际参数进行计算选型，不能选用规格过大或长时间闲置的设备。

（2）应提前与政府职能部门沟通，确定生活给水设备，在设计阶段进行系统优化，既要从项目整体出发进行全盘考虑，又要考虑分期建设、分期开园，避免一次性安装到位，前期投入过大。

九、确定电气元器件品牌的范围

在设计时需要确定电气元器件品牌的范围，具体包括以下措施：

（1）开关（含高低压中的框架开关、塑壳开关、微型断路器、双电源开关等）产品品牌价格定位、容量配置核算。

（2）线路（含母线、电缆、电线）产品品牌价格定位、容量配置核算。

（3）高低压成套设备的型式、容量配置与产品品牌价格定位。

（4）变压器型式、容量配置与产品品牌价格定位。

（5）三箱（电表箱、入户箱、控制箱）成套设备的型式、容量配置与产品品牌价格定位。

（6）照明灯具点位数量配置、型式、容量配置与产品品牌价格定位。

（7）终端面板（开关与插座面板）点位数量配置、容量配置与产品品牌价格定位。

（8）烟感温感的点位数量配置、型式与产品品牌价格定位。

（9）手动报警器、警铃、安全及疏散指示灯的点位数量配置、型式与产品品牌价格定位。

（10）园林灯具的点位数量配置、型式与产品品牌价格定位。

第六节　给排水工艺设计标准

给排水工艺设计标准如下：

一、水泵房设计优化原则

水泵房设计优化遵循以下原则：

（1）产业园区一般集中设置一个消防水泵房，消防水泵房通常处在园区的一期工程范围内。除此之外，还要考虑是否有必要营建生活水泵房。如果需要建造生活水泵房，就要根据项目的情况进行经济性比较，可以分开设置，也可以集中设置。生活水泵房集中设置在一期工程范围内，需要预留空间，方便检修。

（2）如果必须建造水泵房，应该考虑建造位置及所占用的空间，尽可能接近市政接入点，一般接近配电间。

（3）根据园区产品组合（比如多层标准厂房、高层孵化楼、公寓楼）进行供水技术及方案比选（带水箱变频加压控制系统；无负压管网直联式供水系统、市政压力直供等）。

（4）水泵房主要设备器材（设计院一般不确定品牌，但是需要明确技术参数）：消防栓泵（一用一备）、喷淋泵（一用一备）、潜水排污泵、生活变频稳压泵、生活成品水箱。

（5）在设计园区最高一栋建筑物的时候，必须考虑到整个园区范围内可以使用高位消防水箱。

（6）设置消防水池必须满足水泵能够自灌吸水的条件，水池底部标高和泵房底部标高的目的是节约成本。

二、室外给水和消防管材选用标准

室外给水和消防管材选用标准如下：

室外加压生活给水和消防管道采用钢丝网骨架塑料聚乙烯复合管，热熔连接，低区生活给水埋地管网可以采用 PE 管，管道直径及工作压力按设计要求执行。一般采取直埋方式，软弱地基视情况铺砂或换填成坚土，在车行道下覆土小于 800mm 的采用钢管护套。给水管道阀门井、水表井等选用“砖砌井”，由设计院根据阀门组合方式，在国标“05S502”中选取。

三、室外污水管道选用标准

室外污水管道一般布置在绿化带和停车位下方，尽量避免设置在园区道路下方。

室外污水管道采用 HDPE 双壁波纹管，承插式连接，橡胶圈密封，管道直径及环刚度按设计要求执行。沟槽施工按国标“04S520”《埋地塑料排水管道施工图集》第 57 页执行，管道与检查井连接按国标“04S520”第 59 页执行。按照国标“05S515”选取相应的圆形砖砌检查井。

在具备条件的情况下可以采用细粒黏土回填管沟，以节省工程费用。

四、室外雨水管道选用标准

在具备条件的情况下将室外雨水管道布置在绿化带和停车位下方，尽量避免设置在园区非主干道下方。宽度小于四米的道路采用单侧布置雨水口的方式。

室外雨水管道采用 I 级平口钢筋混凝土排水管，钢丝网抹带，管道直径按设计标准执行，按照国标“05S515”选取相应的圆形砖砌检查井。经常有重车经过的区域采用混凝土检查井（有条件的区域采用预制装配式混凝土检查井，详见国标“05SS521”)。

车道上所有检查井、阀门井均采用重型球墨铸铁井座和井盖，其他区域采用轻型球墨铸铁井座和井盖。

车道及停车坪采用重型球墨铸铁雨水箅子，其他区域采用轻型球墨铸铁雨水箅子。

五、室内消火栓选用标准

室内消火栓应该设置在靠近出口的地方，中间区域尽量不设置，设置室内消火栓的原则是不影响内部空间布局。

室内消火栓的立管尽量设置在不影响室内空间布局的地方，一般在拐角处。可以将室内消火栓的立管设置在室外空调机位多出的位置，但要做好保温工作。

六、自动喷淋系统选用标准

设计自动喷淋系统时需结合梁板的布置，考虑和梁柱之间的关系，同时考虑与风管等障碍物之间的距离。

按照现行标准，总面积小于3000平方米，每层小于1500平方米的标准厂房无须设置自动喷淋系统。总面积在3000平方米左右的独栋厂房应该尽量避免设置自动喷淋系统。

报警阀间尽可能设置在楼梯间休息平台下方，这样不会占用建筑物内部的空间。

七、化粪池选用标准

化粪池采用预制钢筋混凝土结构，由专业厂家安装，按设计要求确定使用多大容量的化粪池。如果设置在绿地下方，可以采用玻璃钢成品化粪池。

八、室内给水管选用标准

室内给水管选用标准如下：

（1）生活给水立管采用钢丝网骨架塑料聚乙烯复合管，热熔连接，管道直径及工作压力按设计要求执行。卫生间横支管采用 PPR 给水管，管道直径及工作压力按设计要求执行。

（2）室内消防给水管全部采用内外壁热镀锌钢管，螺纹连接，管道直径及工作压力按设计要求执行。

每套厂房的卫生间给水管预留一个水表、一个闸阀。

九、室内排水管选用标准

室内污水管、雨水管、冷凝水管全部采用厚壁聚氯乙烯（PVC-U）排水管，采用黏接的方式连接，管道直径按设计要求执行。多层建筑卫生间排污管设计伸顶通气管，高层建筑卫生间设计专用通气立管。卫生间预留排水主立管位置，排水主立管上预留三通，方便连接其他管道。

十、给排水试验标准

按照给排水管道施工及验收规范进行水压试验，对于非高层标准厂房，给水立管、横干管安装完毕后做 1.0MPa 水压试验；给水支管安装完毕后做 0.9MPa 水压试验；消火栓管安装完毕后做 1.3MPa 水压试验；自动喷淋管安装完毕后做 1.4MPa 水压试验；室外雨污水管道安装完毕后做闭水试验。

十一、室内外给排水主要配件范围

室外消火栓、室内消火栓、闸阀、蝶阀、截止阀、止回阀、自动排气阀、减压阀、水泵接合器、手提式灭火器、压力表、IC 卡水表、水流指示器。

第七节　工程建设全阶段关键节点流程图

图 4－9 是工程建设全阶段关键节点流程图。

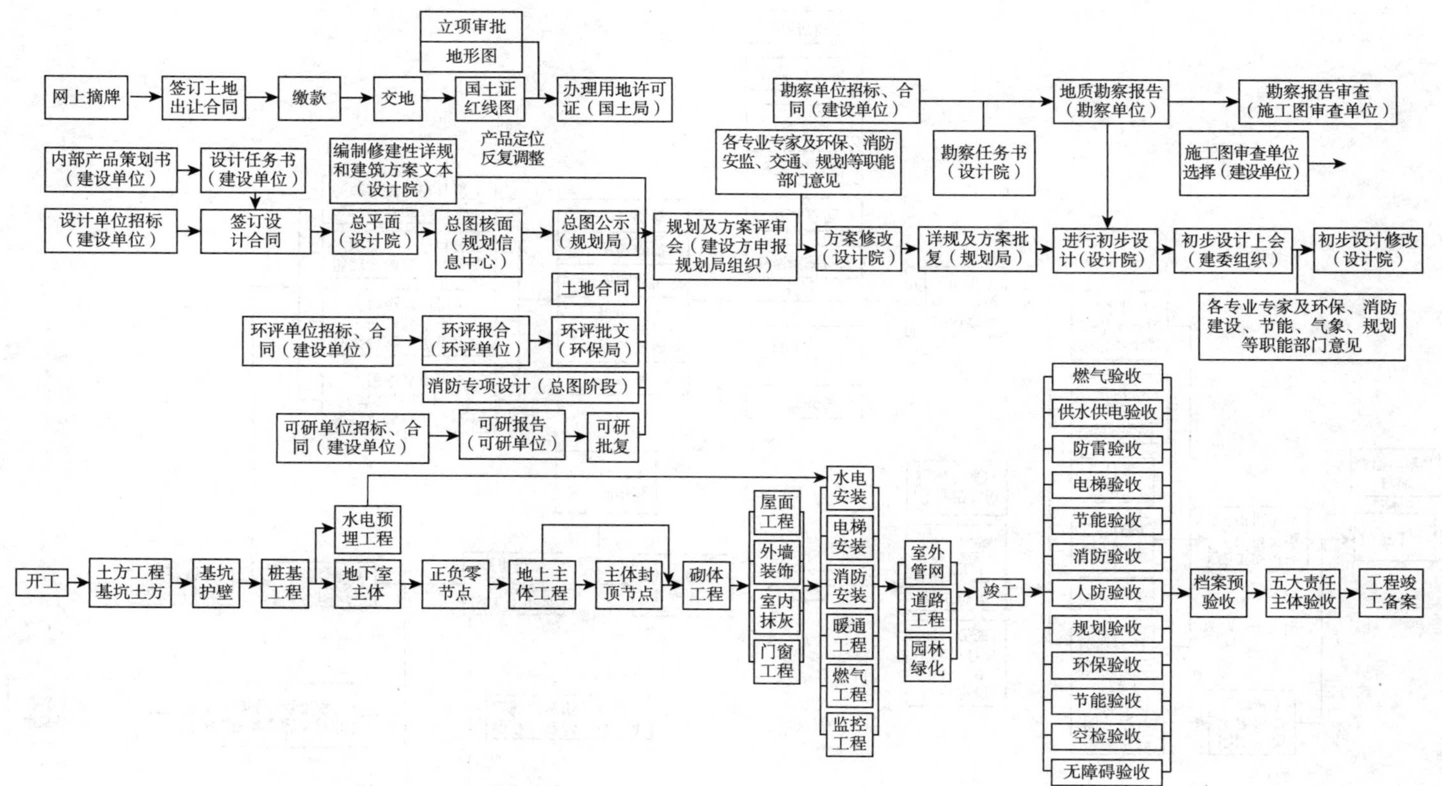
网上摘牌
签订土地出让合同
缴款
交地
国土证红线图
立项审批
地形图
办理用地许可证（国土局）
产品定位反复调整
内部产品策划书（建设单位）
设计任务书（建设单位）
编制修建性详规和建筑方案文本（设计院）
设计单位招标（建设单位）
签订设计合同
总平面（设计院）
总图核面（规划信息中心）
总图公示（规划局）
土地合同
环评单位招标、合同（建设单位）
环评报合（环评单位）
环评批文（环保局）
消防专项设计（总图阶段）
可研单位招标、合同（建设单位）
可研报告（可研单位）
可研批复
规划及方案评审会（建设方申报规划局组织）
各专业专家及环保、消防安监、交通、规划等职能部门意见
方案修改（设计院）
详规及方案批复（规划局）
勘察单位招标、合同（建设单位）
勘察任务书（设计院）
地质勘察报告（勘察单位）
勘察报告审查（施工图审查单位）
施工图审查单位选择（建设单位）
进行初步设计（设计院）
初步设计上会（建委组织）
初步设计修改（设计院）
各专业专家及环保、消防建设、节能、气象、规划等职能部门意见
开工
土方工程基坑土方
基坑护壁
桩基工程
水电预埋工程
地下室主体
正负零节点
地上主体工程
主体封顶节点
砌体工程
屋面工程
外墙装饰
室内抹灰
门窗工程
水电安装
电梯安装
消防安装
暖通工程
燃气工程
监控工程
室外管网
道路工程
园林绿化
竣工
燃气验收
供水供电验收
防雷验收
电梯验收
节能验收
消防验收
人防验收
规划验收
环保验收
节能验收
空检验收
无障碍验收
档案预验收
五大责任主体验收
工程竣工备案

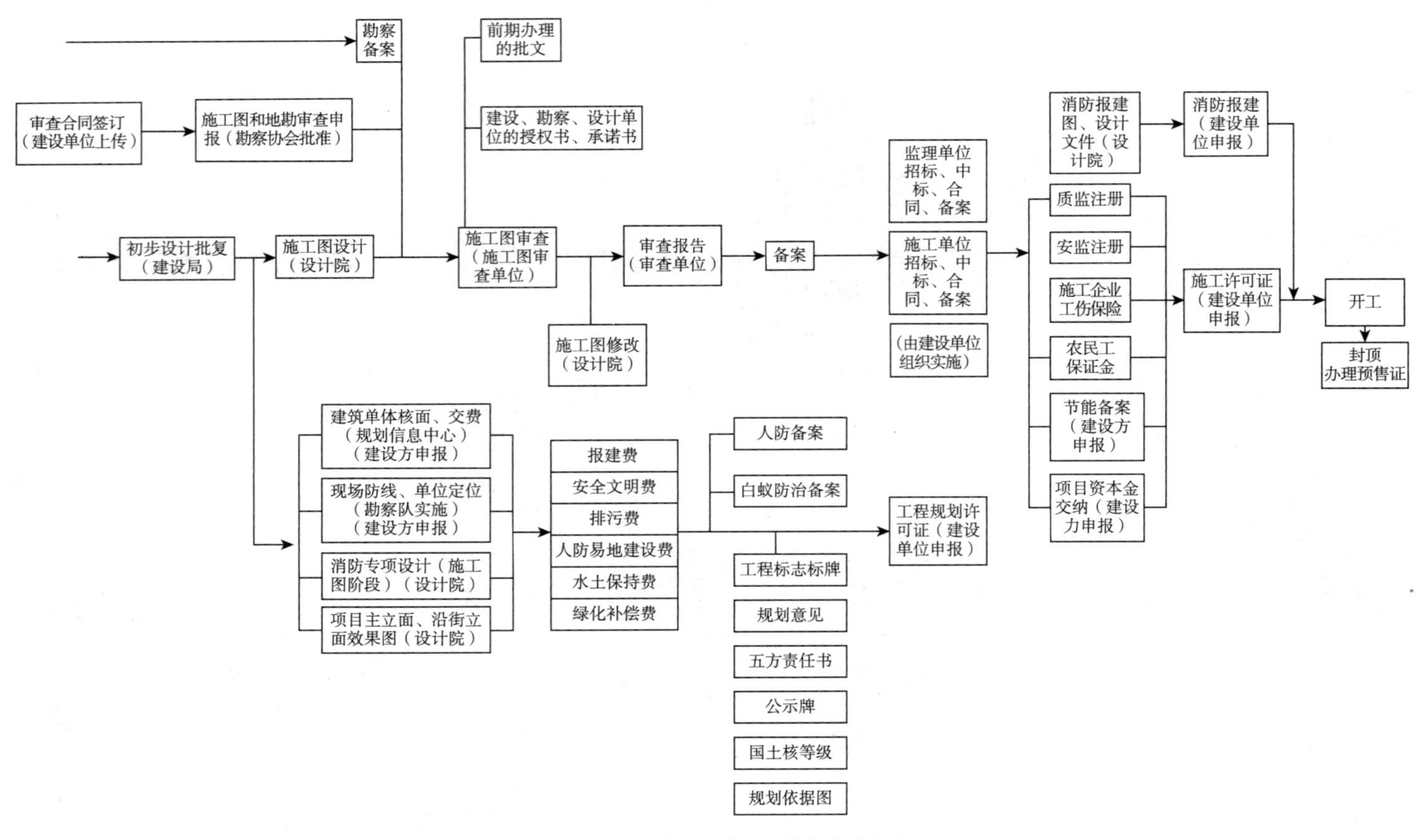

图4-9 工程建设全阶段关键节点流程图

第五章

招商 | 以招商为引领，招商定输赢

产业地产招商难是行业内公认的事实。产业地产招商普遍存在招商效率低下、招商渠道匮乏、招商质量差、招商人才缺失等问题，产业地产招商往往没有可供借鉴的经验，同行之间信息交流不顺畅。究其原因，是产业园区在项目选址、定位、规划和设计的过程中面临一系列的问题，比如目标客户量少、招商周期长、招商人员素质要求高，等等。

EPC + O 项目的招商并不是全部由项目运营牵头方的招商团队来完成，项目运营牵头方的作用主要体现在以下几个方面：

（1）通过项目的一把手工程定位，在项目所在区域营造浓厚的招商氛围。

（2）整合项目所在区域的招商渠道和资源，组建招商团队，制定招商政策，与政府招商团队联动招商。

（3）政府项目以政府背景为背书，举办各类招商活动，在招商的过程中信誉度和参与度高。

本章将从招商团队、招商政策、招商渠道、营销推广、基本招商方法与招商人员素质要求五个方面进行阐述。

第一节　招商团队的建设与管理

下面我们就招商团队的建设与管理展开论述。

一、招商团队的建设

招商团队的建设包括建立组织架构、制定部门岗位人员编制、明确各部门人员的职责，通过有效的分工与合作使组织内部人员协同作业，圆满完成招商引资任务。

1. 组织架构

××项目公司的组织架构如图5－1所示。

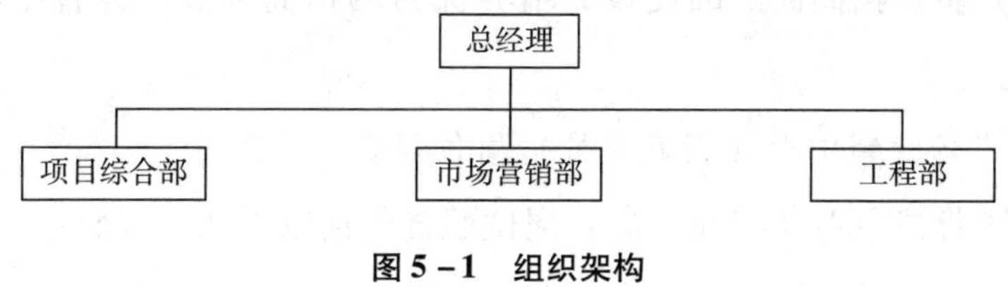

图5－1　组织架构

2. 人员编制

××项目公司的人员编制如表5－1所示。

表5－1　人员编制

序号	部门	岗位名称	人数配置
1	总经理	项目总经理	1
2	项目综合部	项目副总经理	1
		综合部经理	1
		综合部资料专员	1
3	市场营销部	招商营销副总经理	1
		招商总监	1
		招商经理	2
		招商专员	6
4	工程部	工程部经理	1

3. 市场营销部（招商中心）的职责

市场营销部（招商中心）的职责如下：

（1）负责制定招商标准化体系（包含招商中心的包装策划、招商营销推广方案、招商方法、招商渠道建设与维护等内容）。

（2）负责建设线上招商平台，开发、维护招商渠道。

（3）收集整理省内及其他地区的招商政策，为项目公司制定招商政策提供支持。

（4）负责策划重大的招商活动，协助指导项目公司招商活动的组织与实施工作。

（5）负责各项目公司招商中心的包装策划。

（6）负责招商团队的建设，培养优秀的招商人员，为各个项目储备人才。

4. 市场营销中心（招商人员）岗位职责

市场营销中心（招商人员）岗位职责包括以下几个方面：

（1）招商营销副总经理岗位职责如下：

①任命一位项目总负责人及一位项目代表人，对项目整体业绩负责，代表项目出席重点企业对接、政府洽谈、重大活动等；

②负责重点把控项目前、中、后期各环节与招商工作相关的事务，做好衔接工作，包括但不限于项目可行性调研、产业定位前期策划、产品设计、搭建公共服务平台、产品定价等，并以经过审定的策划报告定位项目总体招商战略；

③以年度责任状确定项目年度招商总体任务，管理、考核招商团队成员；

④基于招商工作，对集团内部各板块进行综合协调对接，包括但不限于品牌中心、智慧园区、××商学院（××产业地产研究院）、深圳平台、××产业招商经理人联盟等；

⑤核定并推进招商政策实施，包括项目内部政策和对外分销政策；

⑥控制招商工作的成本，核定并监督推进项目招商团队的具体管理制度；

⑦重点管理与招商工作相关的合作机构、供应商，比如传媒、活动公司、商协会、企业家团体、第三方委托招商机构、园区管委会企业入园管理机构、环评机构、消防机构，等等。

⑧完成总经理或集团交办的其他事务。

（2）招商总监岗位职责如下：

①制定招商总体方案并按审批方案执行与监督；

②负责招商部门的现场营销管理，对项目的销售目标、回款完成情况进行督导；

③申报并执行各营销项目的实施计划，监督项目营销费用执行情况；

④参加各类与营销有关的对外会议及活动；

⑤负责团购客户、重点客户的接待与谈判；

⑥主持、指导本部门的日常工作，按期完成各项工作目标；

⑦负责部门招商团队的建设、人员甄选、管理、培训工作；

⑧负责部门人员岗位调整、晋升和任免。

（3）招商经理岗位职责如下：

①根据公司的任务目标，负责渠道拓展策划，分解任务目标，协调组织招商专员完成全年渠道建设任务。负责案场接待与招商，协调组织招商专员完成全年招商任务；

②负责组织协调招商专员完成渠道客户从拜访、邀约、接待、谈判、签约到售（租）后的全部工作；

③负责管理招商专员，巩固现有渠道，不断开拓新的渠道；

④负责各渠道的管理工作，每月提交市场分析报告，正确做出招商预测及任务分配报告，每周提交自查表，反省一周的工作情况；

⑤负责渠道开拓及维护费用的申报、把关，并负责督促渠道客户及

时回款；

⑥负责渠道组的团队组建和培训工作。

（4）招商专员岗位职责如下：

①在团队主管的领导下完成每月的招商任务，包括但不限于新增渠道数、拜访量、来访量、成交量和回款额等；

②按照部门销售任务完成新客户拓展任务，并及时跟进客户动态，收集客户反馈的意见；

③根据公司制定的招商推广方案开展招商任务；

④及时完成领导交办的其他工作事项。

二、招商人员的基本素质

不是所有的工作人员都适合从事产业园区招商工作，招商人员要具备一些基本素质，比如人品好、吃苦耐劳、思维敏捷、语言表达能力强。如果招商人员油嘴滑舌，企业老板如何信任他？如果招商人员性格内向，木讷寡言，怎么宣传产业园区，成功招商引资？

招商人员需要具备以下几个方面的基本素质：

（1）招商人员要有敏锐的洞察力，能够及时捕捉招商信息

招商人员需要具备捕捉招商信息的能力，要广泛搜集信息，从中筛选有价值的内容，对于符合当地开发区发展的项目要重点推进。如果招商人员没有敏锐的洞察力，很容易错失机会。假如平时我们获得 100 条投资信息，从中接触 10 家有真实投资意向的企业，哪怕只落实一个项目也算是取得成果。因此，招商人员前期筛选重要信息的能力非常重要。

（2）招商人员要广交朋友

从事招商工作在一定程度上就是与他人交朋友的过程，每个人都有自己的人际关系，要充分利用自己和他人的关系，做到有的放矢。如何接触到投资者是招商的关键所在，招商新手由于社会阅历少，社会关系资源匮乏，不利于招商，需要广交朋友，增加与投资者接触的机会。

（3）招商人员要具备专业能力

招商部门负责人可以根据招商人员擅长的产业领域将人员分组，充分发挥每个招商人员的特长。招商人员需要全面了解园区情况，比如了解园区产品的市场动态、技术发展前景，以及投资项目的发展前景，做到对项目有一定的分析、判断能力，从中筛选出重要的招商信息。除此之外，招商人员还需要了解招商政策，将掌握的招商政策和园区信息资料运用到招商实践中，招商人员要踏踏实实地工作，切勿浮躁。

（4）招商人员要具备随机应变的能力

招商人员在商务洽谈中要懂得随机应变。如果一家企业有投资意向，该企业负责人提出疑问，招商人员要立刻予以明确的答复。如果招商人员说："这件事我说了不算，做不了主。"会给对方留下不良印象，他甚至会因此对招商团队丧失信任感，放弃合作。

（5）招商人员要具备一定的特质

招商人员在与企业负责人接触的过程中既要做到热情大方，又要做到不卑不亢。招商人员还要具备顽强的意志，不轻易认输，用真诚的行动打动企业负责人，促成项目合作。

（6）招商人员要做到"知己知彼"

捕捉到招商信息后，招商人员要想方设法深入有投资意向的企业，了解其经济状况及发展潜力。招商人员不但要掌握该企业的第一手资料，对当地的市情、人口、交通、经济发展状况、区位优势及生产资料价格等情况要做到了如指掌，在与该企业负责人交流时要聊对方感兴趣的话题，做到有的放矢，充分展示我方优势，吸引对方投资。

（7）招商人员要以真诚的语言打动意向投资方

在与有投资意向的企业负责人洽谈合作事宜的过程中，招商人员要做到态度真诚，用真诚的语言打动该企业负责人。招商就是先交朋友，后谈工作的过程，所以招商人员要与该企业负责人进行多次沟通，与其做朋友。如果招商人员无法接触到企业主要负责人，就要与其下属接触，通过他们进行转介绍，与企业负责人建立联系。

（8）招商人员要做到服务到位

在项目推进过程中，招商人员要及时跟进，给企业营造一个宽松的投资环境，为投资企业提供全方位的服务。招商人员在过节的时候可以给客户发一张贺卡，或者是发送一条祝福短信，加深情感联系。金荣集团副总裁邹宜英针对招商人员提出“三多三真”，即多用脑、多动腿、多费心，真实、真诚、真心。

（9）招商人员要精通三个方面的学问

产业地产招商涉及经济学、零售学、心理学、社会学、会计与税收等相关学科，以及最新的法律法规知识，现代社会新知识、新技能不断涌现，招商人员必须掌握这些基本知识，适时学习充电，才能更好地完成招商任务。简单来说，招商人员要精通以下三个方面的学问：

①关系学。招商人员与有投资意向的企业负责人接触，不懂关系学是不行的，和有投资意向的企业负责人交往本来就是社会关系学的一部分。

②心理学。在具体洽谈的时候，特别是在合同谈判阶段，招商人员要做到大胆自信，善于察言观色，研究分析对方的心理，在谈判中掌握主动权。

③经济学。招商人员要学习企业管理方面的知识，会算经济账，虽然招商人员不需要具备企业家的能力和素质，但是要了解企业的基本知识和特点，就需要具备经济学知识。

总之，招商工作是一项艰苦而又充满挑战性的工作，招商人员要有使命感，永不言败，全身心地投入工作，争取出色地完成任务，成长为一名优秀的招商人员。

三、招商团队的管理

建立招商团队后，如何进行有效的管理？招商团队的管理涉及以下内容：

（一）四种管理理论

团队管理到底管什么？是靠制度管人，还是靠人管人？现今世界存在四种影响较大的管理理论。

1957 年，美国社会心理学家道格拉斯·麦格雷戈（D. M. McGregor）在他所著的《企业的人性面》一书中提出影响颇大的“X－Y”理论，他将传统的智慧和监督理论称为 X 理论，将自己提出的理论命名为 Y 理论。日裔美国学者威廉·大内（William Ouchi）在 1981 年出版的《Z 理论》一书中提出 Z 理论（Theory Z），其研究的内容为人与企业、人与工作的关系。而超 Y 理论则是 1970 年由美国管理心理学家约翰·莫尔斯（J. J. Morse）和杰伊·洛希（J. W. Lorscn）根据“复杂人”的假定提出的一种新的管理理论。

1. X 理论

X 理论就是对“经济人”假设的概括。其基本观点如下：

（1）多数人十分懒惰，他们总是想方设法逃避工作。

（2）多数人没有雄心壮志，不愿担负任何责任，心甘情愿地受别人指挥。

（3）多数人的个人目标是与组织目标相矛盾的，管理者必须采用强制手段迫使他们为达到组织目标而工作。

（4）多数人工作是为了满足物质需求，只有金钱和地位才能促使他们辛勤工作。

（5）多数人是符合上述设想的人，只有极少数人能够自我激励，这类人应该承担管理的责任。

基于这种假设推论出的管理理论是组织应该用经济报酬激励员工创造更高的绩效，组织应该用权力与控制体系来管理员工，其管理要点是提高效率，完成任务。其管理特征是设立严格的工作规范，运用各种规定对员工实行管制。组织会采用物质激励的方式刺激员工，使其高效地完成工作，创造更高的绩效。同时，组织会严厉惩罚消极怠工者，采用

“胡萝卜加大棒”的管理方式强制性地让员工遵守组织纪律，顺利完成领导交代的任务。泰罗制就是“经济人”观点的典型代表。

2. Y 理论

Y 理论提出管理者必须清楚员工个人的特性与环境特性之间的关系。其基本观点如下：

（1）人并非天生好逸恶劳，如果采取适当的激励措施，人就能激发自己的潜能而富有创造力，外界控制不是促使人努力的唯一方法。

（2）人在自我承诺与参与决策中可以进行自我控制。让员工对他们的任务产生责任感，让工作内容更加丰富，能够激励员工主动承担责任。

（3）人并不是天生懒惰，其对工作的态度取决于工作对他来说是一种享受还是惩罚。

（4）在正常情况下，人愿意承担责任。

（5）人热衷于发挥自己的才能和创造力。

Y 理论认为，如果管理者建立可核实的目标制度，就可以确保分权及授权。

3. Z 理论

Z 理论认为企业管理者与员工目标一致，二者可以优势互补。其基本观点如下：

（1）企业对员工实行长期或终身雇佣制度，使员工与企业形成命运共同体，管理者对员工实行定期考核、逐级提升的晋升制度，使员工有良好的发展空间，员工就会产生使命感，积极关心企业的利益及企业的发展前景。

（2）企业经营者不仅要让员工完成生产任务，还要安排员工参与培训，把他们培养成多面手，以便达到各种工作环境的要求，成为一专多能的人才。

（3）企业经营者既要运用统计报表、数字信息等控制手段管理员工，又要采用激励手段充分发掘员工的潜能。

(4) 企业决策采取集体研究和个人负责相结合的方式，企业经营者要鼓励员工多提建议，将意见汇总上报给领导者，由领导者做出决策并承担责任。

(5) 企业上下级之间的关系要融洽，管理者要多关心员工的工作和生活，鼓励员工参与企业管理，实现个人与企业共同发展。

4. 超 Y 理论

超 Y 理论认为事物并非一成不变，普遍适用的管理方式必须根据组织内外部环境自变量和管理思想及管理技术等因变量之间的函数关系，灵活地采取相应的管理措施，管理方式要适合工作性质、成员素质等。其基本观点如下：

(1) 人们加入组织都有各自的动机，但最主要的是在工作中获得胜任感。

(2) 由于人们的胜任感有不同的满足方法，所以对管理的要求也不同，有的人适合用 X 理论进行管理，有的人适合用 Y 理论进行管理。

(3) 组织结构、管理层次、职工培训、工作分配、工资报酬和控制水平等都要随着工作性质、工作目标及人员素质等因素而定，才能提高绩效。

(4) 一个目标达成，就会产生新的更高的目标，然后进行新的组合，提高工作效率。

以上四种管理理论，X 理论采用的是强势管理，Y 理论与超级 Y 理论采用的是参与管理，Z 理论采用的是综合管理。不管是哪种管理理论，都是基于马斯洛需求层次理论，如图 5－2 所示。

（二）团队管理工具的应用

团队不管采取哪种管理理论来进行管理，从现代管理学的实践来看，都需要一些管理工具来支撑，比如招商工作的日报表、周报表、月报表、客户管理跟进表、绩效管理考核表、个人考勤、外出打卡等，以

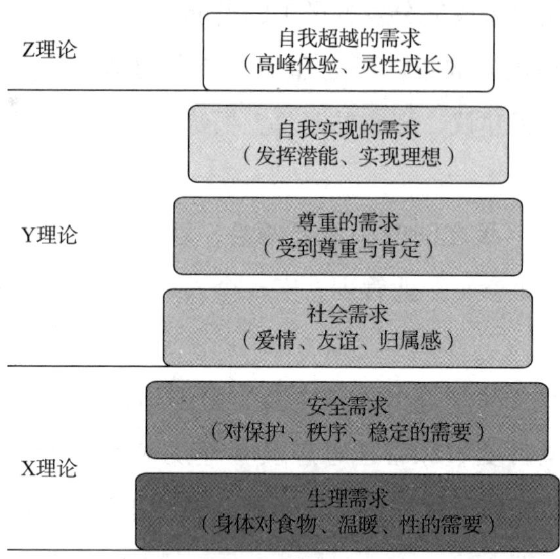

图5－2 基于马斯洛需求层次理论的几种管理理论

此来检验招商工作人员的工作成效，此处不再赘述，人力资源管理部门和项目公司综合管理部门都有相应的政策和管理办法。

第二节 招商政策的制定与解读

对于项目总经理或招商副总经理来说，制定招商政策需要注意很多事项，在实际工作中，我们把一些县市的招商政策进行对比，就会发现基本千篇一律。如何制定具有差异化的招商政策？需要从以下三个方面考虑：

（1）需要了解区域现有的招商政策和周边区域的招商政策，进行差异化分析，比较异同。

（2）需要了解项目的特点及产业定位。

（3）需要了解招商企业转移的需求。

一、关于招商政策的概念

各级地方政府为了吸引外地投资者到辖区进行生产经营活动，会给予投资者适当的优惠政策。优惠政策是一种经济政策，也是一种公共政策，是促进地方经济发展的重要政策之一。优惠政策可分为一般性政策和一事一议政策。

政府招商引资政策绩效评价的指标体系包括一级评价指标和二级评价指标。

一级评价指标包括以下内容：

（1）环境绩效。

（2）居民绩效。

（3）政府绩效。

（4）投资商绩效。

二级评价指标包括以下内容：

（1）环境改良指标，包括环境质量综合指数、城市绿化覆盖率、工业废水循环使用率、单位 GDP 能耗增幅、削减化学需氧量、削减二氧化硫含量。

（2）影响就业，影响居民收入，影响社会保障的指标，包括新增就业人数、失业率、城乡居民平均可支配收入及新增五险一金人数。

（3）宏观经济状况指标，包括 GDP、CPI、财政收入。

（4）财政数量、财政奖励、投资金额指标，包括新批外商投资项目数、企业数、奖励政策、协议注册外资数量、注册外资实际到账数量。

二、如何制定招商引资优惠政策

国家制定招商引资优惠政策需要遵循以下原则：

（1）国家依法制定统一的市场经济发展的法律法规，不允许各地各自为政，出台违背统一市场经济规律的地方招商引资优惠政策，加速建立统一、规范、公开、公平、公正的大市场经济环境。

（2）对地方现有招商引资优惠政策进行清理和规范。国家应收回部分财政补贴政策权限，明确各地制定招商引资优惠政策的基本原则、权限范围，并要求地方政府加强土地出让、税收减免和财政支出方面政策的清理规范。

（3）加强对地方政府新出台招商引资优惠政策的审批和监督。凡各地出台的涉及财政收支及土地资源的招商引资优惠政策，需报当地人大常委会批准，并报上级政府备案，同时应加强对下级政府招商引资优惠政策及执行情况的监督检查。

（4）完善对地方政府的考核机制，引导地方经济良性发展。降低GDP增长在考核中的权重，建立健全社会指标考核机制，引导政府职能向宏观调控、市场监管、公共服务转变，促使政府职能在法定范围内规范运行。

三、招商政策的解读

下面我们对招商政策中的关键词汇和热点问题逐一进行解读。

1. 靶向招商

靶向招商是针对重点区域、重点产业、重点企业的招商引资举措。比如划分境内外招商引资主要国家和地区，重点面向深圳和港澳台地区开展高端产业招商活动，选择性承接京津、长三角、珠三角等地产业转移，积极对接美、日、韩等发达国家；比如着力引进新一代信息技术、先进装备制造、健康医药、新能源、新材料、游艇产业等新兴产业项目等；比如通过收集资料掌握企业发展战略和投资意向，结合本地实际，筛选有落户可能的企业，建立重点招商引资企业名录，量身定做“打靶”方案，主动登门招商。

2. 并购招商

并购重组实际上是市场经济的产物，通过两个以上的公司合并，组建新公司或相互参股，以实现企业价值最大化。招商就是为了实现地方经济快速发展而吸引外来企业投资的行为。将并购与招商合二为一就是并购招商，是指立足于地方原有企业和资源，地方政府扶持、鼓励企业，或者是企业为了扩大自身经营规模而通过并购重组的方式吸引外来投资者关注，进行投资，从而使企业发展壮大。

3. 科技招商

科技招商并非一个明确的概念，主要是指地方政府、各类产业园区招纳相关科技领域的企业，涉及的行业一般是围绕新材料、生物医药等战略性产业及人工智能、大数据等科技风口。

相比传统企业，这一领域企业表现出的成长性及所需生产要素的投入决定了地方政府需要采用一系列与过去完全不同的招商思路。

4. 新经济

新经济是指新的经济形态。在社会中占主导地位的产业形态决定社会的经济形态。在不同的历史时期，新经济有不同的内涵。当前，新经济是指创新性知识占主导地位、创意产业成为龙头产业的智慧经济形态。

5. “店小二”精神

人们对“店小二”这个称呼并不陌生，在白话小说、古装剧里这一角色很常见。而在人们的日常生活里，“店小二”的存在感也不弱，很多网店店主也把自己称为“店小二”。当下，这一词汇悄然进入一些地方政治生活领域。从各地的讨论和举措来看，所谓“店小二”精神，即把企业、基层、群众比作“客人”，要求政府部门、机关干部当好服务企业、基层、群众的“店小二”，其核心在于强化服务意识，坚持全心全意为人民服务的价值取向，只不过这种说法更富有地方特色和时代气息。

6. “最多跑一次”

“最多跑一次”改革是通过“一窗受理、集成服务、一次办结”的服务模式创新，让企业和群众到政府办事实现“最多跑一次”的行政目标。

2016年底，浙江省政府首次提出“最多跑一次”改革举措，这项政策已然显现成效。对其他省市而言，浙江是“最多跑一次”的改革样本，在全国范围内铺开，推进改革仍是“进行时”。

7. 产业链招商

产业链招商是指围绕一个产业的主导产品及与之配套的原材料、辅料、零部件和包装件等吸引外来企业投资，谋求共同发展，形成倍增效应，增强产品、企业、产业乃至整个地区综合竞争力的一种招商方式。

地方政府部门、各类产业园区要转变招商观念，以产业链招商为重点，围绕支柱产业或优势产业制定产业链发展规划，推出产业链招商项目，加速现有产业的链化延伸，把规模做大，集中投入资金，逐步提升产业园区的生产能力和产业集聚度。除此之外，还要因地制宜，制定招商政策，锁定重点，创建特色产业，完善配套服务。

8. 产业招商地图

产业招商地图是地方政府在摸清本地区产业优势和缺失什么产业的情况下，根据区域战略规划和产业发展需求，定制化绘制出潜在的招商目标图系。它描绘了区域发展重点关注的产业和技术在全球的分布与趋势，解构出细分技术领域的关联图谱，结合区域现有产业基础与优势，分析出亟须解决的关键技术瓶颈和所需引入的配套或互补性产业环节，并能够根据需求实现全球范围的产业与技术搜索，最终锁定潜在目标企业、机构或领军型人才。绘制出产业招商地图，地方政府才会有更清晰的规划方向和发展目标。

9. 政府组团招商

经过事先策划和筹备，地方政府各级领导以招商会的形式到其他城市宣传自己的资源优势和招商项目。比如到深圳召开招商引资大会。目前很多地方政府仍然采用这种做法。

10. 一二三产划分

第一产业是指农林牧渔业；第二产业是指采矿业，制造业，电力、燃气及水的生产和供应业，建筑业；第三产业是指除第一、第二产业以外的其他行业。第三产业包括交通运输、仓储和邮政业，信息传输、计算机服务和软件业，批发和零售业，住宿和餐饮业，金融业，房地产业，租赁和商务服务业，科学研究、技术服务和地质勘查业，水利、环境和公共设施管理业，居民服务和其他服务业，教育、卫生、社会保障和社会福利业，文化、体育和娱乐业，公共管理和社会组织、国际组织等行业。

11. 营商环境

营商环境是指伴随企业活动整个过程（包括从开办、营运到结束的各个环节）的周围境况和条件的总和。营商环境包括影响企业活动的社会要素、经济要素、政治要素和法律要素等方面，是一项涉及经济社会改革和对外开放众多领域的系统工程。一个地区营商环境的优劣直接影响着招商引资的质量，同时也影响着区域内的经营企业，最终对经济发展状况、财税收入、社会就业情况等产生重要影响。良好的营商环境是一个国家或地区经济软实力的重要体现，是一个国家或地区提高综合竞争力的重要方面。

12. 外资

外资严格意义上讲是指引进的国外、境外的资金，有些地方政府为了加大本地区的考核力度，将引进的市外资金也视为外资，这类市外的国内资金不能统计为外资，只能作为招商引资的成果。但是已投产的外商投资企业在境内以实现利润再投资，且投资比例不低于项目总投资的25%，法律上承认其外资企业身份，并可作为外资统计。

13. 内资

内资严格意义上讲是指引进的国内公司、其他经济组织或个人在本地投资发展的资金。

14. 中外合作经营企业

中外合作经营企业是指由外国公司、企业和其他经济组织或个人按照平等互利的原则，经中国政府批准，在中国境内同中国的公司、企业或其他经济组织共同举办的按协议约定各自权利与义务的契约式经济组织。

15. “飞地经济”

“飞地经济”是指两个相互独立、经济发展存在落差的行政地区打破原有行政区划的限制，通过跨空间的行政管理和经济开发，实现两地资源互补、经济协调发展的一种区域经济合作模式。

按照不同的分类标准，“飞地经济”模式有不同的类型。

按“飞地经济”建设的投入方式，可分为以下几种类型：

（1）“飞出地”投资型，即由“飞出地”负责全部基础建设投入。

（2）“飞入地”投资型，即由“飞入地”负责全部基础建设投入。

（3）两地共投型，即由两地按照协议共同分担基础建设投入。

16. 特色小镇

特色小镇的概念起源于浙江，2014 年在杭州云栖小镇首次提及特色小镇，2016 年住建部等三部委力推特色小镇，这种在块状经济和县域经济基础上发展起来的创新经济模式是供给侧结构性改革的浙江实践。特色小镇是在新的历史时期、新的发展阶段的创新探索和成功实践。

17. 产城融合

产城融合是指产业与城市融合发展，以城市为基础，承载产业空间和发展产业经济，以产业为保障，驱动城市更新和完善服务配套，实现产业、城市、人之间有活力、持续向上发展的模式。

产城融合是在我国转型升级的背景下相对产城分离提出的一种发展思路，要求产业与城市功能融合、空间整合，“以产促城，以城兴产，产城融合”。城市没有产业支撑，即便再漂亮，也是“空城”；产业没有城市依托，即便再高端，也只能“空转”。城市化与产业化要有对应的匹配度，不能一快一慢，脱节分离。产城融合发展并不是一蹴而就，因此全面理解产城融合的内涵，有利于提出更加合理的规划建议。

18. 产业园区

产业园区是指以促进某一产业发展为目标而创立的特殊区位环境，是区域经济发展、产业调整升级的重要空间聚集形式，担负着聚集创新资源、培育新兴产业、推动城市化建设等一系列重要使命。产业园区能够有效地创造聚集力，通过共享资源、克服外部负效应，带动关联产业发展，形成产业集群。产业园区有很多种类型，最常见的有物流园区、科技园区、文化创意园区、总部基地、生态农业园区等。

19. “洼地”效应

在经济发展过程中，人们把“水往低处流”这种自然现象引申为一个新的经济概念，叫作“洼地”效应。从经济学理论上讲，“洼地”效应就是利用比较优势，创造理想的经济和社会人文环境，使之对各类生产要素具有更强的吸引力，从而形成独特的竞争优势，吸引外来资源向本地区汇聚、流动，弥补本地区资源结构上的缺陷，促进本地区经济和社会快速发展。简单地说，“洼地”效应是指一个区域比其他区域环境质量高，对各类生产要素具有更强的吸引力，从而形成独特的竞争优势。

20. 政府引导基金

政府引导基金又称创业引导基金，是指由政府出资，吸引金融机构、投资机构和社会资本以股权或债权等方式投资创业风险投资机构或新设创业风险投资基金，支持创业型企业发展的专项资金。政府引导基金通过引导创业投资行为，支持初创期科技型中小企业创业，进行技术创新。政府引导基金的作用是发挥财政资金杠杆放大效应，增加创业投资资本供给，解决单纯通过市场配置创业投资资本造成的市场调节失灵问题，特别是通过鼓励创业投资企业投资种子期、起步期等创业早期的企业，弥补一般创业投资企业主要投资成长期、成熟期和重建企业的不足。政府引导基金的运作原则是政府引导，市场运作和科学决策，防范风险。

21. 引资营销

引资营销是指地方政府为了区域经济健康协调发展和社会进步，将区域内的投资环境、政策法规、投资项目等要素通过实施科学合理的营销战略，满足潜在的投资群体需求，从而实现引进外资的过程，引资营销又称为政府营销型招商。引资营销是政府营销理论的延伸和发展。

22. 新型政商关系

发展社会主义市场经济，政商关系是始终绕不开的重要话题。构建健康、清廉、公开、透明的新型政商关系是大势所趋，顺应了经济新常态的发展需求。习近平总书记以“亲”“清”两个字定调新型政商关系，是对其形态与内涵准确而生动的诠释。政府与企业家之间的关系犹如裁判与球员的关系，既相互依存，又各司其职，应当有底线、有距离。构建新型政商关系，需要双方厘清边界，各司其职，相互协作。“亲”“清”两个字形象地道出了两者相处亲密而又不失分寸的正常状态。

23. “放管服”

“放管服”就是简政放权、放管结合、优化服务的简称。“放”是指中央政府下放行政权，减少没有法律依据和法律授权的行政权，厘清多个部门重复管理的行政权。“管”是指政府部门要加强监管职能，利用新技术、新体制加强监管体制创新。“服”是指转变政府职能，政府要避免对市场过度干预，减少对市场主体过多的行政审批等行为，降低市场主体进行市场运行的行政成本，增强市场主体的活力和创新能力。简政放权是民之所望、施政所向。“放”即简政放权，降低准入门槛。“管”即公正监管，促进公平竞争。“服”即高效服务，营造便利的市场运行环境。

24. 高新技术产业

高新技术产业是以高新技术为基础，从事一种或多种高新技术及其产品的研究、开发、生产和技术服务的企业集合而成的产业，这种产业所拥有的关键技术往往开发难度很大，一旦开发成功，可以产生很高的经济效益和社会效益。高新技术产业是知识密集、技术密集型产业。产品的主导技术属于高新技术领域，包括高新技术领域中处于技术前沿的工艺或技术突破。根据这一标准，高新技术产业主要包括信息技术、生物技术、新材料技术三大领域。

25. 先进制造业

相对传统制造业而言，先进制造业是指制造业不断吸收电子信息、计算机、机械、材料及现代管理技术等方面的高新技术成果，并将这些先进制造技术综合应用制造业产品的研发设计、生产制造、在线检测、营销服务和管理的全过程，实现优质、高效、低耗、清洁、灵活生产，即实现信息化、自动化、智能化、柔性化、生态化生产，取得很好的经济收益和市场效果的制造业的总称。

26. 我国现行税种

我国现行税种以课税对象为标准分为以下几种类型：

（1）流转税。流转税是以商品生产流转额和非生产流转额为课税对象征收的一类税（我国税制结构中的主体税类，包括增值税、消费税和关税等）。

（2）所得税。所得税又称收益税，是指以各种所得额为课税对象的一类税（我国税制结构中的主体税类，包括企业所得税、个人所得税等税种）。

（3）财产税。财产税是指以纳税人所拥有或支配的财产为课税对象的一类税（包括遗产税、房产税、契税、车辆购置税和车船税等）。

（4）行为税。行为税是指以纳税人的某些特定行为为课税对象的一类税（诸如城市维护建设税、印花税等）。

（5）资源税。资源税是指对在我国境内从事资源开发的单位和个人征收的一类税（比如资源税、土地增值税、耕地占用税和城镇土地使用税等）。

27. 投资回收期

投资回收期是指从项目投建之日起，用项目所得的净收益偿还原始投资所需要的年限。投资回收期分为静态投资回收期与动态投资回收期两种类型。静态投资回收期是在不考虑资金时间价值的条件下，以项目的净收益回收其全部投资所需要的时间。投资回收期可以自项目建设开始年算起，也可以自项目投产年开始算起，但应予以注明。动态投资回收期是把投资项目各年的净现金流量按基准收益率折成现值之后，再来推算投资回收期，这就是它与静态投资回收期的根本区别。动态投资回收期就是累计净现金流量现值等于零的年份。

28. BOT

BOT（Build-Operate-Transfer）即建设—经营—转让，是指政府通过与企业签订契约授予私营企业（包括外国企业）以一定期限的特许专营权，许可其融资建设和经营特定的公用基础设施，并准许其通过向用户收取费用或出售产品以清偿贷款，回收投资并赚取利润。特许专营权期限届满时，该基础设施无偿移交给政府。

29. BT

BT（Build-Transfer）即建设—转让，政府通过特许协议引入国外资金或民间资金进行专属于政府的基础设施建设，基础设施建设完工以后，该项目设施的有关权利按协议由政府赎回。BOOT 即建设—拥有—运营—移交，BOO 即建设—拥有—运营，BLT 即建设—租赁—移交，BOOST 即建设—拥有—运营—补贴—移交，BTO 即建设—移交—运营等。

30. 土地出让分类

土地出让一般分为五类：商业用地、综合用地、住宅用地、工业用地和其他用地。

根据《中华人民共和国城镇国有土地使用权出让和转让暂行条例》第十二条，各类用地出让的最高年限为居住用地 70 年，工业用地 50

年，教育、科技、文化、卫生、体育用地 50 年，商业、旅游、娱乐用地 40 年，综合或其他用地 50 年。

31. 土地出让金

土地出让金（Land-transferring Fees）是指各级政府土地管理部门将土地使用权出让给土地使用者，按规定向受让人收取土地出让的全部价款（指土地出让的交易总额），或土地使用期满，土地使用者需要续期而向土地管理部门缴纳的续期土地出让价款，或原通过行政划拨获得土地使用权的土地使用者将土地使用权有偿转让、出租、抵押、作价入股和投资，按规定补交的土地出让价款。

32. 土地出让金一般计算办法

土地出让金一般有以下四种计算办法：

（1）有实际成交价的，且不低于所在级别基准地价平均标准的按成交价不低于 40% 的标准计算土地出让金，若成交价低于基准地价平均标准的，则依照全部地价的 40% 计算土地出让金。

（2）发生转让的划拨土地使用权补办出让时，按基准地价平均标准的 40% 计算土地出让金。

（3）通过以上方式计算的土地出让金数额，土地使用权受让人有异议的，由受让人委托有资质的土地估价机构进行评估，按评估价的 40% 计算土地出让金。

（4）划拨土地使用权成本价格占土地价格的最高比例不得高于 60%，在以划拨土地使用权价格计算出让金时，必须将成本价格换算成市场土地价格，再按不低于 40% 的标准计算土地出让金。

33. 哪些土地可免征土地使用税

以下这些土地可以免征土地使用税：

（1）国家机关、人民团体、军队自用的土地免征土地使用税。

（2）由国家财政部门拨付事业经费的单位自用的土地免征土地使用税。

（3）宗教寺庙、公园、名胜古迹自用的土地免征土地使用税。宗教寺庙自用的土地是指举行宗教仪式等活动的用地和寺庙内的宗教人员生活用地。公园、名胜古迹自用的土地是指供公众参观游览的用地或公园、名胜古迹管理单位的办公用地。以上单位的生产、经营用地和其他用地不属于免税范围。

（4）市政街道、广场、绿化地带等公共用地免征土地使用税。（企业内部绿化用地不属于免税范围）

（5）直接用于农、林、牧、渔业的生产用地，也就是直接用于从事种植、养殖、饲养的专业用地，免征土地使用税。农副产品加工厂占地和从事农、林、牧、渔业生产单位的生活、办公用地不包括在内。比如在城镇土地使用税征收范围内经营采摘、观光农业的单位和个人，其直接用于采摘、观光的种植、养殖、饲养的土地。

（6）经批准开山填海整治的土地和改造的废弃土地，从使用的月份起免征土地使用税 5 ~ 10 年。开山填海整治的土地是指纳税人经有关部门批准后自行开山填海整治的土地，不包括纳税人通过出让、转让、划拨等方式取得的已开山填海整治的土地。

（7）非营利性医疗机构、疾病预防控制机构和妇幼保健机构等卫生机构自用的土地免征城镇土地使用税。

（8）企业办的学校、医院、幼儿园，其用地能与企业其他用地明确区分的，免征城镇土地使用税。

（9）对行使国家行政管理职能的中国人民银行总行（含国家外汇管理局）所属分支机构自用的土地免征城镇土地使用税。

（10）免税单位无偿使用纳税单位的土地（比如公安、海关等单位使用铁路、民航等单位的土地），免征城镇土地使用税。纳税单位无偿使用免税单位的土地，纳税单位应照章缴纳城镇土地使用税。纳税单位与免税单位共同使用、共有使用权土地上的多层建筑，对纳税单位可按其占用的建筑面积占建筑总面积的比例计征城镇土地使用税。

具体包括以下几种土地：

①企业的铁路专用线、公路等用地，在厂区以外、与社会用地段未隔离的。

②企业厂区以外的公共绿化用地和向社会开放的公园用地。

③盐场的盐滩、盐矿的矿井用地（盐场、盐矿的生产厂房、办公、生活区用地征收城镇土地使用税）。

④城市公交场站、道路客运场站的经营用地。城市公交场站运营用地包括城市公交首末班车站、停车场、保养场、场站办公用地、生产辅助用地，道路客运场站运营用地包括站前广场、停车场、发车位、站务用地、站场办公用地、生产辅助用地。

34. 生地、毛地、熟地

生地是指不具备城市基础设施的土地；毛地是指城市基础设施不完善，地上有房屋拆迁的土地；熟地是指具备完善的城市基础设施，土地平整，能直接进行建设的土地。

35. 三通一平，五通一平，七通一平

三通一平：通电、通路、通水，土地平整。

五通一平：通电、通路、通水、通讯、通排污管道，土地平整。

七通一平：通电、通路、通水、通讯、通排水管道、通排污管道、通有线电视，土地平整。

36. 委托招商

委托招商也称招商代理制，是指政府或某一机构、单位为发展本地经济，在规定相应职责、权限和要求的前提下，委托受托人代理进行招商引资和开发建设的一种经济活动。这种方式在法律意义上是一种委托代理关系，代理机构或个人不与投资者签订任何招商引资协议，需要时由委托方出面签订协议，受托方是实行分成制的项目推介人员。委托方在项目推介或转移成功后，按照招商额的一定比例付给佣金。特征是受托方只负责按照委托方的要求对项目进行招商引资，类似一种雇佣关系。受托方一般是专业的投资中介咨询机构或个人。

委托招商的报酬一般按照招商项目外资实际进资额的0.1%～2.5%计付，各级政府直接委托招商的外商投资项目，报酬由同级财政负担。中介招商的管理办法和报酬计付比例未见报道。无论是中介招商还是委托招商，都是专业化、市场化的招商运作模式，操作规范，可以提高招商引资的有效性。但从实际情况来看，对于境外资金来说，中介招商一般比委托招商的作用大。

37. 招标方式

招标方式主要分为两类，即公开招标和邀请招标。还有一种常见的招标方式，我们把它称为议标。

公开招标是指招标人以招标公告的方式邀请不特定的法人或其他组织投标。邀请招标是指招标人以投标邀请书的方式邀请特定的法人或其他组织投标。议标也被称为非竞争性招标或指定性招标，由业主邀请最多不超过两家知名单位直接协商、谈判。这实际上是一种合同谈判形式。

38. 外资企业

外资企业是指外国的企业、其他经济组织或个人依据我国的有关法律，在中国境内设立的全部资本由外国投资者投资，并由外国投资者独立经营、自负盈亏的企业。

39. 土地流转

土地流转是土地使用权流转的简称，土地使用权流转是指拥有土地承包经营权的农户将土地经营权（使用权）转让给其他农户或经济组织，即保留承包权，转让使用权。

40. 土地指标

我国政府为了保护耕地，对建设用地采取控制措施，划定土地指标，即规定每一年度各地建设用地面积设置最高限度，各地不得突破这一“红线”，违规占用土地。

41. 环境容量

环境容量是指在确保人类生存、发展不受危害，自然生态平衡不受破坏的前提下，某一环境所能容纳污染物的最大负荷值。一个特定的环境对污染物的容量是有限的。大气、水、土地、动植物等都有承受污染物的最高限值，就环境污染而言，污染物存在的数量超过最大容纳量，这一环境的生态平衡就会遭到破坏。

42. 大工业用电

大工业用电指的是大规模工业用电。以电为原动力，从事电冶炼、烘焙、熔焊、电解、电化在内的一切工业生产按照大工业电价收费，受电变压器总容量在 315 千伏安（KVA）及以上的用户被称为大工业用户。

43. 校友招商模式

校友招商模式最早在 2019 年 2 月由武汉市委书记陈一新提出，2019 年 2 月 28 日，武汉市召开全市招商引资大会，陈一新向改革开放以来从武汉走出去的 300 多万商界校友发出诚挚邀请：欢迎回汉创业、创新、创富，与城市结成奋斗共同体、利益共同体、命运共同体，同频共振，共享复兴大武汉的机遇和辉煌。

会上，陈一新直接喊话陈东升、雷军、孙宏斌、汪潮涌、李书福等武汉各高校杰出校友，号召武汉各高校校友资本回汉、智力回汉，他表示今后要充分发挥武汉校友资源的特殊作用，将校友招商作为招商引资新的突破口和生力军，实施“百万校友资智回汉工程”。要把校友招商作为“大学之城”建设的重要方面，与武大、华科大等在汉高校建立校友联合招商工作机制，联合为校友提供优质服务，将校友招商与校友活动对接起来。

44. 招商引资“飞地”模式

两家独立园区打破行政区划限制，通过跨空间的行政管理和经济开发，实现协同发展。一些先进园区利用成功经验及资源优势，按照

“共建、共管、共享”的原则，与其他地区的市县、园区合作，建设“区中园”，并成为“飞地”型园区。

中央八大部委联合发出《关于支持“飞地经济”发展的指导意见》，明确强调支持各省市优势互补，园区共建，通过“飞地经济”的形式强化招商引资。这是中央八大部委首次专门针对“飞地经济”发布重要文件，由此可以预见未来东中西部地区通过园区共建联合招商将成为一种主流形式。

45. “重资本轻资产”招商引资模式

商务部、国家发改委等 13 个部委联合印发通知，向全国复制推广构建开放型经济新体制综合试点形成的首批典型经验和模式，其中包括“重资本轻资产”招商引资模式，就是通过设立产业引导基金，与金融机构、投资机构合作设立产业发展基金等方式，实现“重资本运营”；通过为入驻企业配套建设标准厂房、职工宿舍等方式，减轻企业非生产性投入，缩短外来投资的项目建设周期，实现“轻资产招商”。

46. 资源招商

资源招商是指充分利用当地的资源（比如风力、电力、农业、人力等资源）进行招商，资源招商是较为传统的招商方式，但对于很多资源优势明显的领域仍然有着很大的作用。比如鄂尔多斯市充分利用自身气候凉爽、煤电成本低等优势，大力发展数据中心产业，目前已经成为我国北方地区重要的数据中心聚集地。

各地应该如何利用自己的资源优势进行资源招商？

各地要对本地区的交通、经济、人力等相关配套情况进行充分调研，了解本地区有哪些资源优势，重点发展资源产业或创造资源产业。以河北省馆陶县为例，当地充分利用农业人口多、养殖业较为丰富的优势，重点发展禽蛋养殖产业，如今已成为国内领先的禽蛋大县。该县引进很多禽蛋加工企业，提升了禽蛋产业的附加值。

各地要充分利用网络推广的力量，借助手机、微信、网站等多种网络推广方式推广自己的资源优势。各地可以通过搭建招商引资实景展示平台的方式展示自己的优质资源，招商引资实景展示平台采用三维实景展示技术，可以实现招商项目的任意高度、任意角度的真实色彩、真实比例的展示，是较为新颖且直观的招商展示方式。

47. “瞪羚企业”

“瞪羚企业”是银行对成长性好、具有跳跃式发展态势的高新技术企业的一种通称。瞪羚是一种善于跳跃和奔跑的羚羊，业界通常将高成长性中小型企业形象地称为“瞪羚企业”，一个地区的“瞪羚企业”数量越多，表明这一地区的创新活力越强，发展速度越快。

48. “独角兽”企业

“独角兽”企业是指那些估值在10亿美元以上的初创企业。Lee发明独角兽概念的时候，描绘的是一个具体历史条件下的情形。从2003年到2013年，只有39家公司从6万多家企业中脱颖而出，估值在10亿美元以上。

2017年12月，胡润研究院发布《2017胡润大中华区独角兽指数》，大中华区“独角兽”企业总数达到120家，整体估值总计超过3万亿元。北京成为“独角兽”企业最多的城市，占上榜企业总数的45%，紧随其后的是上海、杭州和深圳。蚂蚁金服、滴滴出行、小米公司估值位列前三名。榜单结合资本市场独角兽的定义筛选出外部融资且估值超过10亿美元（70亿元人民币）的优秀企业，数据截止日期为2017年11月30日。

49. “亩产论英雄”

早在2006年浙江省绍兴县（现柯桥区）就提出“亩产论英雄”的理念，并初步建立以节约集约用地、节能降耗减排为重点的企业“亩产效益”导向、约束和评价机制。浙江省政府下发文件要求进一步深化“亩均论英雄”改革，浙江省内不少地方积极探索实践。随着浙江省内各地市逐步取得成效，这一做法逐步在全国各地铺开并已取得突破，成为一个重要的经济导向，“亩产论英雄”也将成为招商引资和开发区发展的一个重要指标，一个新时代的大幕正在开启。

四、制定差异化的招商政策

各个地区的产业园区都在积极开展招商引资工作，在与多个地方的相关部门沟通之后，我们发现一个普遍存在的问题：各个地区的招商优惠政策雷同，比如税收优惠政策、办公优惠条件、招商扶持政策，等等。

从表面上看，为了招商引资，制定一些优惠政策或鼓励措施是合理的，但是如果全国各个地区的优惠政策都相似，这样的优惠政策还能够带来好的招商结果吗？

当一个地区推出招商引资优惠措施，就说明这个地区在招商引资方面遇到了问题，出台各项优惠措施是为了增强该地区的招商能力。如果这些优惠措施对投资企业具有明显的吸引力，该地区就能成功招商引资。所以，这个地区必须制定具有差异化的招商引资政策。

我们都知道企业是以盈利为目的从事商业活动，所以，各个地区应该站在企业的角度思考问题，把帮助入驻企业赚钱作为出发点制定招商引资优惠政策。

有的地方政府部门推出“办公环境若干年免费用”的策略，这样的策略真能吸引企业入驻产业园区吗？对于企业来说，能够减少办公成本固然好，但是如果在当地根本没有足以支撑企业赚钱的市场，即便办公场所免费，在这些办公场所工作的员工就不需要企业投入成本吗？

对于地方政府部门来说，招商引资是为了增加就业岗位，提高税收，促进当地整体经济增长，实现这些目标的前提是投资企业可以盈利，因此，在制定招商引资策略的时候，地方政府部门应该考虑如何让投资企业实现盈利，从而达到共赢的目的。

为了帮助大家理解，我们举一个简单的例子：

一家企业可以将厨余垃圾进行无害化处理，最终转化成有机肥料，这样的企业属于高科技环保企业，是很多地区招商引资的重要目标。针对这家企业拓展市场的需求，如果有地区提出愿意将政府机关的食堂厨余垃圾处理工作外包给这家企业，并协助企业拿到政府部门与事业单位、公立学校等食堂的厨余垃圾订单，这家企业有发展前景，就会在当地投资建厂。

一家企业考虑在某个地区投资建厂，其动机是希望在当地这个行业占领市场。如果该地区政府管理者站在企业的角度思考问题，就应当从市场端入手，解决当前存在的问题，为企业营造良好的投资环境。

所以，地方政府在开展招商引资工作的时候必须考虑本地区招商引资政策的吸引力，为企业提供差异化服务，帮助企业获得市场，才能够让企业入驻产业园区，实现共赢。

五、举例

我们以一个地级市出台的 30 条招商引资政策为例，说明如何制定具有吸引力的招商政策。该地级市出台的招商引资政策包括土地支持政策、财政支持政策、保障支持政策等。具体内容如下：

（一）适用范围

（1）工商注册和税收全解缴在市行政区域内且具有独立法人资格的新引进外来投资项目。

（2）符合国家产业政策和城市发展定位，通过市投资促进工作领导小组综合评估确定的新引进外来投资项目。

享受本政策的投资项目，需同时符合上述两条的规定。

（二）土地支持政策

（1）用地指标支持。优先保障项目用地，列入省级重点推进项目的，其新增用地计划指标除积极争取省级配套 70% 外，地方配套的 30% 由市在年度用地计划中切块优先安排；列入市级重大招商项目的，其新增用地计划指标由市在年度用地计划中切块优先安排。

（2）土地出让支持。对集约用地的鼓励类产业项目，在确定土地出让底价时可按不低于所在地土地等别相对应全国工业用地出让最低标准的 70% 执行。对未利用地用于工业用地的，土地出让金可区分情况按全国工业用地出让最低价标准的 10% ～50% 执行。

（3）土地出让金缴纳支持。对依法取得的项目用地可按土地出让合同约定选择一次性缴清全部土地出让价款，或者是分期缴纳土地出让价款，选择分期缴纳土地出让价款的首次缴纳比例不低于 50%，余款一年内缴清，竞得人在支付第二期及以后各期土地出让价款时，须按照支付第一期土地出让价款之日中国人民银行公布的贷款利率支付利息。

（4）供地方式支持。产业用地可根据产业政策和项目类别采取租赁、先租后让、租让结合和差别化年期出让等供应措施。对外来资本与政府共同投资建设的，可使用划拨土地的医疗、养老、教育、文化、体育等公共服务项目，可以国有建设用地作价出资或入股方式供应土地。

（5）存量工业土地及房产支持。在符合城乡规划、合法合规并经县级以上人民政府批准后，工业用地使用权人可以引进市外投资按批准的用途对土地进行再开发，涉及原划拨土地使用权转让需补办出让手续的，可按规定方式办理，并按照市场价缴纳土地出让价款。鼓励企业利用存量工业房产引进市外投资发展我市重点扶持的生产性服务业及兴办创客空间、创新工场等众创空间，5 年内可继续按原用途和土地权利类型使用土地，5 年期满或涉及转让需办理相关用地手续的，可按新用途、新权利类型、市场价，以协议方式办理。

（6）标准厂房支持。鼓励工业项目集约节约用地，建设多层标准厂房，提高容积率，不再增收土地出让金，且从第二层起按厂房建筑面积每平方米 100 元的标准给予一次性补助，最高不超过 1000 万元。鼓励企业入驻园区租赁工业标准厂房，给予前两年 100%、后三年 50% 的租金补助。

（三）财政支持政策

（1）财政资金支持。全市统筹相关资金，安排 1 亿元，用于对招商引资项目的贷款贴息、研发补助、物流补贴、培训资助、厂房代建、租金补贴、人才奖励等，对项目社会引资人的奖励，对引进重大项目成效显著的县（市、区）政府给予奖补。

（2）设立投资引导基金。由市国有投资公司牵头发起设立投资引导基金，对新引进重大产业项目和重点创新型项目，以参股方式支持项目发展。待引导基金参股投资的企业稳定运营以后，参股部分可通过公开转让股权或到期后清算等方式退出，同等条件下企业有优先回购权。

（3）贴息补助。对项目实行贷款贴息补贴，支持企业固定资产投资、技术改造、科技创新、人才引进和培养等。按项目实际发生贷款额度，政府通过贷款贴息方式连续补贴三年，第一年按同期中国人民银行贷款基准利率的 50%、第二年按同期中国人民银行贷款基准利率的 40%、第三年按同期中国人民银行贷款基准利率的 30% 补贴标准执行，单个企业补贴累计不超过 800 万元。

（4）重资产投资支持。对投资额在 10 亿元以上的产业龙头项目，可由市国有投资公司代建项目用房及配套设施，或代购生产设备等重资产，企业自建成投产年度起 5 年内分期完成回购。

（5）物流补贴。对项目实行物流补贴，项目自投产年度起 5 年内，年度上缴税收在 5000 万元以上的，可按照年货物物流运输费用总额的 10% 给予企业补贴，每年补贴额度不超过 300 万元。

（6）并购投资补助。对并购重组本市企业的市外企业，当年对本市企业投资总额超过 5000 万元，企业正常运营且产生税收的，按其当年对本市企业投资总额的 1% 给予补助，最高不超过 200 万元。

（7）外商投资奖励。对在我市新注册设立的外资企业和现有外商投资企业增资扩股、扩大生产规模，实际到资在 1000 万美元（含，下同）以上 2000 万美元以下的，一次性奖励 50 万元人民币；实际到资在

2000 万美元以上 5000 万美元以下的，一次性奖励 100 万元人民币；实际到资在 5000 万美元以上的，一次性奖励 200 万元人民币。

（8）规费支持。项目涉及的行政事业性收费和政府定价管理的经营服务性收费实行清单管理，按收费标准的下限收取。行政事业性收费市、县留成部分以合法合规形式在缴纳后适度补贴给企业用于项目发展。

（9）市场拓展支持。鼓励引进企业依法合规参与我市政府采购活动。鼓励和引导市内企业购买引进企业产品和服务。

（10）社会引资人奖励。鼓励社会力量参与招商引资，对成功引进重大产业项目来投资建设的社会组织、中介机构或个人（不含党政机关、事业单位、人民团体、国有企业及其他财政供养人员）按引资协议的约定进行奖励。引资协议可以约定：项目按期建成投产并正常纳税的，可按其实际投资额的 2‰奖励项目引资人，单个项目奖励不超过 1000 万元。

（11）高层次人才激励。对企业任职满一年的高层次管理人才和技术领军人物，5 年内按个人对我市财政贡献量的适当比例给予个人奖励，每户企业奖励总人数不超过 8 名。

（四）保障支持政策

（1）要素保障。对符合条件的项目，积极争取直购电、丰水期富余电政策和天然气转供改直供，降低企业用电、用气成本。项目新开户安装水、电、气设施，相关费用按照省、市核定的最低标准执行。项目供水、供电、供气管线主接口等由区县、园区统一接通到企业用地红线外。

（2）用工保障。根据企业用工需求做好人力资源招募服务工作，免费为引进企业员工提供人事档案管理及人事代理服务。对企业开展用工岗前就业技能培训和转岗培训按规定予以补贴。

（3）中介服务支持。严格清理规范中介服务收费、金融领域收费等涉企收费行为，清理精简中介服务环节，坚决取消不合理收费，对清理规范后的收费项目实行清单管理，在依法依规的前提下，原则上按收费标准的下限收取，并向社会公布。

（4）落地奖补。市政府对推动市级以上重大项目落地成效显著的县（市、区）政府给予奖补，项目按期建成投产后，可按项目实际投资额给予承接项目落地的县（市、区）政府招商经费补贴，单个项目补贴金额不超过100万元。

（5）“飞地”支持。鼓励各县（市、区）政府结对开展“飞地”招商，加强招商项目统筹流转，项目通过“飞地”流转落户我市，按期建成投产并正常纳税的，市政府对单个项目可按项目实际投资额给予最高不超过100万元的招商经费补贴，由“飞出地”和“飞入地”分享。

（6）政务服务保障。深入运用“互联网＋政务服务”，全面运行“一窗受理”，建立“项目专员制”，按照一个项目、一个领导、一个团队，提供全程代办服务，强化限时办结，帮助企业办完所有审批事项。

（五）政策执行

（1）对世界500强、中国500强、中国行业前3强等企业，以及经市对外开放暨投资促进工作领导小组认定的重点产业项目，可依法依规进行“一事一议”，实行“一企一策”。

（2）放宽外商投资领域和准入条件，允许外资以参股、控股、资产收购等方式参与投资我市交通、城建、能源、金融、社会事业等领域项目。对符合条件的外商投资项目，同等纳入本政策支持范围。

（3）符合本政策规定的项目同时符合本市其他支持政策规定的，按照就高不重复的原则予以支持。本政策实施过程中若遇国家、省新出台有关招商引资法律法规及政策规定的，从其规定。

（4）严格落实生态环境保护相关法律法规和市环境污染防治“四大战役”实施方案相关要求，凡不符合节能降耗、环境保护等要求的项目不予引进。完善招商引资项目退出机制，将节能降耗、环境保护等纳入项目退出标准。

（5）享受支持政策的企业应当书面承诺，未经市对外开放暨投资促进工作领导小组批准，不得将工商注册、税收解缴等关系迁离；违反承诺的，其享受的各项优惠政策自动自始予以撤销，企业应自迁离之日起 3 个月内将其已获得的支持资金返还我市，并承担支付资金利息、赔偿损失等违约责任。

第三节　招商渠道的建设与运营

招商渠道的建设与运营包括以下内容：

一、招商渠道的概念

招商渠道是一个集产业规划、产业集群谋划、产业渠道搭建及产业资源信息整合于一体的平台，是一个能够有效支持业务团队的平台，而不是一个纯业务平台。

二、招商渠道设计八大原则

为了确保招商部能借助招商渠道在各区域市场上获利，招商渠道设计需遵循以下八项原则：

（1）接近终端。这样有助于为客户提供满意的渠道服务。

（2）利益共享。招商部和中间商应本着“利益共享，风险共担”的做事原则进行合作。

（3）经济实用。这一原则要求招商部充分估计投资招商渠道带来的经济效益和成本。

（4）市场覆盖。只有那些方便企业购买的招商产品才能销售出去。当中间商拥有密集的分销网络时，就比较容易实现企业“广泛布点”的市场覆盖目标。

（5）精耕细作。为了避免企业实行粗放式的经营管理方式，招商部可以从以下几个环节进行精耕细作：

①招商部要准确划分目标客户群。

②招商部在招商渠道中的所有销售网点做到定人、定域、定点、定线、定时、定任务。

③招商部向中间商提供细致化、个性化的渠道服务，全面监控市场。

（6）变则通。过去的招商渠道会因为环境发生变化而变得过时，一旦现有的招商渠道设计无法适应形势的变化，招商部应立即对招商渠道策略进行调整。有些招商渠道是拿资源与政府部门合作，但真正能够落地的很少，或者有很多是无效资源。在这种情况下，招商部需要做的是深入渠道内部，和真正掌握资源的人做朋友。

（7）渠道领袖。也就是掌握招商渠道的实际负责人。比如产业地产的招商渠道有商协会，商协会的会长有一定的号召力，属于渠道领袖，可以将同行业的企业家聚集在一起，而商协会的秘书长则是具体实施的对接人。

（8）协商机制。协商机制指的是利益分配模式，招商活动实施的具体分工、流程和步骤，以及遇到具体问题时的解决办法。

三、招商渠道的分类

招商渠道分为 3 种类型，即线上招商、线下招商和传统招商。线上招商包括 6 种方式，比如客户端引流等。线下招商包括 10 种方式，比如展会渠道等。传统招商包括 3 种方式，比如户外广告等。

（一）线上招商

线上招商包括以下 6 种方式：

（1）客户端引流，包括官网、微博、软文、百度下拉框等。

（2）培养成交端，包括微信群、小程序、微信公众号等。

（3）新媒体，包括头条号、百家号、企鹅号、一点资讯、搜狐等。

（4）短视频，包括快手、抖音、微视频、西瓜、火山等。

（5）FM 音频，包括喜马拉雅、荔枝、蜻蜓、企鹅等。

（6）网络竞价，包括百度、搜狗、360 等。

（二）线下招商

线下招商包括以下 10 种方式：

（1）展会渠道，包括全国性展会、行业展会、加盟展会。

（2）人员拜访渠道，人员主动搜集信息，寻找目标客户并拜访。

（3）电话渠道，人工客服跟进开发。

（4）关系渠道，包括同学会、商会、协会等。

（5）平台渠道，包括政府举办的各类展会。

（6）第三方联展平台，包括各种招商联盟。

（7）广告渠道，包括平面广告、电视广告或指定传媒等。

（8）内部创业渠道和转介绍渠道。

（9）培训会招商渠道。

（10）终端客户渠道、类同行异业合作。

（三）传统招商

传统招商包括以下 3 种方式：

（1）商业报刊、户外广告。

（2）运营商短信息广告等。

（3）城市广播、交通广播（项目故事分享的方式效果最好）。

四、产业地产招商渠道规划

产业地产的目标客户主要是企业，这一目标群体与传统住宅、商业地产的目标客户不同，具有小众化的特点。要想打仗，起码要知道对手是谁，如果找不到目标，你就无计可施。所以，为了精准地获取目标客户，我们要做的第一件事就是招商渠道规划。

如果想找到目标企业，就必须根据项目产品的适应性进行目标企业定位。根据企业定位掌握企业决策人的信息，比如年龄、籍贯、文化背景、从业经历，等等。还要掌握目标企业所属的行业、员工情况、厂房面积需求、年产值、生产经营条件、物流运输及三废排放情况。

了解目标企业的情况后，接下来我们就根据目标企业的定位规划招商渠道。

我们可以采用以下几种招商渠道：

渠道一：企业协会、行业商会、行业主管单位。

企业协会、行业商会是企业之间传递信息的重要纽带，通过与企业协会、行业商会的沟通、合作，可以建立良好的关系，寻找恰当的合作模式，同时也可以从网站或会刊中获取大量的客户资料，最后按照项目的适应性需求进行筛选，然后点对点地进行沟通。

在实际工作中，具体包括以下内容：

（1）渠道拓展：和市区各级中小企业局、企业家联谊会、总商会及各分商会、行业协会等沟通与合作。

（2）渠道目标：分行业、分协会建立长期的客户网络，获取目标客户。

（3）渠道建设：联合组织研讨会、产品推介会、商会网站、会刊发布招商信息，针对各商会会员单位制定相应的优惠购房办法，开展联谊沙龙活动（比如新春团拜会）等，定期通过电子邮件发送项目进展信息。

渠道二：各工业园区招商部、市园区办、经信委。

通过与各园区招商部、市园区办及经信委等政府专业招商机构沟通与合作，逐步推广项目，达到招商的目的，本渠道为最重要的渠道，也是最具市场价值和商业价值的渠道。

在实际工作中，具体包括以下内容：

（1）渠道拓展：与各园区招商部、市园区办及经信委等专业招商机构沟通与合作。

（2）渠道目标：建立长期有效的机制，不断获取优质目标客户。

（3）渠道建设：委托各园区招商办、市园区办及其他职能部门承办人进行招商，制定相应的奖励措施。组织召开招商研讨会，邀请各园区招商办人员参会。各工业园区设立展示点，设置户外广告牌，在各园区发布项目信息。

渠道三：网络媒体、网站、通信信息渠道。

网络营销渠道可以拓展新的空间，增加销售渠道，使招商人员接触到更加广泛的目标客户，这样做既经济又高效。

在实际工作中，具体包括以下内容：

（1）渠道拓展：招商人员自建网站或是通过各专业网站、园区网站发布招商信息。

（2）渠道目标：广泛传播项目信息，不断获取优质目标客户。

（3）渠道建设：自建项目网站、微信公众号、App；工业地产专业网站、行业官网；各地园区网；百度、58 同城、赶集网等网络媒体。

渠道四：异地招商。

目前中国整个产业群正在发生转移，绝大部分企业受沿海劳动力成本提高和产业升级的影响纷纷落户中西部地区。针对客户主要集中在沿海经济发达地区，分布较为分散的现状，可以通过异地招商快速广泛地推广项目，达到销售招商的目的。

在实际工作中，具体包括以下内容：

（1）渠道拓展：通过新闻媒体等渠道掌握重要信息，了解入驻当地的龙头企业、骨干企业的信息，获取相关下游供应商资料，通过电子邮件发布项目信息进行招商或委托当地专业机构进行异地招商。

（2）渠道目标：广泛传播项目信息，不断获取外地优质目标客户。

（3）渠道建设：通过网络推广（比如发送电子邮件、打电话等方式）；委托外地专业机构（比如招商办、协会等）招商；到外地举办品牌推广会；参与重要专业展会；参加各种行业的专业会议。

渠道五：目标客户的二次招商。

请目标客户、成交客户转介绍与其相关联的合作伙伴或朋友，这样做可以有效地积累客户资源。

在实际工作中，具体包括以下内容：

（1）渠道目标：通过老客户带新客户，达到二次招商的目的。

（2）渠道拓展：鼓励客户转介绍新客户。几户关联客户同时购房的，在原有的价格基础上给予折扣优惠。

（3）渠道推广：经营好目标客户、成交客户，关注团购客户。

渠道六：传统媒体广告。

在实际工作中，具体包括以下内容：

（1）渠道目标：通过传统媒体广告的应用和发布获取客户信息，对客户进行甄别和跟踪，达到招商和销售产品的目的。

（2）渠道拓展：招商接待中心、招商物料（比如项目导购手册、销售现场布置、展会模型、工地围墙等）宣传、新闻发布会、产品说明会、传统媒体广告（比如报纸、电视、广播电台、户外广告、短信、微信、直邮等）。

（3）渠道推广：活动推广、媒体广告发布。

第四节　营销推广方案的策划

产业地产项目营销推广属于地产策划，从地产类别上可分为地产招商策划、商业地产策划、工业地产策划、住宅地产策划等，从内容上可分为营销推广、公关活动策划、销售策划、广告策划等。随着地产行业飞速发展，还会涌现出很多新生领域，也需要进行策划。

本章重点讲述营销推广方案的策划。

一、营销推广方案的制定

制定营销推广方案要先确定营销推广策划框架。

经过前期周密的市场调研，在正确把握项目发展方向的基础上，需要进一步对项目形象、功能组合、规模档次、目标客户、物业价值等核心内容进行详细论证，构建商业地产定位及策划项目的整体框架，为项目提供可行性开发方案。

具体措施包括以下内容：

1. 项目地块解析

在研究项目市场发展趋势的基础上，从项目条件分析入手，从地块角度判断适合发展的物业形态，并对项目周边地块的状况进行研究，分析其对本地块可能造成的影响。

2. 项目区位分析

主要针对项目周边地块的现状及未来发展状况进行分析，了解影响项目发展的因素。

3. 项目地块条件分析

主要针对项目地块的开发条件进行透彻分析，找出影响项目发展的因素。具体措施包括以下内容：

（1）项目 SWOT 分析（优势、劣势、发展机会、竞争威胁）。分析项目发展的重点及难点，明确项目本身的优势、劣势、发展机会、竞争威胁等。

（2）把握项目发展方向。在了解市场环境、片区发展及地块条件的基础上，对项目发展方向进行预测，提供细分市场的调研方向。

（3）项目发展形象定位及概念定位。确定项目的发展形象，为项目定位与规划设计提供方向。

（4）项目功能组合及业态配比定位。包括项目内部主要物业类型的功能确定、组合方案定位、功能布局及各功能之间的关联性控制。

（5）项目开发规模与档次定位。根据项目发展主题，结合项目所处的市场背景环境，确定项目主要物业类型的开发规模与档次。

（6）项目目标客户定位。主要确定项目各功能物业的客户阶层、消费群体，为项目后期制定开发方案提供依据。

（7）项目价值定位（含财务分析）。根据项目自身条件、总体定位、市场供需状况、市场现有物业供应价格水平、潜在购买水平，以及项目所在区域未来发展趋势等因素，明确项目各功能物业的价格水平。

二、营销推广总体思路

营销推广包括以下内容：

（1）项目投资策划营销。包括周边环境分析，区域市场现状及其趋势判断，土地深层次分析，项目市场定位（竞争楼盘调研、主力客户群定位、建设风格），项目价值分析，项目定价模拟，投入产出分析，投资风险分析及其规避方式提示，开发节奏建议。

（2）项目规划设计策划营销。包括总体规划，建设风格定位（风格、外立面设计提示、商业物业建设风格），室内空间布局装修概念，提示（庭院景观提示、公共空间主控），环境规划及艺术风格提示等。

（3）项目质量工期。

（4）项目形象（CIS）。包括总体战略形象、社区文化形象、企业行为形象、员工形象、项目视觉形象。

（5）项目营销推广。

具体包括以下内容：

①区域市场动态分析，包括市场供求状况、周边竞争性楼盘调研、销售控制、推广策划、公关活动，以及独特的销售主张（USP）。

②项目主卖点及物业强势、弱势分析与对策。

③目标客户群定位分析，包括细分客户群、目标市场、客户特征、生活习惯等。

④价格定位及策略，包括利润目标、楼层差价、价格升幅比例。

⑤入市时机规划，也就是宏观经济运行状况分析。

⑥广告策略，包括广告主题、创意表现、效果评估及修正。

⑦媒介策略，包括媒体选择、投放频率及规模、费用估计。

⑧推广费用计划，包括现场展会包装、公关活动。

⑨公关活动策划和现场包装（动态）、营销推广效果。

（6）项目顾问、销售、代理、策划，包括销售周期划分及控制，销售策略（销售阶段：认购、调整、开盘、扩张、强势、扫尾清盘），销售过程模拟，各销售阶段实施营销策划推广执行方案，各销售阶段广告创意设计及开发实施，销售前资料（营业执照、模型、沙盘、合同）准备，销售培训，销售组织与日常管理。

（7）项目服务，包括物业管理等服务。

三、营销推广策划案例

笔者给大家展示一个项目的营销推广策划案例。

××中小企业科技园策划案

第一部分　××市工业园区发展状况

全市范围内的各类开发区共有14个，其中包括××高新技术产业开发区（含西区、四川××出口加工区）、××经济技术开发区、××××科技产业开发区3个国家级开发区。

第二部分　项目概况

一、项目简介

××中小企业科技园是国家级工业园区，××××科技产业开发区专为××中小企业开辟创业起步区，科技园利用孵化器的政策和功能优势为中小企业提供创业空间和资源，帮助企业降低创业成本和风险，促进科研技术成果商品化、产业化，推动中小企业快速成长。

项目总规划面积300亩，一期占地73亩，其中代征地13亩，总建筑面积33000平方米，将建成五层孵化中心大楼10000平方米、工业厂房23000平方米，容积率为0.825。

二、项目用地描述

（一）地理位置

项目位于××西郊温江区国家级海峡科技产业开发区腹地，蓉台大道与柳台大道交会处的502广场，两面临路，交通十分便利。距××外环高速路16km，距火车西站13km，距火车北站25km，距双流国际机场18km。连通温江与××的光华大道建成后，从温江到××市区仅需8分钟，随着成温邛高速公路全面通车及北大道、草金路、西延线、温江段等工程的竣工，温江和开发区也被纳入大××四通八达的交通网络中。

（二）土地面积及规划使用性质

园区规划面积300亩，目前已征地73亩，其中代征地13亩。

用地规划使用性质为工业用地，主要用于建设工业厂房、孵化楼及园区配套设施（比如食堂、宿舍）。

（三）项目进展情况

目前土地已交付科技园，用地已打围，红线已画，原用地内沟渠已改，可以进行场平工作。新成立项目公司名称已注册，公司组织机构已初步建立，整个项目开发工作沿两条线同时推进，一条线是项目规划、基建，另一条线是项目策划、招商。

第三部分　项目策划方案

一、项目SWOT分析

（一）项目优势（S）

1. ××市工业发展核心地带圈

温江是××市城市的第二层次地带和经济发展的第一产业圈。开发区是××市工业经济增长的代表，是全市发展生物制药、食品加工的重要基地，在发展工业上，区域优势突出。

2. 国家级开发区优势

入驻企业可享受国家级开发区享有的政策、税收优惠等，可享受开发区工业基础配套、生活配套、管理配套、人力资源和科研支持等优势。

3. 孵化器优势

科技园实际上是开发区的“园中园”，入驻企业不仅可以享受开发区的资源优势，还可以享受科技园独特的孵化器功能优势。

4. 位置优势

位于502广场，口岸好，广告效果好。

5. 成本优势

拿地成本低，可办理产权证。

6. 渠道优势

具有成功招商的经验，有一定的招商网络和渠道。

（二）项目劣势（W）

（1）公司整体自主开发将面临一定的资金压力和风险。

（2）公司在工业地产领域实力不突出，品牌不够响亮。

（3）一期和二期土地未连成片，难以整体规划。

（4）距离××市区较远，给企业增加了运输成本。

（三）项目机会（O）

（1）开发区的亚东、蓉台两个工业园项目进展缓慢，招商效果差。

（2）开发区入驻企业数量、规模发展势头良好，对园区招商工作有一定的带动效应。

（3）××市区及周边郊县定位于中小企业工业园的不多。

（4）项目用地位置优越，将成为开发区的形象工程之一，开发区管委会可以为园区招商提供帮助。

（四）项目威胁（T）

（1）各类工业园区竞争激烈，尤其是亚东、蓉台两个工业园如果进入开发阶段将带来直接威胁。

（2）如果开发力度不够，将承受来自开发区管委会的压力，对二期拿地不利。

(3) 开发区内的孵化中心对区外其他各类孵化器构成威胁。

SWOT 分析结论：

(1) 面对竞争，明确定位，专为中小企业量身定做。

(2) 充分利用低成本优势，树立形象，为二期工程做铺垫。

(3) 充分发挥国家级开发区金字招牌的优势。

(4) 创新开发模式，招商先行，以招商带动开发。

(5) 利用孵化器功能，打造工业地产科技概念。

二、项目开发策略

具体包括以下内容：

(一) 项目开发总体目标

(1) 以温江项目为契机，实施“工业地产规模化”战略。

(2) 以温江项目树形象，亮品牌。

(3) 在兼顾效益的同时追求开发速度，探索开发新模式，建立和巩固招商网络。

(二) 项目开发策略

1. 自主开发+入园企业开发

根据开发模式，我们把入园企业分为两类：一类是租用标准厂房（不排除买断）；另一类是企业征用土地自行建厂。整个园区开发要把握节奏，招商先行。公司在开发标准厂房的同时或之前就开展对征地企业、孵化大楼的招商，在孵化大楼和征地企业招商工作进展顺利的情况下（招租率达到60%～80%，引进5～6家企业），方可开展孵化大楼的开发建设。因此，此种开发策略能否成功取决于是否可以成功招商。

利：公司资金压力小，资金占用少，财务风险小，投资风险小。

弊：开发周期拉长，影响二期拿地和开发，同时可能面临来自管委会的压力；因为整个园区配套设施不到位，企业对服务、园区管理乃至公司实力信心不足，招商工作难度大；投资回报率较低。

2. 引入新投资商联合开发

以项目土地使用权作股，引进新的投资商对××公司增资扩股，进行联合开发。新投资商可以优先考虑蛟龙等运作工业园区较成功的工业地产商，因为他们一方面对工业地产有较深入的理解和认识；另一方面资金实力雄厚，现金流量充足，再者有较成熟的招商网络和渠道可以共享。引入新的投资商后即可对园区进行整体启动，孵化楼和标准厂房可以先建起来，同时整个园区的设计和规划标准也可以有所提高。非标准厂房区仍可向企业出售土地，由企业自主开发。

利：开发周期短，资金压力小，风险分散；有利于树立公司和园区形象，对二期拿地有帮助；利于招商；如果能引入工业地产商，则可以利用对方的网络推进招商工作。

弊：寻找理想的新投资商较困难；利润空间压缩。

三、项目市场定位

具体包括以下内容：

（一）同类工业园区考察情况

（1）龙腾工业城：由宏杰置业（台资）投资，位于××龙泉国家经济技术开发区中心位置世纪大道旁，占地1000亩，分A、B区开发，预计5年内完成整体开发。目前已完成一期开发，含11栋标准框架结构厂房和1栋员工宿舍，二期三栋厂房6月前可交付，9月前完成二期建设。工业城只租不售，2003年开始招商，目前一期除两栋厂房共约2000平方米外已完成大部分招商，企业入驻率达到92%，租赁价格为10～13.5元/平方米（含物管费），员工宿舍每间可容纳16人，含基础设施650元/月，不含基础设施580元/月。园区用水为自来水，每吨水价为0.50元；每1000平方米厂房配电60kw，超出部分按500元/KVA加收电力增容服务费。折合后动力电价为0.70元/千瓦时，照明用电为0.90元/千瓦时。目前入驻企业主要涉及制造业、机械加工业、包装业和电子行业。

（2）××青羊工业集中发展区：由××青羊工业建设发展有限公司投资，是××市21个工业集中发展区之一，园区位于青羊区苏坡、文家交界处，东临火车西站、三环路，西接绕城高速，南接成温邛高速公路。总占地面积3057亩，规划总建筑面积220万平方米，主要规划为两大区域：2593亩市工业发展区、464亩集中发展区农民拆迁安置新居工程。整个工业集中发展区的概念设计和300亩科技创新起步区的规划设计方案已委托日本大厂株式会设计完成，464亩发展区农民拆迁安置新居工程——“英国小城”的概念设计和规划方案已委托英国和乐集团设计完成。园区主导产业定位于精密机械加工与电子电器，发展现代制造工业与信息工业。据报载，当年举行了发展区启动暨首批入区企业（项目）签约仪式，首批18家中外企业（项目）与青羊工业集中发展区签署了入区协议，项目总投资额达到8.28亿元。一期300亩科技创新起步区正在建设中，预计第二年上半年可交付使用。工业区全部由投资商开发建设，对外出售，拟售价为2980～3500元/平方米，需一次性付款。园区对入驻企业没有特别要求（污染性企业除外）。目前招商政策正在制定中。

（3）龙潭都市工业园：成华区政府投资建设，由××三益投资有限公司招商、管理，是三环沿线规划最大的都市型工业园区，规划面积11000余亩（一期开发5800余亩），其中中小企业创业园（30亩以下）200亩。园区以售为主，兼带出租。投资企业征用土地价格为（20万元净地价+5万元配套价）/亩，征地后可自建或委建，但厂房水电等由企业自己申请。代征地是否分摊由位置而定。租赁价格为10～15元/月·平方米。30亩以上大园区土地已基本征用完毕，主导产业为服装、信息电子、新材料、汽车及零配件。中小企业创业园区已有7～8家企业签订投资意向书，土地征用60余亩。

（4）锦江（柳江）工业开发区：由锦江区政府投资建设，柳江街道办管理。已征地1800亩，分为A、B两区。A区毗邻国家级××高新技术开发区，由府河、三环路、成仁路、绕城公路合围而成，占地1277亩。B区位于潘家沟，占地500余亩。A区土地已征用完毕，入驻企业主要为印务和生物制药企业。B区只租不征，企业租用土地（50年）3000元/亩·年，配套费3万元/亩（一次性付清），厂房由企业自建，企业也可以选择租用开发区标准厂房，7元/平方米。目前B区厂房多由开发区建设，另有六七十亩土地可租建。

（5）蛟龙工业港：由××蛟龙集团投资建设，园区总部位于青羊区文家境内成温路与绕城高速公路交界处，成温高速公路入口旁，一期占地1400亩，二期占地400余亩（另有双流九江四五百亩），企业可以选择租用土地自建或委托开发商建设。土地租赁费每年3000元/亩（九江2000元/亩），配套费6万元/亩（一次性付清），企业委托开发商建设4个月可交房，首付10%，工程完工付20%，3年内缴清余款，开发商代办地面产权。企业也可租赁厂房，租金8元/平方米（九江7元/平方米）。园区自建自来水厂，1000平方米配电40kw，超出部分按500元/kw加收。园区一期已经全部入驻企业，二期（文家）已经有10余家企业签订意向书，二期（九江）也已入驻近20家企业。

（6）四川省商会民营经济示范基地（科创工业园）：由科创药业集团（民营）投资建设，位于成雅高速双流出口，双华路与长城路交界处，西南航空港经济开发区内，规划面积1200亩（一期开发400亩），主要由开发商自建后对外租售，企业也可以征地自建或委建，征地价为7万~12万元，另加1万元/亩土地出让金，款项全部付清后半年内取得土地证，公共配套费8万~10万元/亩，基础设施配套费2.8万元/亩。园区另外规划100余亩土地用来修建30余栋别墅作为办公科研楼（规划地紧邻锦丽园别墅区），同时可对外出售。目前园区尚未建设，正进行招商准备工作。

（7）蓉台工业园：位于××温江××科技产业开发园蓉台大道北段，占地将近100亩，规划建设20栋钢结构标准厂房。目前，在管委会的敦促下已建成两栋厂房。园区以出售为主，投资者可以征用土地（12万元/亩）自建或委建（未含配套费），或者是购买标准厂房155万元/栋，也可租赁（15元/平方米），目前没有企业入驻。

（8）亚东·海科创业园：由××亚东投资有限公司投资，项目位于××温江××科技产业开发园蓉台大道南段，占地80余亩，原则上开发商统一规划修建厂房（企业也可以征地自建）。

（9）私人厂房：项目位于机投镇白佛村2组，由几个投资人共同投资建设，占地约2亩。每套含两栋厂房（各400平方米左右）和三层楼房（共约500平方米，含临街商铺），砖混结构。对外出租，租金约3～4元/平方米·月，水电价基本一样，但每周平均有1～2天停电。

（二）综合分析

以上9家工业园中，青羊、龙潭、锦江三家为政府投资，其余均为民间资本投资。除私人厂房外，均有规范化运作和管理。从规模上看，除蓉台、亚东外，其余工业园规模均在千亩以上，资金实力雄厚，因此，在开发模式上有较大的选择余地，可以采取先开发后招商的模式。从定位上看，青羊、龙潭、锦江A区主要定位于大品牌、大投资的大中型企业（集团），其他工业园则主要定位于中小企业。蓉台、亚东与海峡在规模、定位上相似，但前两者开发、招商启动进展缓慢。蛟龙在品牌、规模、价格上对海峡构成威胁，但其土地为划拨地，企业只能拿到地面建筑产权。

（三）项目定位

项目可以从以下几个方面进行定位：

1. 市场定位

科技园是高新技术研发实验室，是科研成果商品化、产业化的平台，是鼓励创新、鼓励发展的生产力促进中心，是中小品牌产生、发展、壮大的孵化基地，是信息、资金、人才汇集的创业天堂。

2. 目标客户定位

我们可以把以下企业定位为目标客户：

(1) ××市区及周边种子型高科技企业和中小型企业。

(2) 省内外企业在温江的分支机构、子（分）公司、生产基地。

四、项目营销策略

（一）产品篇

从产品的角度来说，一方面要塑造科技园区的概念，使园区获得科技增值；另一方面要推出金牌贴身物管服务，使园区服务增值。

(1) 科技园区：项目实质上是工业地产，但为了突显项目特色，应着力提升地产附加价值，促进工业地产与科技房产的结合，营造“科技型、知识型”工业地产概念，通过孵化器来形成园区的比较竞争优势。因此，要放大、强化资源共享、创新、培训咨询和融资功能。

资源共享：通过通信、网络等公共设施实现资源共享。

培训咨询：建立与科研院所的联系，聘请技术专家、教授、学术带头人担任名誉顾问，针对企业研发中心面临的困难进行点对点帮扶，定期举办园区企业技术、管理专题讲座和培训。

创新：除了帮助企业申请各类科学基金，园区可设立创新基金和风险投资基金，鼓励企业创新，突破资金瓶颈。

(2) 金牌贴身物管服务：为园区企业创业发展解除后顾之忧。

（二）价格篇

与属于国家级开发区的龙腾、蓉台相比，海峡的租金价格居于中位，相比蛟龙、龙潭、锦江则价格优势较弱。

在厂房土地售价上，蛟龙折合售价 21 万元/亩，锦江 18 万元/亩，相比较而言，海峡有一定的价格优势。

在大楼售价上，相比青羊工业集中发展区，海峡具有优势，但考虑到两者的区位差别，优势并不明显，但海峡与温江本地写字楼售价相差无几。

考虑到××的开发策略是为了尽快收回投资成本，因此应该运用价格和政策杠杆向销售倾斜，一方面突出买楼、买地的价格优势、所有权优势和政策倾斜；另一方面适当保持租赁价格高位且租金每3~5年上浮，使投资者产生买楼比租楼划算的感觉。因此，租金方案可以暂时不变，但是因土地售价结构中配套费所占比例较高（达到10万元/亩，而蛟龙、锦江、龙潭配套费在3万~8万元），可以考虑适当压缩配套费，使综合地价压缩到18万元/亩左右，这样价格将成为园区最大的比较优势。

竞品项目租售价格如表5-2所示。

表5-2 竞品项目租售价格

竞品项目	租金	售价	备注
龙腾工业城	10~13.5元/m^2		标准厂房，只租不售
青羊工业集中区		2980~3500元/m^2	科研办公大楼售价（只售不租），工业厂房尚未开发
科创工业园		18.8万~25.8万元/亩	征地价
蛟龙工业港	7~8元/m^2（含物管）	2000~3000元/亩·年+6万元/亩	土地使用价
龙潭都市工业园	10~15元/m^2	25万元/亩	售价中不含水、电、气等配套费
蓉台工业园	15元/m^2	12万元/亩，155万元/栋	售价中不含配套费
亚东创业园			
锦江开发区	7元/m^2（柳江）	3000元/亩·年+3万元/亩	土地使用费
私人厂房	3~4元/m^2		
海峡	12元/m^2	19.77万元/亩（含配套） 1200元/m^2（厂房） 2020元/m^2（孵化楼） 均为均价	

（三）招商篇

1. 招商目标

无论哪一种开发策略，招商都应开发先行。招商的短期目标（3～5个月）是确定2～3家企业有一定品牌知名度，征地面积在10～20亩的中型企业，5～6家征地面积在5～10亩的小型企业，尽快推动大楼及园区配套设施的开发；长期目标（1～1.5年）是完成整个园区的招商工作。

2. 招商对象

（1）大××范围内中小企业。

（2）省内外大型企业、集团××分支机构、子（分）公司、生产基地。

（3）大××范围内高校实验室、专利持有人。

（4）民间投资者（产权式工业物业）。

其中以（1）（2）为主要推介对象，在这部分客户里，力争园区企业：社会企业达到3：7。

3. 推介主题卖点和二级卖点

（1）主题卖点：

①6年租金+银行按揭帮您轻松置业。

②270元/平方米土地费（18万元/亩）+500元/平方米建造成本=770元/平方米。

③6年租金：12×10元/平方米×6=720元/平方米。

（2）二级卖点：

①强大的孵化器优势。

②“园中园”金牌贴身服务。

③产权式商铺、产权式工业物业：“三权分离”，50年稳定的投资回报。（民间投资者买断物业产权后，自交房之日起获取稳定的租金回报，由园区代为招租、管理，省去招租和维护成本。投资回报率高达

8%～10%。10年即可收回投资成本，稳定回报期限长达50年）

④灵活的销售方式：分期付款、垫付建设资金，售后返租。（专门针对产权式物业投资者）

主题卖点和二级卖点构成园区价值点和利益点体系，既全面系统，又突出重点，展示了园区的特色。

4. 招商步骤

整个招商过程分为三个阶段：

（1）招商准备阶段：园区规划图、效果图、平面图；招商计划拟订；成立招商小组，明确工作职责；制定招商手册、招商海报，布置招商现场；拟订租赁、销售合同。

（2）招商初期阶段：以开拓招商渠道、狠抓对外宣传为主要内容。

①开拓多元化招商渠道。

现场招商：作为招商中心，老园区对园区内外进行包装（条幅广告、招商手册、宣传资料等）。

报纸广告（软、硬广告），户外广告牌（园区现场）。

政府招商：充分发挥政府、管委会的力量，提供招商信息和便利条件。

客户招商：以客招客。

网络招商：更新公司网站内容，通过网站发布招商信息。

②对外宣传主要通过媒体发布、报道和开展营销活动来进行。

媒体发布、报道：选择受众面广、政经类报纸（四川日报、××商报、××日报等）进行全面发布和报道，三报同时刊载招商信息，连载两日。

园区现场制作广告外墙，竖立广告牌。

老园区外墙悬挂招商广告条幅。

网站同步发布招商信息。

硬广告同步推出：选择××商报围绕主题卖点和二级卖点形成广

告，隔日推出。

软广告紧随其后：选择××商报制作人物（王总）专访、招商系列活动跟踪报道。

③举办营销活动。

a. 园区企业座谈会（4月初）。

b. 以温江区招商引资办、管委会名义主办，园区协办举行招商会，增强招商会的权威性和吸引力（4月底）。

c. 与中小企业局联办中小企业创业发展专题讨论会暨项目推荐会（5月）。

d. 园区启动暨首批入园企业（项目）签约仪式，邀请温江区委、区政府，管委会，中小企业局，新闻媒体参加（6月）。

e. 对各区工商注册办公室、专利局攻关，请求代为宣传，提供相关信息。

（3）招商后期阶段：开设两个招商场所，一个在园区现场，一个在总部。以宣传招商政策、参观园区等为主要内容。

5. 招商政策

（1）公司外机构引进新企业，视招商程度和效果给予现金奖励。

（2）园区企业引进新企业，视招商程度和效果给予租金或售价折扣。

（3）推行公司全员招商，凡提供招商信息，引进企业者均给予奖励。

第四部分　项目财务分析（略）

第五部分　项目风险分析与规避（略）

第五节　基本招商方法与招商人员素质要求

现在产业园区众多，招商难是所有产业园区发展过程中面临的最大痛点。在经济增长速度放缓的形势下，各地的招商引资指标不降反升，这为产业园区的招商工作带来很大压力。

一、招商引资的概念

招商引资就是地方政府可支配的本地资源与投资企业需求相匹配的过程。在这个过程中，政府进行政策支持，引导产业园区招商，开展基础配套设施建设，打造良好的投资环境，吸引投资企业到本地区进行生产经营活动。招商人员的具体工作是对客户投资需求进行分析，与竞争对手比较优劣势，找到自身具备的独特优势，更好地满足客户投资需求。从某种意义上说，招商引资也是一种市场营销行为。

二、当前部分产业园区招商引资存在的问题

当前部分产业园区招商引资存在一些不足，主要表现在以下几个方面：

1. 行政力量推动下的招商引资掩盖了招商引资的市场行为特性

近几年，地方各级政府部门依靠行政力量推动经济发展，充分激发了各开发区集聚招商资源攻坚克难的能力，取得了比较明显的成效。

实践证明，必须依托行政力量推动招商引资，但是，由于片面强调行政力量的作用，采用自上而下逐层下达指标的方式进行招商引资，导致招商队伍建设、招商网络建设、招商产业研究的发展严重滞后。具体体现在两个方面：一方面招商人员的招商能力弱，导致盲目引进一些低附加值的中小项目；另一方面由于产业园区定位不准，入驻园区的企业行业分散，无法形成产业集聚效应，导致产业发展滞后，招商人员不知如何走出困局，遇事推诿，相互指责。地方各级政府必须转变思路，改

变招商行政力量推动经济发展的方式，恢复招商引资的市场行为特性，切实依托产业、平台、资金的有机结合，打造园区招商引资的生态链，找到一条适合自身发展的道路，招选优质项目。

2. 资源招商、政策优惠阻碍了产业招商能力的发挥

由于各地开发区数量众多，同质化现象严重，为了成功招商引资，各个产业园区在与企业洽谈项目时都会提供力度很大的政策优惠。在要素价格空间没有优势，财税优惠政策更加透明的情况下，产业园区的投资开发和招商营运模式必须进行创新，而这对于一些尚未形成产业集聚效应的开发区来说显得更为紧迫。

3. 粗放式低端招商削弱了招引高端产业项目的能力

随着交通环境日益改善，我国已经进入高铁时代，过去各个区域之间的交通壁垒逐渐被打破，很多原本信息相对闭塞的地区现在同样可以融入前沿产业的发展。因此，在技术密集型、服务外包型、贡献份额大的电子信息、新材料、新能源、生物医药等产业项目上，产业园区应该有所作为，不要再被传统的粗放式低端产业束缚，应在高端产业领域的招商上寻求突破。

4. 无序竞争、同质竞争导致土地利用率不高

由于全国很多地区都兴建了产业开发区，导致公共资源浪费，资源配置不合理。为了争夺客户，各个产业园区之间在产业优惠政策、资源要素价格等方面展开激烈的竞争，导致有限的资源要素和土地利用率不高，有的投资项目土地“征而不用”或“征多少用”，有的投资企业甚至演变成标准厂房的出租者。

5. 产业地产以产业之名行地产之实

当前，各级地方政府都在大力发展园区经济，很多房地产商、商业地产商、电商及大型产业商都参与产业园区的产业地产项目建设。但是产业地产这种经营模式真的能够进行异地复制吗？产业地产投资经营人能调动多少客户资源？企业真的愿意跟随产业地产集团“南征北战”

吗？这些都是招商引资需要考虑的问题。产业园区是产业集聚的有机组织形式，不是简单地将企业聚集在一起，产业园区的重点在于产业，而非地产平台。

三、招商引资的一般方法

招商引资一般可以从以下几个方面入手：

1. 选定项目

产业园区应该根据自身所处的地理位置、基础设施条件、产业配套情况及拥有的资源（比如自然资源、人文资源、土地资源、环境资源）选定投资项目，集中精力抓有效项目，抓大项目。在土地资源有限的情况下，招商人员要把好项目引进关，适当提高准入门槛，这样做不会影响引进投资项目，反而有利于集聚高端产业。另外，将供地量与投资额、科技含量、产出效益及建筑密度、容积率等指标相互挂钩，还可以防止出现多占少用、浪费土地资源的情况。招商人员在引进投资项目时应该考虑到这种情况，节约园区资源，为招高端产业做好准备。

2. 项目来源

产业园区招商引资通常有以下几种招商方式：

（1）精准路演招商。按照产业发展规划制定园区招商策略，通过召开行业协会会议、举办论坛等形式进行精准路演、推介，在业界营造良好的投资氛围。

（2）生态链招商。通过“产业、平台、资金”的有机结合，形成园区招商生态链，变政府招商人员单一招商方式为行业、企业、金融资本共同参与招商，拓宽招商引资工作面，形成产业、平台、资金的合力。

（3）横向产业链招商。利用园区企业现有的资源以商带商，积极挖掘产业链招商的潜力。园区现有企业的客户或合作对象很有可能成为园区未来的投资客商，因此，招商人员应该通过举办各类园企联动活动，加强与企业的日常沟通与交流，深入研究各个企业的产业链特点、在国内其他城市及海外的投资分布情况，重点围绕龙头企业开展招商引资工作，以点带面，延伸产业链。

（4）纵向产业链招商。纵向产业链招商是根据园区企业的纵向形态，从研发、孵化、中试到量产的全过程招商，形成某个行业从研发到产业化的纵向配套。当然，在企业纵向产业链招商的过程中，要做好园区公共服务平台建设。

（5）互联网新媒体招商。产业园区可以通过网络新媒体（比如微信公众号、PC 站、手机站、微网站、小程序、App 等）进行园区产业招商宣传。我国已进入全媒体时代，任何行业都要借助网络新媒体发展，招商引资工作也是如此。

（6）平台跨区、“阵地”前移招商。产业园区应该充分利用离岸孵化器、招商办事处等全方位捕捉发达地区产业转移的项目信息，招商人员要深入有关企业了解情况，掌握第一手资料，特别是通过在发达地区或国外建立离岸孵化器平台，与初创企业建立联系，培育本地节点型企业、根植型企业。

（7）建立招商信息数据库。招商人员应该充分发挥网络平台的作用，提高招商工作效率，建立意向项目、洽谈项目、签约项目、在建项目数据库，对招商项目进行动态管理，在园区系统内部实现信息、数据资源共享，提高招商“协同作战”能力。

3. 招商项目接待准备

招商项目接待准备工作至关重要，直接影响招商结果。招商人员在接待投资商时要提前做好以下几个方面的准备工作：

（1）前期接待准备工作。招商人员要全面了解投资商的情况，在洽谈合作事宜时让投资商感觉自己受到重视，而不是只关注投资商的投资额及项目规模。

（2）招商资料准备工作。针对不同的投资商，招商人员要做好招商资料的精准推介，不能使用统一的 PPT 或招商手册进行项目介绍，每一个项目都要制作个性化推介PPT，让投资商感受到自己的投资项目与园区未来的产业发展方向一致。没有人愿意投资与自己经营的产业没有关联的园区，投资商都希望看到园区的产业发展能够推动自己所投项目发展壮大。

（3）针对项目行业现状进行专业分析。招商人员要对投资商所投项目的背景、市场容量、成长性进行专业分析。

4. 招商项目的洽谈

招商项目的洽谈是项目成败的关键，需要考虑下列因素：

（1）选择洽谈时间。很多时候，往往是投资方决定洽谈时间，我方要尽量满足投资方的要求。

（2）选择洽谈人员。我方要对参与洽谈的人员进行分工。在洽谈人员数量上，一般我方比投资方多一人为宜。如果我方参与人员太多，会让投资方产生压迫感；如果我方参与人员太少，则让投资方产生自己不受重视的感觉。

（3）提供优惠政策。我方要在与投资方洽谈的过程中适时提出优惠政策，要在轻松的谈话氛围中解决双方存在分歧的问题，“双赢”是项目洽谈力求实现的目标。

（4）在实地考察前做好准备工作。在投资商实地考察前，我方要先预演一遍，做好细节工作，以免出现纰漏。

（5）做好打“持久战”的心理准备。洽谈是一个艰苦的过程，投资商会谨慎投资，提前进行市场调研，“货比三家”，从中找到适合投资的项目，如果招商人员急于求成，往往事与愿违。

四、招商人员应具备的素质

负责招商的工作人员应该具备如下素质：

1. 语言表达能力强

语言是沟通的工具，招商人员要学习如何运用简练的语言介绍产品，以真诚的态度打动客户。投资商一般都没有时间细看招商手册中的宣传内容，招商人员要事先充分准备，将招商内容简明扼要地介绍给客户，运用个性化的语言介绍自己所在园区的优势，吸引客户投资项目。

2. 具备敬业精神

招商人员要热爱自己的工作，热爱园区，这一点非常重要。招商人员的敬业精神会传达出对于园区未来发展的信心，由此感染到投资商，使其具备投资信心。招商人员要有认真的工作态度，做事有毅力。如果招商人员只是将招商工作当作任务完成，就无法招到好的投资商。

3. 懂得专业知识

招商人员最好具备一个行业的专业背景，掌握招商产业涉及的法律等方面的知识，这就需要招商人员日常多加积累。招商人员平时要做一个有心人，设定自己的奋斗目标，比如达到与企业家同等的专业水平，当你期望获取更大的成功时，就会做好付出更多努力的准备。

4. 人格魅力

园区招商是一个系统工程，从项目的考察、洽谈、签约、前期手续的办理、项目建设的推进到相关职能部门从中协调，每个细节都不能疏漏，否则会引起投资商的不满，从而影响项目的进程。在招商这个系统工程中，人的因素起着重要的作用，招商人员要运用自己的人格魅力让客户产生信任感，促成项目合作。投资商会因为信任招商人员而对园区未来的发展充满信心。

5. “协同作战”精神

组建一支精明强干的招商队伍是招商工作的重中之重。一个没有核心理念和“协同作战”精神的招商队伍是一盘散沙。因此，我们要注重招商团队的建设，打造一个具有凝聚力和“协同作战”精神的团队，整合内部资源，以人为本，内强素质，外塑形象，全力打造廉洁、精干、务实、高效的招商队伍，提升招商竞争力。

五、判断招商人员是否专业的标准

一名专业的招商人员应该具备以下几个方面的能力：

（1）招商人员应该对当地的风土人情及园区的相关情况了如指掌，从容回答投资方的任何问题。

（2）兵无常势，水无常形。招商人员应该在对外洽谈中充分体现灵活性。一些要素暂时不能完全满足投资商的需求，还需要双方共同努力，创造条件，促成项目合作。

（3）专业的招商人员善于站在投资商的角度思考问题，帮助投资商解决问题，降低投资风险。

（4）招商人员应该了解项目产品的前后产业链、发展方向和市场前景。

（5）专业的招商人员不会盲目行动，懂得把握时机，适时采取行动。

六、招商人员能力的培养

招商人员的专业能力直接影响产业园区是否能够顺利招商引资，所以应该着力培养招商人员以下几种能力：

1. 善于捕捉信息的能力

招商引资的过程就是捕捉项目信息、跟踪有效信息、达成投资协议、推进项目进程、报批项目、项目落地建设的过程，其中首要的是信息来源。捕捉项目信息虽然是难点，但也不是毫无办法。招商工作是一项严谨的工作，如果招商人员不做好准备工作就盲目地搜集信息，往往收效甚微。招商人员要认真做好前期准备工作，充分利用各种信息资源。招商人员要认真细致、吃苦耐劳，在日常工作中多下功夫，才能敏锐地捕捉到项目信息。

2. 判断决策的能力

有时候，搜集到的项目信息良莠不齐，招商人员要具备分析判断的能力，对信息进行甄别，判断信息是否有效，是不是值得关注和跟踪的潜在信息，一般信息中是否隐藏着更有效的信息，是否隐藏着更有价值的信息渠道。

具体措施如下：

（1）分析判断项目的价值度。

招商人员要思考以下几个关键问题：

①项目投资生产什么产品？

②为什么要投资生产该产品？

③是否具备生产该产品的技术、资金条件？

④该产品的上下游产品情况如何？

⑤该产品的市场前景和市场分布情况如何？

⑥生产该产品的工艺流程是什么？

招商人员要从是否掌握核心技术、是否有稳定的投资创业团队、是否有投资的自有资金三个方面进行分析，判断项目的价值度。

（2）分析判断项目的成熟度。招商人员找到项目，投资方也有投资的意向，但有些项目受到多种因素的影响，有可能需要几年，甚至更长时间才能建成投产。对于成熟度高的项目，招商人员要全力以赴跟踪、推进；对于成熟度不高的项目，招商人员要及时跟踪并反馈信息，帮助投资方做好前期准备工作，尽快促成项目合作。

（3）分析判断项目的依存度。所谓依存度，是指该项目的建设投资对一个地方资源和条件的依赖程度。招商人员要从水、电、土地、港口、交通运输、人力资源、研发人才、产业关联度等方面综合分析，判断项目的依存度。

3. 项目洽谈能力

招商人员需要具备运筹帷幄、决胜千里的项目洽谈能力。招商人员要深入研究项目，做到知己知彼，不打无准备之仗。同时，要综合权衡谈判筹码，把握政策扶持的程度。谈判的技巧就是妥协的技巧，让步的技巧。优惠政策是谈判中很重要的一个筹码，往往涉及土地、税收、费用等，因而要采用稳步推进的洽谈方式。

4. 人际交往能力

招商人员平时要注重培养自己的人际交往能力。投资商来园区实地考察，这是招商引资中最关键的一个环节，投资商对园区的印象直接关系到招商引资的结果，招商人员要重视接待工作中的每一个细节，做好充分的准备工作，热情接待投资商。

5. 从众多投资信息中筛选出有效的投资信息的能力

我们要尊重每一位来园区实地考察的投资商。但是人的精力是有限的，不可能面面俱到。招商人员要从众多项目中筛选出投资商有可能投资的项目，重点关注具有有效投资信息的项目。招商人员需要经过长期历练，才能具备这种能力。

6. 感染力

招商人员讲话要富有感染力，在洽谈的过程中加入适度的浪漫主义色彩，与投资商一起展望未来，让投资商感到入驻园区将给自己的人生、事业带来重大收获，从而促成项目合作。

7. 综合学习能力

一个项目能够顺利落地，快速申报、审批起着决定性作用，招商人员要对项目申报、审批的流程了如指掌，能够实时解答投资方的问题，协助投资方进行快速、专业的项目申报、审批。在项目最初申报的过程中还涉及有关产业的法律、法规及专业知识，招商人员要刻苦钻研，掌握这些知识。

招商引资内容庞杂，综合了各类知识，招商人员要把自己所学到的知识巧妙地融合到招商引资中，调动一切资源做好产业园区的招商工作。

第六章

运营 | “四链一圈”，打造园区企业成长生态圈

EPC + O 项目中的“O”即代表“运营”，是 EPC + O 项目的持续盈利增长点。产业园区是否能够顺利招商引资，考验的是园区的运营能力。运营良好的园区更容易实现招商引资，产业园区的运营服务越全面、越深入，越能吸引企业入驻园区，投资发展产业。产业园区做好配套服务，可以培养客户的忠诚度，入驻园区的企业可以带动更多企业加盟，打造园区企业成长生态圈。产业园区给地方政府争光，地方政府为产业园区提供产业扶持政策，两者相互促进，实现共同成长。

第一节　企业全生命周期概念与服务需求特点

要打造园区企业成长生态圈，就需要了解企业全生命周期与服务需求特点。

一、企业全生命周期

企业全生命周期是指企业的生命长度，每个企业的生命长度都不相同。金荣集团刚开始做铁矿石贸易，后来改做钢材贸易，之后企业转型，从事产业地产，现在成为园区运营服务商，实现了从重资产到轻资产的转变，这些年来金荣集团不断转型、不断成长。2020 年是金荣集团成立 24 周年，金荣集团如同一个青年，正在焕发青春活力。

美国人伊查克・爱迪斯曾用 20 多年的时间研究企业发展、老化和衰亡的过程。他著有《企业生命周期》一书，书中把企业生命周期分为十个阶段，即孕育期、婴儿期、学步期、青春期、盛年期、稳定期、贵族期、官僚化早期、官僚期、死亡，如图 6－1 所示。爱迪斯准确生动地概括了企业生命不同阶段的特征，并提出相应的对策，揭示了企业生命周期的基本规律，展示了企业生存过程中基本发展与制约因素之间的关系。

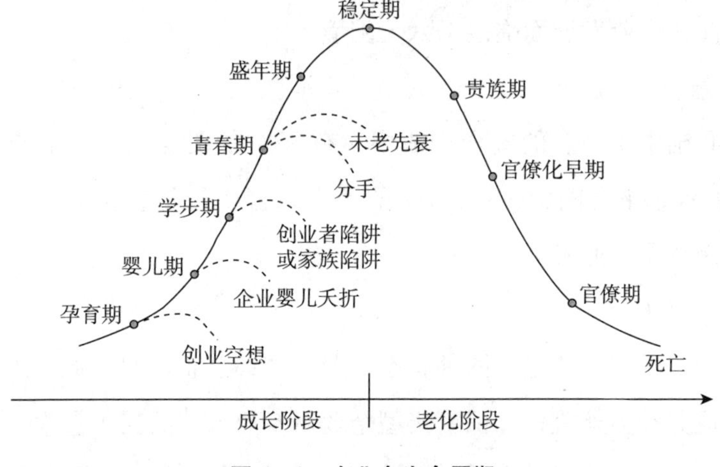

图 6－1　企业全生命周期

企业发展到生命周期的每个阶段都会遭遇瓶颈。当企业处于孕育期，创业只是一个想法，没有具体落实。企业组建团队之时，大家都满怀期待，憧憬着企业美好的未来。

二、企业发展的瓶颈与面临的困境

企业在发展过程中会遭遇哪些瓶颈？总的来说会有管理瓶颈、技术瓶颈、人才瓶颈、市场瓶颈、融资瓶颈、信息瓶颈、集群发展瓶颈、核心竞争力瓶颈、治理结构瓶颈、体制瓶颈、发展空间瓶颈11个瓶颈。

图6－2是企业进化—危机线路图。

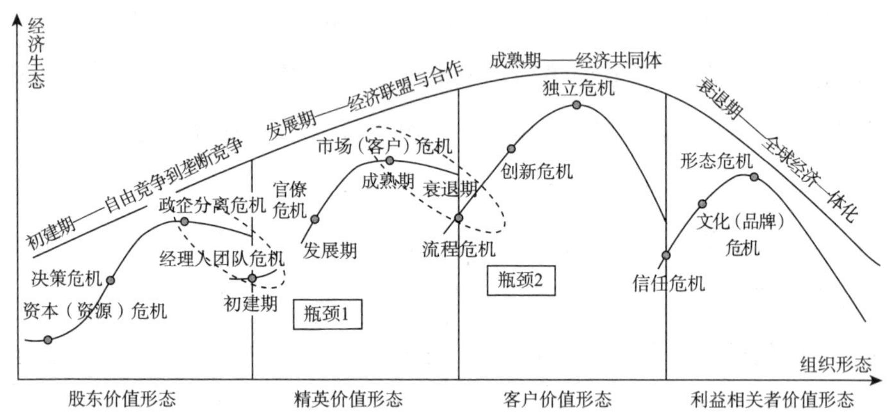

图6－2　企业进化—危机线路图

目前，企业发展面临以下六大困境：

1. 融资难

在我国中小企业的资金构成中，有83%的资金来自企业自筹，仅有8%的资金来自国家投资，9%的资金来自银行贷款，单一的融资渠道严重制约了企业发展。

2. 求才难

目前，我国企业呈现两种状态：劳动密集型企业对普通工人的需求量大，但劳动力外流；知识密集型企业对专业人才的需求量大，专业要求度高，但人才稀缺。不管是哪种企业，如果企业不能提供很好的待遇，营造良好的工作环境，就难以吸引人才、留住人才。

3. 营销难

大多数企业最大的弱点是市场经验不足，在产品定位、渠道开发、营销方式上往往不得要领，使企业在经营的过程中举步维艰。

4. 管理难

企业往往投入重金用于科技研发和改进生产设备，忽视了内部管理，在人、财、物等资源配置和内部协调失衡的情况下，企业不能进入正常运营状态。

5. 技术创新难

因为受到资金短缺、管理经验不足和人才匮乏等因素的制约，企业发展到一定阶段后难以进一步提升，面临技术创新难的困境。

6. 模式创新难

如果传统企业的技术专利保护能力弱，就会导致自己的技术很容易被来自不同领域的竞争对手复制，受到来自互联网模式的冲击，面临模式创新难的困境。

三、园区企业发展服务需求

入驻产业园区的企业要谋求发展，主要有以下三项服务需求：

1. 企业基本服务需求

企业基本服务需求包括以下两个方面的内容：

（1）基础服务，比如有保障的物业服务、商务配套和电信服务。

（2）政策服务，比如落实税收减免政策、房租优惠政策、人才政策、行业支持政策，等等。

2. 企业期望服务需求

企业期望服务需求包括以下几个方面：

（1）基础服务，比如文体活动。

（2）政策支持服务，比如绿色贷款通道、申报创新基金、产业化专项资金、所在领域专项资金。

（3）技术转移服务，比如技术超市、技术转让服务。

（4）投融资服务，比如融资辅导、推介洽谈、创业投资。

（5）人力资源服务，比如人才招聘。

（6）交流培训服务，比如政策宣讲、行业沙龙、私董会。

（7）信息宣传服务，比如及时获取园区信息。

3. 企业超期望服务需求

企业超期望服务需求包括以下几个方面：

（1）技术转移服务，比如专业技术平台服务。

（2）投融资服务，比如二三板挂牌、投资顾问、并购服务。

（3）人力资源服务，比如人事服务、外事服务。

（4）交流培训服务，比如管理和技能培训服务。

（5）宣传服务，比如通过园区渠道宣传企业。

（6）文化生活服务，比如办理会员卡、组织团购活动、举办文化节，等等。

第二节 “四链一圈”创新服务体系的内涵

“四链一圈”创新服务体系是金荣集团从事园区运营服务多年积累的经验。该服务体系包括“四链一圈”、八大服务体系、十六大服务平台。

一、“四链一圈”

“四链”指的是产业链、孵化链、服务链、创新链。

“一圈”指的是企业全生命周期服务的生态圈。

下面我们从企业服务内容介绍“四链”。

1. 产业链

产业链主要服务政府或园区客户。集团制定产业链项目咨询服务方案并推广执行，提供产业链招商、商协会招商及销售代理服务，为企业从生产到销售的供应链提供全套解决方案，对接上下游资源。

2. 孵化链

集团为孵化企业提供创业培训咨询、工商税务代办、项目路演与投融资对接、产业政策研究、创业辅导，以及专利申请，知识产权保护，科技成果鉴定、转化与交易等孵化服务。

3. 服务链

主要负责企业服务项目推广与运营，组建团队自营和通过合作共建导入平台推广销售，为企业成长提供项目的运营服务、商务服务、科技服务、金融服务、政策申报等专业的一体化园区服务。

4. 创新链

为园区企业提供金融创新服务，比如项目融资、并购重组、投资基金，进行资产管理。技术创新服务，比如打造工业设计创新平台。国际创新服务，比如打造国际双向孵化器、国际交流合作、国际科技成果转化。

二、创新服务体系

创新服务体系包括以下内容：

（一）园区科技创新服务体系

园区科技创新服务体系包括以下两个方面的内容：

（1）科技创新服务载体建设，包括国家级科技企业孵化器、国家级众创空间。

（2）科技创新服务，包括工业设计创新服务、技术成果交易与转化、知识产权服务、建设产学研联盟。

（二）园区投融资创新服务体系

园区投融资创新服务体系包括以下几个方面的内容：

（1）项目融资，包括融资渠道、融资计划、融资模式。

（2）并购重组，包括并购整合计划、财务风险分析、资本投资计划。

（3）投资基金，包括产业基金、科技创投基金、种子基金。

（4）资产管理，包括公司上市、资产证券化。

（三）园区国际创新服务体系

园区国际创新服务体系包括以下内容：

（1）国际技术成果孵化与转化。

（2）国际技术交流与合作。

（3）引进国际创新人才。

（四）园区产业招商服务体系

园区产业招商服务体系包括以下内容：

（1）营销策划，包括制定营销策略、定价策略和渠道策略。

（2）整合推广，包括推广策略、媒体运营、活动执行。

（3）租售代理，包括制定招商销售方案、团队组建与培训、企业大数据营销、产业链招商、商协会联动。

（五）园区社会化运营服务体系

园区社会化运营服务体系包括以下内容：

（1）政策服务，包括政策咨询、行政审批、项目申报。

（2）专业服务，包括工商代办、财税代理、信息咨询、法律服务、人力资源服务、管理咨询。

（3）党群服务，包括党支部建设、团支部建设、工会建设。

（六）园区基础服务体系

园区基础服务体系包括以下内容：

（1）商务服务，包括园区巴士服务、票务代理、物流快递。

（2）生活服务，包括餐饮娱乐、酒店住宿、生活超市服务。

（3）物业服务，包括安防管理、保洁管理、设施管理、能源管理。

（七）园区大数据运营服务体系

园区大数据运营服务体系包括以下内容：

（1）园区大数据平台。

（2）智慧园区管理，包括建设园区 App、园区商业管理。

三、创新服务平台

园区建设的创新服务平台主要有以下几种类型：

（1）企业孵化平台，主要包括以下 3 种孵化器：

①专业孵化器，比如智能制造、生物医药、传感技术、新材料、大数据；

②综合孵化器；

③国际孵化器。

（2）创新创业服务平台。

（3）技术创新服务平台，主要包括以下内容：

①知识产权评估与保护；

②技术成果交易与转化；

③建设知识产权服务联盟。

（4）投融资服务平台，主要包括以下两个方面：

①金种子小额贷款公司；

②金种子创投基金。

（5）国际创新合作服务平台。

（6）产学研联盟服务平台，主要包括以下两个方面：

①生产力促进中心；

②院校合作平台。

（7）工业设计创新服务平台，主要包括以下两个方面：

①工业设计中心；

②加盟中心体系。

（8）电商服务平台，主要包括以下四类平台：

①电商孵化平台；

②电商物流平台；

③电商展示中心；

④电商交易平台。

（9）招商代理服务平台，主要包括以下四类平台：

①产业招商经理人联盟；

②粤港澳产业转移综合服务中心；

③线上招商平台；

④长三角产业转移综合服务中心。

（10）园区大数据运营服务平台。

（11）园区运营公共服务平台，该平台着眼于以下两个方面：

①管理模式；

②市场化机制。

（12）专业服务平台，该平台有以下两种类型：

①园区企业联合大学院；

②产业地产研究院。

（13）社会服务平台，具体包括餐饮娱乐、酒店住宿、园区巴士、票务代理、物流快递、生活超市等。

（14）基础服务平台，包括以下两个方面：

①服务中心，比如工商代办、财税代办、社保代理、信息咨询，等等。

②物业服务，比如安防管理、保洁管理、设施管理、能源管理，等等。

（15）党群平台，比如党支部建设、团支部建设、工会建设，等等。

第三节　园区运营管理的“三驾马车”

产业园区作为产业聚集的载体，既是区域经济发展、产业调整升级的空间承载形式，也是地区社会经济发展水平的衡量标准，肩负着聚集创新资源、培育新兴产业、推动城市化建设等重要使命。产业园区的形式多种多样，比如高新区、开发区、科技园、文化园、农业园、特色产业园，以及近年来各地陆续涌现的科技新城、产业新城等。传统的住宅地产项目只需要做好物业管理，商业地产项目需要做好商业招商和物业管理，产业地产、产业园区必须做到物业、商业与产业“三业”并举，齐头并进。

园区的未来依赖运营，只有通过运营才能赋予园区活力，实现园区与企业共同成长，形成园区独特的运营模式，实现园区的可持续经营发展，园区特色运营堪称产业园区运营的最大亮点。

一、物业管理是基础

企业入驻产业园区，期望获得良好的创业机会、创业氛围，企业会把主要精力放在发展事业上，而不是过多地耗费在非主流业务上。园区物业管理涉及水、电、空调、网络、卫生、停车、安全保障等事宜，应该具有规范化的物业管理体系、专业化的物业管控流程，以及应急性的处置措施。

一位园区运营商计划为园区企业提供系列化的增值服务，致力于打造国内顶尖的运营机构。为此，该运营商让管理部门专门设计了企业调查问卷和需求登记表，希望与园区企业形成互动。但当工作人员入户走访园区企业时，第一天就吃了闭门羹，一家企业的老板怒气冲冲地说道：“别提其他服务，先把物业管理做好吧，三天两头不是停电就是断网，我们的工作受到很大影响。”企业调研工作难以推进。

物业管理是产业园区基本的管理，如同工资底薪，为园区企业提供基本的保障。对于一些专业性强的园区，物业管理部门不仅提供日常的管理服务，还必须有专业、严谨的行业性管理措施。比如医药产业园、环保产业园、化工产业园等园区对“三废”处置排放、卫生、安全都有严格的管理要求。而一般的物业管理只提供基础的四个模块，即工程维修管理、清洁卫生管理、消防管理、公共安全管理。

二、商业配套是保障

园区商业配套涉及餐厅、超市、数码打印店、酒店、街区商场等设施，配套完善的产业园区还设有公寓、银行、洗衣房、咖啡店、健身房等。规模较大的产业园区或产业新城还会配备酒吧、美容店、图书馆、影院等商务和文化配套设施。商业配套全面的综合配套服务体系堪称产业园提供给园区企业的福利，让园区企业不仅享受基本的物业管理服务，还可以享受设施齐全的商业配套服务。

园区商业配套设施的运营管理是指在园区运营模式探索实践的基础上开展商业招商与店家更新，以及商业物业管理。在项目前期，园区会牺牲一部分利益，让提供配套服务的商家及时进驻园区，以保障园区的正常运营，从而顺利开展产业招商工作，为园区企业员工提供基本的配套服务。园区进入稳定经营期后，园区管理者会根据园区的整体发展需要和企业的现实需求适当调整商业业态，补充、更新商业店铺及综合配套设施，切实提升园区的综合服务水平。

三、产业运营是驱动

园区产业运营通常包含创业孵化、搭建公共服务平台、建设园区公共关系，以及园区内生发展等。

1. 创业孵化

现在创业孵化是政府非常重视的一项工作。出于自主创新战略和缓解社会就业压力的需要，政府大力提倡和鼓励人们自主创业，而产业园（园区通常建有孵化器）是吸纳自主创业人群的理想之地。针对园区内创业人群的经营需求，提供全面的孵化服务是产业园必须筹划和推进的工作，以此让初创企业获得一个健康成长的环境。

2. 搭建公共服务平台

园区公共服务平台不仅提供针对初创企业的孵化服务，而且向成长型和成熟型企业提供全面深入的催化服务，通常采用“孵化器 + 加速器”模式。公共服务平台是产业园区产业运营的核心内容。

3. 建设园区公共关系

园区在建设经营的过程中不可避免地会与政府部门、行业机构和相关社会团体产生工作往来和业务联系，这些统称为园区的公共关系工作。有很多涉及园区产业运营的公共关系，比如政府的工商、税务、人事、科技、文化等部门，报社、广播电台、电视台、门户网站等文化宣传部门，以及金融、财务、法律、知识产权、技术转移、管理咨询等各领域的中介服务机构，园区产业运营部门要管理并维系这些公共关系。在产业园区运营管理工作中，建设园区公共关系是一项重要任务。

4. 园区内生发展

园区内生发展是指通过园区的产业运营和开展各项增值服务工作，为园区自身形成一种“投入且产出”的经济回报方式，从而使园区运营业务形成良性循环，构建产业园可持续发展模式。

园区通常采用以下三种方式获取经济回报：

①通过为园区企业提供项目申报服务，在企业获得政府资金支持的同时，园区运营服务部门适当提取服务酬劳；

②为园区企业提供营销策划和产品推广服务，并获得销售回报；

③直接注资有潜力的创业企业或通过提供多种服务，以服务换股份，成为潜力型企业的股东，在未来获得更大的经济回报。

园区产业运营是园区运营管理工作中最高层级的工作，既可以为园区企业提供优质的服务，也可以对园区产业运营管理部门形成激励效应。

当然，我们必须清醒地认识到产业运营涵盖的专业领域十分广泛，涉及的公共关系非常多，是一个工作周期较长、工作复杂程度较高的系统工程。产业运营不可能立刻见效，产业运营人员要做好打“持久战”的准备，踏踏实实地做好每一项工作，要有坚忍不拔的意志，为实现目标不懈努力，由此，我们可以说产业运营是一个“良心工程”。园区产业运营需要复合型人才，只有复合型人才才能担当重任，实现园区产业运营良性循环。

物业管理、商业运营管理和产业运营管理是园区运营管理的“三驾马车”，如果想把产业园经营好，形成品牌效应和示范效应，打造园区复制经营的模式，产业园运营商必须明白一个道理：产业园的物业、商业、产业一个都不能少，一个比一个重要。

四、园区运营服务的六个基本步骤

产业园运营商要做好园区运营服务，就必须走访园区企业，询问园区企业入驻后的情况，听他们讲述自己面临的困境，园区还需要加强哪些服务，或者是增加哪些服务，为园区企业解除后顾之忧。这些基础工作不做，服务肯定做不好。园区运营服务中心有一项关键考核指标，就是每月至少拜访 40 家园区企业。通过不间断的深入企业走访，不仅加深了园企之间的关系，还解决了不少企业面临的实际问题。简单概括园区运营服务的六个基本步骤，就是“查、听、问、说、看、写”。在走访园区企业的过程中，工作人员要处理好与公司老总、分管副总、财务经理、项目直接联系人、老板秘书、人力资源部负责人、技术经理等人的关系。

园区运营服务包括以下六个基本步骤：

（一）走访前的准备工作（查）

工作人员走访园区企业前要做好准备工作，具体如下：

（1）登录网站、微博、微信或根据此前的记录了解客户的基本情况，包括技术、产品、市场等情况。

（2）预计可提供哪些服务。

（3）每种服务所需条件或资源，所能达到的效果。

（二）走访中（听）

工作人员走访园区企业时需要注意以下几点：

（1）守时。

（2）认真倾听，记下关键点。

（3）客户介绍时间控制在30分钟以内。

（4）迅速判断客户对园区服务中心哪些方面非常满意，哪些方面非常关注，确定互动的方式。

（三）走访中（问）

工作人员征询企业负责人意见时需要注意以下两点：

（1）提出诱导式问题，包括项目、产品技术、团队情况、商业模式、知识产权、目标市场客户情况、财务状况、研发方向、公司资质、产品单价等。

（2）征询企业负责人意见时要做到语音语调，在面谈尴尬时及时转移话题。

（四）走访中（说）

工作人员在介绍园区的特色服务时主要谈论以下几个方面的内容：

（1）介绍园区的服务政策咨询能力。

（2）介绍园区的培训能力。

（3）介绍园区的活动组织能力。

（4）介绍园区的投融资优势。

（5）了解企业其他信息和需求。

（五）走访中（看）

工作人员走访企业时要注意观察以下几个方面：

（1）公司环境与氛围、员工幸福指数、老总办公室的布置与风格。

（2）营业执照、专利证书及其他资质证书。

（3）洽谈中老总和团队其他成员的面部表情。

（六）走访中（写）

工作人员走访企业时要准备记录表，具体如下：

（1）初次走访：企业基本信息情况表。

（2）其他走访：企业走访记录表，所有客户均需填写企业走访记录表。

（3）重点走访：重点走访记录表，A、B 级客户需要填写重点走访记录表。

调查结束后，工作人员要做好服务落地工作，具体如下：

（1）根据走访的情况输出调研报告。

（2）制订服务计划。

（3）制定对应的政策。

（4）对接相应的平台资源。

（5）输出相对应的服务。

总的来说，如果要搭建园区运营体系，园区运营商需要明确通过园区运营可以实现什么目标。在实际工作中，我们可以从园区运营商、入园企业及企业员工三方的角度进行思考，分析园区运营的目标。

园区运营的目标如下：

（1）针对园区运营商：创造品牌、促进招商、提高利润。

（2）针对入园企业：提升服务、满足需求、助力成长。

（3）针对企业员工：提升效率、享受生活、解除后顾之忧。

具体来说就是要实现以下目标：

（1）园区运营商通过开展高质量、有效的运营服务，创建园区 IP，赢得社会口碑，创造特色园区品牌，可以有力地推动招商工作。高端产业的企业入驻园区后，园区运营商做好园区运营工作，收入来源多样化，园区利润自然增加，园区运营进入良性循环状态。

（2）园区运营商通过开展运营工作，为入园企业提供各种精准有效的服务，搭建各种专业服务及公共服务平台，满足企业生产过程中的各种需求，解除企业在发展过程中的后顾之忧，入园企业自然会成长壮大。

（3）园区运营商开展运营服务工作，不只是针对入园企业，还针对入园企业员工。园区运营商通过提供各种信息化、数字化、智能化应用系统，提升员工的工作效率；通过提供各种生活配套服务，比如提供公寓、酒店、餐厅、休闲娱乐、养老托幼等各项服务，满足员工的各种生活需求，解除员工的后顾之忧，企业员工自然会产生归属感，企业就能留住人才。

附件一：科技企业孵化器管理办法

第一章　总则

第一条　为贯彻落实《中华人民共和国中小企业促进法》《中华人民共和国促进科技成果转化法》《国家创新驱动发展战略纲要》，引导我国科技企业孵化器高质量发展，支持科技型中小微企业快速成长，构建良好的科技创业生态，推动大众创业万众创新上水平，加快创新型国家建设，制定本办法。

第二条　科技企业孵化器（含众创空间等，以下简称孵化器）是以促进科技成果转化，培育科技企业和企业家精神为宗旨，提供物理空间、共享设施和专业化服务的科技创业服务机构，是国家创新体系的重要组成部分、创新创业人才的培养基地、大众创新创业的支撑平台。

第三条　孵化器的主要功能是围绕科技企业的成长需求集聚各类要素资源，推动科技型创新创业，提供创业场地、共享设施、技术服务、咨询服务、投融资服务、创业辅导、资源对接等，降低创业成本，提高创业存活率，促进企业成长，以创业带动就业，激发全社会创新创业活力。

第四条 孵化器的建设目标是落实国家创新驱动发展战略，构建完善的创业孵化服务体系，不断提高服务能力和孵化成效，形成主体多元、类型多样、业态丰富的发展格局，持续孵化新企业、催生新产业、形成新业态，推动创新与创业结合、线上与线下结合、投资与孵化结合，培育经济发展新动能，促进实体经济转型升级，为建设现代化经济体系提供支撑。

第五条 科技部和地方科技厅（委、局）负责对全国及所在地区的孵化器进行宏观管理和业务指导。

第二章 国家级科技企业孵化器认定条件

第六条 申请国家级科技企业孵化器应具备以下条件：

（1）孵化器具有独立法人资格，发展方向明确，具备完善的运营管理体系和孵化服务机制。机构实际注册并运营满3年，且至少连续2年报送真实完整的统计数据。

（2）孵化场地集中，可自主支配的孵化场地面积不低于10000平方米。其中，在孵企业使用面积（含公共服务面积）占75%以上。

（3）孵化器配备自有种子资金或合作的孵化资金规模不低于500万元人民币，获得投融资的在孵企业占比不低于10%，并有不少于3个资金使用案例。

（4）孵化器拥有职业化的服务队伍，专业孵化服务人员（指具有创业、投融资、企业管理等经验或经过创业服务相关培训的孵化器专职工作人员）占机构总人数的80%以上，每10家在孵企业至少配备1名专业孵化服务人员和1名创业导师（指接受科技部门、行业协会或孵化器聘任，能对创业企业、创业者提供专业化、实践性辅导服务的企业家、投资专家、管理咨询专家）。

（5）孵化器在孵企业中已申请专利的企业占在孵企业总数比例不低于50%或拥有有效知识产权的企业占比不低于30%。

（6）孵化器在孵企业不少于50家且每千平方米平均在孵企业不少于3家。

（7）孵化器累计毕业企业应达到20家以上。

第七条 在同一产业领域从事研发、生产的企业占在孵企业总数的75%以上，且提供细分产业的精准孵化服务，拥有可自主支配的公共服务平台，能够提供研究开发、检验检测、小试中试等专业技术服务的可按专业孵化器进行认定管理。专业孵化器内在孵企业应不少于30家且每千平方米平均在孵企业不少于2家；累计毕业企业应达到15家以上。

第八条 本办法中孵化器在孵企业是指具备以下条件的被孵化企业：

（1）主要从事新技术、新产品的研发、生产和服务，应满足科技型中小企业的相关要求。

（2）企业注册地和主要研发、办公场所须在本孵化器场地内，入驻时成立时间不超过24个月。

（3）孵化时限原则上不超过48个月。技术领域为生物医药、现代农业、集成电路的企业，孵化时限不超过60个月。

第九条 企业从孵化器中毕业应至少符合以下条件中的一项：

（1）经国家备案通过的高新技术企业。

（2）累计获得天使投资或风险投资超过500万元。

（3）连续2年营业收入累计超过1000万元。

（4）被兼并、收购或在国内外资本市场挂牌、上市。

第十条 全国艰苦边远地区（按照人力资源和社会保障部艰苦边远地区范围和类别规定）的科技企业孵化器，孵化场地面积、在孵和毕业企业数量、孵化资金规模、知识产权比例等要求可降低20%。

第三章 申报与管理

第十一条 国家级科技企业孵化器申报程序：

（1）申报机构向所在地省级科技厅（委、局）提出申请。

（2）省级科技厅（委、局）负责组织专家进行评审并实地核查，评审结果对外公示。对公示无异议机构书面推荐到科技部。

（3）科技部负责对推荐申报材料进行审核并公示结果，合格机构以科技部文件形式确认为国家级科技企业孵化器。

第十二条 国家级科技企业孵化器（含国家备案众创空间），按照国家政策和文件规定享受相关优惠政策。

第十三条 科技部依据国家统计局审批的统计报表对孵化器进行规范统计，国家级科技企业孵化器应按要求及时提供真实完整的统计数据。

第十四条 科技部依据孵化器评价指标体系定期对国家级科技企业孵化器开展考核评价工作，并进行动态管理。对连续2次考核评价不合格的，取消其国家级科技企业孵化器资格。

第十五条 国家级科技企业孵化器名称变更或运营主体、面积范围、场地位置等认定条件发生变化的，需在三个月内向所在地省级科技厅（委、局）报告。经省级科技厅（委、局）审核并实地核查后，符合本办法要求的，向科技部提出变更建议；不符合本办法要求的，向科技部提出取消资格建议。

第十六条 在申报过程中存在弄虚作假行为的，取消其国家级科技企业孵化器评审资格，2年内不得再次申报；在评审过程中存在徇私舞弊、有违公平公正等行为的，按照有关规定追究相应责任。

第四章 促进与发展

第十七条 孵化器应加强服务能力建设，利用互联网、大数据、人工智能等新技术，提升服务效率。有条件的孵化器应形成“众创—孵化—加速”机制，提供全周期创业服务，营造科技创新创业生态。

第十八条 孵化器应加强从业人员培训，打造专业化创业导师队伍，为在孵企业提供精准化、高质量的创业服务，不断拓宽就业渠道，推动留学人员、科研人员及大学生创业就业。

第十九条 孵化器应提高市场化运营能力，鼓励企业化运作，构建可持续发展的运营模式，提升自身品牌影响力。

第二十条 孵化器应积极融入全球创新创业网络，开展国际技术转移、离岸孵化等业务，引进海外优质项目、技术成果和人才等资源，帮助创业者对接海外市场。

第二十一条 各级地方政府和科技部门、国家自主创新示范区、国家高新技术产业开发区管理机构及其相关部门应在孵化器发展规划、用地、财政等方面提供政策支持。

第二十二条 各地区应结合区域优势和现实需求引导孵化器向专业化方向发展，支持有条件的龙头企业、高校、科研院所、新型研发机构、投资机构等主体建设专业孵化器，促进创新创业资源的开放共享，促进大中小企业融通发展。

第二十三条 各地区应发挥协会、联盟等行业组织的作用，促进区域孵化器之间的经验交流和资源共享。

第五章 附则

第二十四条 省级科技厅（委、局）可参照本办法制定本地区孵化器管理办法。

第二十五条 本办法由科技部负责解释，自2019年1月1日起实施。《科技企业孵化器认定和管理办法》（国科发高〔2010〕680号）同时废止。

附件二：众创空间申报条件

众创空间是指为满足大众创业创新需求，提供工作空间、网络空间、社交空间和资源共享空间，利用众筹、众扶、众包等新手段，以社会化、专业化、市场化、网络化为服务特色，实现低成本、便利化、全要素、开放式运营的创新创业平台。

申报条件：

（1）申报对象为2018年及以前认定的省级众创空间，且运营时间在18个月以上。

（2）发展方向明确，模式清晰，具备可持续发展能力。

（3）众创空间运营机构必须是独立法人。

（4）2018年度按科技部火炬中心要求上报统计数据，且数据真实、完整。

（5）拥有500平方米以上服务场地或提供30个以上创业工位，同时具备公共服务场地和设施。

（6）提供的创业工位和公共服务场地面积占众创空间总面积的75%以上。

（7）年协议入驻创业团队和企业数量在20家以上。

（8）服务对象为大众创业创新者，入驻时间在24个月以上。

（9）入驻创业团队每年注册成为新企业的数量在10家以上，或者是每年有5家以上获得融资。

（10）每年有至少3个典型孵化案例。

（11）拥有3名以上具备专业服务能力的专职人员，聘请3名以上专兼职导师，形成规范化服务流程。

（12）每年开展创业沙龙、路演、创业大赛、创业培训等活动10场次以上。

（13）已获得国家科技企业孵化器或国家大学科技园运营主体不再申报。

附件三：众创空间介绍

腾讯众创空间（长沙）

腾讯众创空间（长沙）如图6－3所示。

图6-3　腾讯众创空间（长沙）

腾讯众创空间（长沙）由湖南省、长沙市、高新区三级政府联合腾讯集团合作共建。众创空间位于高新开发区尖山路39号长沙中电软件园10号楼1~4层，建筑面积13000平方米，总工位883个，设置办公区、会议室、休闲区、路演区、展示区、活动室、运动空间。

腾讯众创空间（长沙）依托政府的综合资源优势及腾讯的技术资源优势，为互联网、物联网、移动应用等相关产业和创业团队提供全方位服务。

优惠政策：

（1）场地支持：13000平方米温馨办公场地、wifi覆盖、中央空调配套、完善的公共空间配套（健身房、瑜伽房、淋浴间、休息室等）。

（2）资源支持：对符合条件的入孵项目提供流量、用户、营销、大数据等资源支持，包括腾讯云资源、投融资对接、微信支持优先审核、腾讯企业邮箱费用优惠、专线技术服务等支持。

（3）培训支持：接洽投资机构、专家级创业导师指导及创业培训。

（4）资金扶持：入孵项目优先申请高新区“柳枝行动”20万元无偿项目扶持资金。

（5）政策支持：协助入孵项目申请国家、省、市的其他各项创业扶持政策。

第七章

落地 | 从项目谈判、招投标到签订合同

EPC + O 项目从签订战略合作框架协议到招标挂网、签订正式合同需要 4 ~6 个月时间。本章论述的重点是如何把握进度，顺利招标挂网，签订合同，实现项目落地。下面主要从 EPC + O 项目的商务谈判策略与技巧、项目招标文件的检查要点、项目投标文件的编写与检查、联合体合同的商务条款与法律风险防范四个方面讲解，这些内容在实际工作中具有一定的指导意义。

第一节　商务谈判策略与技巧

在和政府部门谈判的时候，我们会遇到很多问题，究其原因，主要有以下三点：

（1）项目总经理对项目定位把握不准。

（2）项目总经理不够专业，无法当面回答对方提出的问题。

（3）项目总经理没有掌握相关的谈判技巧。

不管出于哪种原因，项目总经理稍有不慎，轻则损害项目总体利益，重则导致项目“流产”。

在项目前期的接洽过程中，投资方大多会按照我方的意见推进工作，因而能够顺利签订战略合作框架协议和产业定位咨询服务合作协议。当项目进入谈判阶段，双方会存在分歧，在合作内容条款、设计、运营服务价格、租售佣金、工程下浮率等问题上存在争议，根本原因是双方存在利益上的冲突。如何把握机会，在为我方争取利益的同时实现双方共赢？这就需要我们熟练掌握商务谈判策略和技巧。

一、开局阶段的商务谈判策略

谈判开局阶段是指双方谈判人员见面后，在进入交易内容的实质性讨论之前相互介绍、寒暄，并就谈判议程的安排进行交谈的过程。

虽然开局阶段时间较短，谈判双方交谈的内容与谈判主题无关，但这个阶段非常重要，会为后续的谈判奠定基调，双方谈话所营造的氛围及安排的谈判议程将对谈判的整个过程产生重要影响。

一般来说，谈判开局阶段我方可以采用以下几种策略：

（一）以逸待劳策略

在谈判对象抵达谈判地点后，我方在开始谈判之前（比如招待宴会后）要寻找适当的时机提出对原谈判议程的修改方案，以扰乱对方的谈判计划，降低对方的谈判实力。

对方采取的应对措施一般是明确表示不满，指责我方合作诚意不够，坚持既定的主要议程或是重新商定议程，择日谈判。

（二）盛情款待策略

作为东道主，我方在开始谈判前要为谈判对象举办盛大的欢迎宴会，给对方赠送礼品，安排旅游、休闲和娱乐活动，影响对方的谈判立场和态度。

如果对方的谈判经验不足，该策略往往会奏效，我方需要把握时机，注意谈话的分寸，否则容易弄巧成拙，导致谈判成本增大。

如果对方的谈判经验丰富，一般会采取这种应对措施：谈判团队的负责人和主谈人借故缺席宴会，向东道主发出同等级别的邀请，坚持“友情归友情，生意归生意”的做事原则。

（三）先声夺人策略

在谈判的开局阶段，我方可以率先表明对此次谈判的态度、立场，采用 PPT 演示等方式介绍园区的情况，展示我方的实力、优势与经营业绩，隐晦地指出对方存在的不足，这样做有助于我方把握谈判的主动权。

对方通常采用以下 3 种策略予以应对：

（1）寻找我方谈话中出现的纰漏，伺机予以反驳。

（2）听而不闻，坚持按既定方案行事。

（3）假装没听懂，要求我方重复演示，介绍情况，以此来削弱我方的气势。

（四）以静制动策略

在谈判的开局阶段，我方可以在发言中简要阐述自己的谈判立场与原则，然后仔细倾听对方的意见，适时提出问题，获取更多有关产品、技术等方面的市场信息，从对方的发言中可以判断出其实力，并据此调整谈判方案。我方可以寻找对方谈话中出现的破绽，找到其弱点，以此作为突破口，采用后发制人的方式把握谈判的主动权。

对方通常采用以下 4 种策略予以应对：

（1）面对我方的质疑，采用有问不答、有问迟答的策略。

（2）对我方提供的信息进行筛选，去伪存真。

（3）不急于反驳和质疑我方的观点，先记录信息，然后通过分析做出判断，调整谈判方案。

（4）采用反问的方式，要求我方回答他们的问题，针对关键事项，进行引申性提问或验证性提问，或者是针对我方有意回避的事项加以提问，要求我方予以回答。

二、报价阶段的商务谈判策略

报价阶段是开局阶段结束后，谈判进入实质性阶段的前期，是双方就交易的主要内容和条件（广义的报价）进行谈判的过程。这一阶段双方明确交易的具体内容和范围，表明各自的立场和利益需求，提出各自的交易条件，磋商基本议题。报价阶段不仅要报产品价格，还要商议整个项目的各项条款。

在报价阶段我方可以采用以下 6 种策略：

（一）“吊筑高台”策略

“吊筑高台”策略是指谈判一方首先提出一个高于本方实际要求的谈判起点，然后根据谈判双方内部实力的对比和外部竞争的状况，给予对方各种优惠，比如设计费、基础服务费、营销推广费、租售或销售佣金、支付方式等优惠，在与谈判对手讨价还价的过程中适当妥协让步，以此来达到双方利益的平衡状态，最终促成签约。

我方要提前预留足够的价格让步空间，以便保障自己的利益。如果对方是谈判新手，往往满足于我方的让步，从而使我方取得更大的利益。我方适当让步，可以使对方获得成就感，由此软化谈判态度，为我方在其他议题的谈判中赢得筹码。欧洲客商习惯采用“吊筑高台”策略，因此这种策略也被称为欧式报价策略。

对方通常采用的应对措施是要求我方出示报价的依据。

在一个项目的谈判中，对方就运用了此种策略，要求我方提供营销推广费的支出清单。

【案例】

“吊筑高台”策略帮助奥运会成功举办

1980 年，萨马兰奇担任国际奥委会主席，当时的奥委会基金只剩下 24 万美元，上任后他就将 1984 年洛杉矶奥运会的承办权交给企业家尤伯罗斯。尤伯罗斯承办之初，洛杉矶奥组委面临很多困难。因为担心奥组委付不起房租，没人愿意将办公室租给奥组委使用，尤伯罗斯自掏腰包租办公室，还花费 100 美元为奥组委在银行开户。

尤伯罗斯首创奥运会商业运作的“私营模式”，他借助商业化运作模式承办第 23 届洛杉矶奥运会，最终赢利 2. 15 亿美元，尤伯罗斯采用的就是“吊筑高台”谈判策略。刚开始他对赞助商开出很高的条件，要求每位赞助商的赞助款项不得少于 400 万美元。柯达公司开始只愿意投入 100 万美元赞助费，再提供一批胶卷，尤伯罗斯在谈判中没有丝毫让步，最终接受日本富士公司 700 万美元的赞助费，把赞助权给予富士公司。与可口可乐公司谈判，尤伯罗斯赢得 860 万美元的赞助费。尤伯罗斯通过这种方式筹集了举办奥运会的资金。

在与各国媒体谈判的过程中，尤伯罗斯使用了很多商业谈判策略与技巧，他认为很有价值，便通过出售电视转播权的方式提供给其他企业参考，自己获取了 3. 6 亿美元的收益。

（二）“抛放低球”策略

“抛放低球”策略是指先提出一个低于我方实际要求的谈判起点，以低价或让利的方式使对方感兴趣，以击败其他竞争对手，由于与低价格相对应的其他各项条件很难满足对方的要求，只要对方提出改变某项交易条件的要求，我方就可以相应地提高价格，最终迫使谈判对手让步，双方往往以高于最初的要价达成交易。该策略可以让我方在谈判中获取更多的利益。日本客商习惯采用“抛放低球”策略，所以这种策略也被称为日式报价策略。

对方通常采用的应对措施是将我方与其他客商的报价仔细进行对比，然后提出问题，请我方人员予以解答。同时，对方会报出自己认为合理的交易价格。

在实际谈判中我方曾经遇到过类似的情况，谈判对手不断放大自己的区位优势及产品在市场上的竞争力，指出第三方报价低于我方价格，以此要求我方降低服务费。

【案例】

“抛放低球”获得好房产

某天，钱某从报纸上看到一则卖房信息，房主准备迁居国外，亟须变卖房产。登门看房的人络绎不绝，出价在45万~46万元，他也看中了这套房，便出价46.4万元，运用“抛放低球”的策略击败了其他竞争对手。

当房主回绝了其他房客，准备与他办理正式过户手续时，真正的谈判才刚刚开始，钱某提出这套房子存在以下问题：

（1）房子在一楼，雨季潮湿，蚊虫多。

（2）没有阳台，缺乏日光的照射。

（3）周边环境欠佳，绿化不好。

(4) 交通不便，上下班容易堵车。

(5) 房型设计不好，客厅、卫生间过小。

钱某称房屋需要重新装修改造才能入住，还得花费一笔不菲的装修费。他说自己对这套住房不太满意。其实，他在心里盘算着房主出国日期临近，只要自己拖延一段时间，房主就不得不把房子卖给他。就这样，房主不得不降价，这套房子最终以45.8万元成交。

(三) “吹毛求疵”策略

“吹毛求疵”策略是指采用故意挑剔的手段，指出谈判对手存在的不足，让对方产生负疚感，以此打击谈判对手的信心，逼其就范。如果辅以软硬兼施的策略就更容易达成谈判目标，用强硬的态度使对方降低期望值，同时兼顾对方的心理需求，使对方做出让步。

对方的应对措施是充分了解信息，尽可能掌握谈判对手的真实意图，尽量掩盖己方的缺陷，或者是采用相同的策略应对，转移谈判对手的视线。

我们在项目谈判过程中曾经遇到过此类情况。在时间不够的情况下，我方制定的规划设计方案存在一些小问题，谈判对手抓住这一点与我方谈判，导致我方收取的设计费处于市场最低水平。

(四) 巧掩缺陷策略

巧掩缺陷策略是指当谈判对手对我方的产品不满意时，我方要巧妙地掩饰自己产品的不足之处，以达到避重就轻的目的，与对方保持良好的合作关系。

对方通常采用的应对措施是事先进行广泛的商务调研或信息查询，扩大自己的知识面，在谈判时掌握主动权。在谈判的过程中，把私人感情与谈判原则、眼前利益与既定立场、主观臆断与客观标准加以区分。

如果对方在设计收费上提出低于市场行情的价格，我方要据理力争，全面展示该区域各个项目的收费标准，最终按照双方确定的价格执行。

（五）“数字陷阱”策略

“数字陷阱”策略是指我方预先抛出分类细、数据多的成本预算表作为定价依据，使谈判对手难以核算成本，从而落入我方的“价格陷阱”，接受报价，使我方谋取到较大利益。

对方通常采用的应对措施是提前了解项目的成本计算标准与行业惯例，从成本预算表中选择几项分类成本进行核算，从中找出谈判对手的弱点，拒绝接受谈判对手的报价，坚持原则，维持原有价格。

（六）巧设参照策略

巧设参照策略是指我方向谈判对手抛出多个商家同类商品的报价单，罗列全面的对照表格，将交易的商品与这些同类商品在性能、质量、服务等方面进行比较，以此作为我方要价的依据。买方往往将其他商品的优势与商家产品的劣势进行对比，而卖方则会反其道而行之，为自己争取更大的利益。

对方通常采用的应对措施是找出谈判对手价格参照中的漏洞，对谈判对手的报价予以全盘否定，坚持自己提出的价格。仔细查找报价单中的漏洞，比如报价时间和其他交易条件的差异与不可比性，据此否定谈判对手设立的价格参照系。“以其人之道还治其人之身”，抛出其他商家的报价单，与谈判对手提交的报价单做比较，得出有利于自己的结论。

我方在谈判过程中曾经遇到过此类问题，比如谈判对手在计算基础服务费和营销推广费的时候，参考其他项目的计算方式，进而以其他项目的计算标准进行报价。

如果项目总经理对谈判感兴趣，可以阅读《谈判策略与技巧》这本书籍，进一步了解谈判策略中的时机策略、差别策略、分割策略、心理策略。

三、磋商阶段的商务谈判策略

报价后，谈判双方针对交易条件中存在分歧的部分交换意见，进行必要的交流与探讨，甚至争论，争取己方的最大利益，这就是谈判的磋商阶段。磋商阶段是谈判的核心环节，也是谈判中最艰难的阶段。

EPC＋O 项目合同属于联合体合同，涉及设计部分、地勘部分、建设施工部分。在磋商阶段，谈判对手在确定价格后，会提出与价格相关的考核条件。比如设计环节中提到的设计变更费用、支付方式、营销推广费中的“334”支付比例、每个环节的考核条款、在厂房销售与租赁部分提出的销售比例高于租赁比例的条款，以及增加考核条款，在建设施工部分提出的下浮比例、按进度支付方式、支付比例的条款，谈判对手甚至还会提出履约保函的比例等条件。

以上种种，可能需要谈判的一方在某些问题上妥协而放弃一部分利益，也可能需要谈判双方彼此妥协而进行利益的交换，达到共赢的目的。

磋商既是双方求同存异的过程，也是取得谅解、相互妥协的过程，谈判双方在谈判实力和经验等方面展开较量，斗智斗勇。

由于磋商的结果涉及谈判双方的利益，直接影响谈判双方的满意度，因而选择恰当的策略来规范磋商阶段的谈判行为有着重要的意义。下面我们介绍较为常见的谈判策略：

（一）“投石问路”策略

“投石问路”策略是指利用一些对对方具有吸引力的话题或突发性话题同对方交谈，或者是采用故意泄密等手段观察对方的反应。

采用“投石问路”策略可以得到一些平常不易获得的资料，进一步了解对方的动机，试探对方的价格底线，使我方在要价时做到心中有数、攻防有度。在商务谈判中，采购商经常采用该策略。在 EPC + O 项目中，我方要充分了解项目的难易程度，制定相应的策略。

对方通常采用的应对措施是针对一部分问题进行必要的回答，回答要做到虚实结合，使谈判对手难以判断我方的价格底线。可以采用反问的方式，让谈判对手做出回答，或者是提出与谈判对手所提问题不相干的问题，打断他的思路，也可以直截了当地问其交易的真实需求及期望达成的交易条件。

（二）“抛砖引玉”策略

“抛砖引玉”策略是指在对方询价时，我方并不报价，而是举几个近期与别的商家成交的案例，或者是说出其他竞争对手的报价，让对方先出价，以便为我方争取到比较好的成交价格。

对方通常采用的应对措施是找出成交案例中的漏洞或不可比性，坚持让谈判对手先报价。

（三）“步步为营”策略

“步步为营”策略是指在谈判过程中步步设防，减少让步，我方任何微小的让步都要让对方付出一定的代价。

对方通常采用的应对措施是找到谈判对手的破绽，全盘否定或大部分否定谈判对手的要价，坚持自己的要价，不轻易让步，或者是以较小的让步换取对方较大的让步。也可以使用“步步为营”策略，以其他对己方有利的条件要求谈判对手做出让步，可以使用“不开先例”“权力有限”等话术，让谈判对手无法讨价还价。

（四）“疲劳轰炸”策略

“疲劳轰炸”策略是指东道主一方人为地拖延谈判时间，把客方谈判、旅游和娱乐的时间安排得十分紧凑，使客方得不到休息，没有反击的机会。表面看来对客方礼遇有加，实际上是一种谈判策略，东道主一方采用马拉松式的谈判方式消耗对方的精力，削弱对方的谈判能力，消磨对方的锐气，待对方精疲力竭之时，东道主一方才开始出击，力促客方让步，影响谈判结果。

客方通常采用的应对措施是安排充裕的谈判时间，谈判前保证自己有足够的休息时间，避免疲劳“作战”，婉言拒绝东道主安排的旅游和娱乐活动。

我方的李总善于使用此类策略，率领团队到达目的地后先充分休息，然后再与东道主进行谈判。

（五）“走马换将”策略

“走马换将”策略也称车轮大战，是指一方遇到关键性问题或与对方产生严重分歧时，借口自己无权做出决定，或者是找其他理由拒绝与对方继续谈判，更换谈判代表，让他人（比如上级、同事）继续与对方谈判。谈判时我方人员反复陈述情况，阐明观点，难免出现纰漏。采用此种策略可以延长谈判时间，消磨对方的意志，耗费对方的精力，削弱对方的判断力，给对方造成巨大的心理压力，促使其做出让步，为我方留有回旋余地，掌握谈判的主动权。当谈判双方出现严重分歧，甚至发生争论时，更换谈判代表有利于缓解矛盾。

对方通常采用这样的应对措施：如果谈判对象派出的谈判新手上场后否定前一位成员做出的让步，己方也可以借此否定自己做出的让步，双方重新开始谈判；采用正当的借口暂停谈判，等待原先的谈判对手回到谈判桌；己方也更换谈判代表，补救己方的遗漏和失误。

我方曾经用到过此类策略，比如先由项目经理参与谈判，遇到问题时转而由 EPC + O 项目总经理谈判，最后由董事长出面谈判。

（六）“后发制人”策略

“后发制人”策略是指在谈判开始阶段，任由对方先声夺人，不急于表达己方观点，仅仅专注听取对方的意见，从中找到对方的破绽，然后集中力量后发制人，对其展开反击。

对方通常采用的应对措施是谨慎发言，避免被谈判对手发现弱点，设法让谈判对手主动出击，可以采用提问、言语刺激、发出挑战等方式让谈判对手先发言，从而掌握主动权。

（七）“以林遮木”策略

“以林遮木”策略也称浑水摸鱼策略，是指在谈判过程中故意扰乱正常的谈判秩序，将问题全盘托出，消耗对方的精力，转移对方的视线，使对方疲于应付，难以做出正确选择，最终实现乱中取胜。当主要议题已经谈妥，趁对方精疲力竭或被胜利冲昏头脑之时，就一些次要议题提出继续谈判的要求，并立场坚定地提出较高要价，扩大己方的利益。

对方通常采用的应对措施是坚持将各项议题分开磋商，拒绝节外生枝的讨论，保证精力充沛，将问题分类，经过仔细研究与分析后再进行谈判，防止谈判对手左右自己的看法。

（八）“有限权力”策略

“有限权力”策略是指谈判一方要求对方做出让步时，对方可以向其说明在这个问题上自己权力有限，无权做出让步，这样既维护了自己的利益，又不伤谈判对手的面子。谈判人员可以趁向高层决策者请示之际，商讨处理意见。在权力有限的前提下与对方谈判，可以迫使对方让步，使己方获得更多的利益。当谈判人员的权力受到限制时，其谈判立场坚定，不会轻易答应对方提出的条件。

大权独揽的谈判者往往在谈判中处于劣势。当然，“有限权力”策略不能滥用，如果过多使用，或者是选择的时机不好，会使对方怀疑你的能力，甚至会失去与你谈判的兴趣，接下来只会浪费谈判时间，双方最终无法达成协议。

对方通常采用的应对措施是在正式谈判开始前就明确谈判对手的权限，对谈判对手施加压力，迫使其在授权范围内成交，或者是要求其上级及时授权，以推进谈判进程，否则就要求停止谈判或更换谈判代表。

（九）“不开先例”策略

“不开先例”策略是指谈判一方以没有先例为理由拒绝对方的要求，形成一道保护己方利益、阻止对方进攻的坚实屏障。拒绝往往是谈判人员不愿也不能轻易采用的谈判方式，“不开先例”策略就是一个两全其美的办法，既拒绝对方的要求，又不伤对方的面子。

对方的应对措施是了解谈判对手的信誉度，看其是否在谈判中经常使用这一策略，同时可以明确表示事物总是在发展和变化的，世界上不存在“不开先例”之说，迫使谈判对手改变立场。

（十）“最后通牒”策略

“最后通牒”策略是指在谈判的最后阶段或关键时刻，双方争执不下而处于僵局时，谈判的一方提出暂停、中断或退出谈判，以此来威胁对方，使之屈服，接受自己的观点。

你可以这样说：“我方出价就这么多，如果你们不能接受，一切免谈。”你也可以这样说：“如果你们连这点诚意都没有，我们只好打道回府。”你还可以这样说：“这是先决条件，如果贵方不能接受，我们只能说声抱歉。”使用该策略往往能够使对方妥协，特别是在对方犹豫不决的时候，这样做能够加速谈判进程，收到较好的效果，是一种行之有效的策略。

如果谈判者想运用这一策略来迫使对手让步，必须具备以下条件：

（1）发出最后通牒，令对方无法拒绝。在对方走投无路的情况下才能发出最后通牒。如果在谈判开始的时候就发出最后通牒，会引起对方反感，结果往往事与愿违。

（2）发出最后通牒，令对方无法反击。确定对方会按照自己预期的结果行事，才能发出最后通牒，否则必定导致失败。

（3）在发出最后通牒的时候注意言辞，说话不能太尖锐。因为最后通牒本身就具有很强的攻击性，如果言辞激烈，会极度伤害对方的感情，对方可能会因一时冲动退出谈判，这对双方均不利。

对方通常采用以下应对措施：

（1）先判断谈判对手最后通牒的真伪，然后用充分的理由予以反驳，使其改变立场。

（2）对最后通牒不予理会，继续谈判，如果谈判对手是为了试探你的诚意与权限，此时就会态度软化。

（3）转换话题或改变交易条件，力争在其他交易条款上挽回损失，比如对订货数量、售后服务、产品品质及规格、支付条件、包装运输条件等提出要求，以此试探谈判对手的立场。

（4）适当提醒谈判对手注意使用该策略的后果，指明谈判破裂后对其造成的损失，建议暂时休会，以便双方冷静下来，从长计议。

（十一）“软硬兼施”策略

“软硬兼施”策略也称先兵后礼策略，是指谈判初始阶段谈判一方派出一人唱白脸，以强硬的态度给对手施压，在谈判进入僵持阶段时由唱红脸的人出场缓和气氛，放弃一些苛刻的条件，做出一定的让步，对方一般看到这种状况也会适当做出一些让步，从而打破僵局，促成交易。实际上，唱红脸的人做出的让步对于己方来说并非关键点，那些没有做出让步的条件才是其期望达成的目标。

对方往往采用以下几种措施予以应对：

（1）任由谈判对手中唱白脸的人员表演，仔细倾听其所说的话，即便发现其言语中的漏洞也不要紧追不放，等待谈判对手中唱红脸的人上场后一并算账。

（2）要清醒地认识到谈判对手中唱白脸和唱红脸的人属于同一阵营，千万不要对唱红脸的人心慈手软，更不能做出让步。

（3）若发现谈判对手气焰嚣张，己方处于明显劣势，又不愿意谈判陷入僵局，可以要求暂时休会，或者是更换己方谈判人员。

（4）适度挑明谈判对手使用的策略，比如以开玩笑的方式问：“贵方是否准备换人？”

（十二）“暂时休会”策略

当谈判进行到某一个阶段的时候，一般进展缓慢，谈判效率低下，或者是出现僵局，谈判一方往往会提出休会，以便谈判双方人员恢复体力，再继续谈判，此时相关人员采用的就是“暂时休会”策略。在谈判过程中适时采用“暂时休会”策略可以控制谈判节奏，缓和谈判气氛，打破谈判僵局，有利于双方人员调整情绪，修改方案。在重新开始谈判后，谈判气氛往往会得到改善，进而打破僵局，推动谈判顺利进行。

（十三）“巧设对照”策略

“巧设对照”策略已经在报价阶段使用过，在磋商阶段同样可以使用，也能取得很好的效果。

（十四）“以毒攻毒”策略

如果谈判对手在谈判过程中对你百般刁难，使用各种方式向你施压，最好的应对措施就是“以其人之道，还治其人之身”，这就是“以毒攻毒”策略。

四、成交阶段的商务谈判策略

成交阶段是谈判双方的预期目标接近并最终达成一致结果的过程，谈判双方会把谈判涉及的交易条件以书面格式记录下来，签署合同或协议。至此，谈判宣告结束，接下来就是双方如何履约的问题。

但是，即使谈判进行到这一阶段，双方也未必能够顺利签约，在各种因素的影响下，谈判可能会“流产”。此时，谈判双方必须灵活地运用相应的谈判策略，以便有效地引导谈判顺利进行。

（一）场外交易策略

场外交易策略是指当谈判进入成交阶段，东道主一方安排旅游、酒宴、娱乐活动，双方在轻松的氛围下谈论相互感兴趣的话题，交流感情，增进友谊，以缓和谈判带来的紧张气氛，化解双方的矛盾，此时可以巧妙地将话题引回最后遗留的问题上来，双方往往会做出让步，最终达成协议。

（二）“先入为主”策略

“先入为主”策略是指以各种理由争取由己方起草合同文本，在其中安排有利于己方的措辞，尽量减少己方的责任与义务，设法缩短对方审核、修改合同的时间，为以后的履约争取主动权。

对方通常采用以下几种措施予以应对：

（1）事先约定不得单方面起草合同文稿，应由双方各自起草一份合同文稿，经过讨论、协商、修订后，形成合同文本的初稿。

（2）事先约定一方起草初稿，另一方确定二稿，争取足够的时间和精力就对方起草的合同初稿详细审核与修改。

（3）关键条款、专业术语、重大责任及有关解释需要双方集体讨论，逐条、逐款地斟酌与修订。

（三）不遗余“利”策略

不遗余“利”策略是指谈判人员不要忘记最后获利，当双方大致确定交易的内容、条件，即将签约前，精明的谈判人员往往还要利用最后的机会为己方争取利益。一方面他会祝贺双方成功合作，赞扬对方的才干；另一方面他会适时提出一个请求，请对方再做出一点让步，为己方最后争取一点利益。由于谈判已进行到签约阶段，对方的谈判人员不愿为这一点利益伤了和气，影响谈判成果，往往会爽快应允以求尽快签约。

成功的动力来自永不满足地追求欲望，忘掉你所取得的成绩，向前看，没有爬到梯子的顶端就不要回头，这是成大事者所共有的特点。

（四）“金蝉脱壳”策略

当上级突然决定不能按谈妥的条件签约，或者是市场环境突然发生变化，无法顺利履约，如果强行履约，公司需要付出巨大代价，此时谈判人员需要采用“金蝉脱壳”策略，告知对方不能签订合同的原因，提出重新谈判的建议，或者是直接取消谈判。

以上是商务谈判中常见的策略，在实际谈判过程中，谈判人员需要根据具体的谈判背景、双方的实力、双方的谈判能力等情况灵活运用谈判策略。谈判人员只有做到随机应变，灵活使用谈判策略，才能够在商务谈判中游刃有余，获得更大的利益。

五、商务谈判僵局处理的技巧

在商务谈判中往往会出现进退两难的局面，即我们通常所说的谈判僵局。如何处理谈判僵局？这就需要探究谈判僵局形成的原因，找到突破谈判僵局的技巧，谈判双方要学会换位思考，打破僵局，促成项目合作，实现共赢。

（一）商务谈判僵局形成的原因

商务谈判僵局形成的原因众多，当僵局出现后需针对其形成的原因进行了解、分析与判断，以便进一步选择相应的策略和采取有效的技巧迅速进行处理，突破谈判僵局，争取谈判双方重新回归谈判桌。

谈判僵局形成的原因主要有以下几个方面：

（1）双方在立场、观点上出现争执。

（2）谈判双方利益诉求差距较大。

（3）外部环境突然发生变化。

（4）谈判对手过于强势。

（5）谈判人员运用策略的能力不足。

（6）谈判人员缺乏专业素质。

（7）信息沟通不畅。

（二）突破商务谈判僵局的技巧

想要突破谈判僵局，除了要分析谈判僵局形成的原因，还需针对不同的谈判僵局，明确造成谈判僵局的关键人物，选择处理谈判僵局的方针，确定突破谈判僵局的实施方案，制定化解谈判僵局的技巧方法，做好相关人员的疏导工作。

我们可以采用以下几种技巧突破谈判僵局：

1. 兼顾双方利益，灵活处理冲突

在谈判陷入僵局时，往往是谈判人员脱离实际情况，盲目坚持己方观点，忘记谈判的目的是签约。

在谈判的过程中，双方除了存在共同利益，还存在各自的利益，双方为了维护各自的利益会发生冲突，如果处理不当，当冲突激化到一定程度就会形成谈判僵局。所以，谈判双方在遇到利益冲突时，应该兼顾双方的利益，灵活处理冲突，以便打破谈判僵局。

【案例】

调整成交方案，避免价格冲突

日本J公司与中国C公司在深圳就某电器生产线的交易条件进行谈判。由于是成套设备进口，作为卖方的日本J公司给出一揽子报价（包括生产设备、配件、技术、考察费、培训费、技术指导费、小规模试生产费用、试生产原材料费用等）。买家中国C公司认为日本J公司的设备技术性能、产品质量无可挑剔，只是价格太高，觉得报价水分太大。

在谈判过程中，双方争论的焦点是成套设备的总价。几个回合下来，日本J公司虽然在价格上做出一些调整，但是无法得到中国C公司的认可。

中国C公司的主谈人提出请日本J公司给出生产线设备的详细分交价格，对方没有马上予以回应，而是改变了谈判策略。

日本J公司的主谈人说："我们公司已经尽了最大努力，但是贵公司仍然不能接受，我们实在无能为力，对此我表示歉意。至于提供一揽子报价而非详细分交价格的做法，这在技术引进的贸易方式中是普遍采用的模式。毕竟这是一条生产线设备，我方必须保证它们能够正常运行，生产合格产品，还有其他的配套服务项目，所以不能以分交价格向贵公司提供报价。这样继续谈下去，可能还是不会有结果，浪费大家的时间，若双方都有诚意合作，我建议贵公司提出预算，我们公司完全可以按你们的预算来做成交方案。”

中国C公司的主谈人提出一连串的问题：“重做方案是否会降低技术水平？生产线自动化水平是否会有所改变？生产的产品质量是否会受到影响？”

日本J公司主谈人回答道：“关于你提出的问题，我方同样极为关注。我们双方的技术人员会分别论证，将用新成交方案的有关技术数据加以规范。我们提出按照你们的预算做出成交方案，主要是考虑到生产线的关键设备仍由日方供货，而生产线的非关键设备可以考虑由中方在中国境内自行采购，这样做可以降低成本。只是两国设备之间的衔接与配套还需要贵公司与我方通力协作。”

日本J公司主谈人的一席话令中国C公司的谈判人员茅塞顿开。

2. 针锋相对、据理力争

当商务谈判陷入僵局，而这一僵局又是由于谈判对手无理取闹所致，如果我方一味无原则地妥协，就不能从根本上解决问题，我方需要针锋相对、据理力争，才能让谈判对手权衡得失，做出让步，从而打破僵局。

【案例】

突破僵局

中国Z公司与法国F公司就某通信设备的技术交易在北京举行技术与商务谈判。中国Z公司工作人员曾经接触、了解、比较过几家技术供应商，通过对技术先进性、实用性的综合比对，比较看好法国F公司的技术设备，中方技术人员在谈判过程中表现出过多的赞许态度，并在商务谈判的开局阶段不经意地流露出倾向购买法方技术与设备的决定。本来法国F公司的谈判人员就认为自己公司的技术在世界上处于领先地位，在该行业内没有竞争对手，所以表现得极为自信，加上中方谈判人员无意中暴露了自己的意图，当谈判进入实质阶段的时候，法国F公司的主谈人杜诺先生坚决不降价，且态度强硬，甚至极不尊重中国Z公司的主谈人邢先生，把邢先生的友善当作软弱，时常打断邢先生的发言，还放出话来：有关价格条款，如果第二天下午前还无法按法方F公司的报价，就把这个问题放到在马赛举行的第三轮谈判中解决。

其实，如果产品不降价，中国Z公司就不会参加在马赛举行的第三轮谈判，即便参加，作为客方，中国Z公司必定处于被动状态。显然，作为主谈人的邢先生此时陷入两难境地，他既不能同意法方F公司的价格和提议，更不能宣布放弃谈判，只得选择临时休会半天。

中午，高级别午宴的中方人员级别降低，人数减少，中国Z公司在下午的谈判中也如法炮制，中方谈判小组人员大幅减少，邢先生只是让助手继续参加谈判，自己没有参加谈判。（冷处理）杜诺没有看到邢先生，就向其助手打听："邢先生下午不参加谈判吗?"助手笑答："哦，对不起，忘记告诉你了，他临时有其他的重要接待、谈判工作，你已经看到谈判小组的部分人员也被抽调过去，所以邢先生指派我继续与你交流与沟通。"双方讨论了一些无关紧要的条款，有关价格的谈判中方Z公司从不主动提及，即便法方F公司提及，中方Z公司也不接话题。就这样，一下午的谈判时间很快过去。

第二天上午，邢先生仍然没有出席谈判，席间，杜诺向邢先生的助手提出希望邢先生能够参加谈判，助手电话联系邢先生后答复对方邢先生下午会抽出时间参加谈判。

下午，邢先生来到谈判间，双方寒暄过后还未切入正题，邢先生的手机铃声响起，只见他答道："我待会儿才能过去，请对方稍候。"杜诺问邢先生："你能不能自始至终地参加我们之间的谈判？"邢先生指了指助手，反问道："这里不是有我的助手吗？他有能力，也有权力与阁下商讨所有的问题，哦，除了签约。"杜诺说道："可是一天下来，到目前为止谈判进展并不大呀！"邢先生笑了笑，说道："据我所知，推动谈判进度的主动权似乎还不一定由我的助手把握呀。"（提示）杜诺只能苦笑，无言以对。邢先生起身说道："抱歉，我还有要事处理，希望您与我的助手谈判顺利！"随即便告辞而去。

杜诺起身送邢先生，说："我希望您能参加我们两家公司的谈判。"邢先生说："我也很乐意，只是请等我错开时间再说。"（吊胃口）

晚宴时，杜诺与邢先生再次相遇，杜诺试探性地说道："邢先生，您不参加谈判，似乎表明Z公司已经不像一开始那样重视与F公司的谈判了。"邢先生答道："我可是一直没闲着哟。"（一语双关）杜诺直截了当地追问："目前贵公司难道还有什么比与我们公司谈判更加重要的工作吗？"（试探）邢先生笑了笑，说："这可是我们公司的内部安排，我只能服从。"

杜诺沉默了一会儿，然后一脸严肃地对邢先生说："我们来京谈判就表明了我们公司的诚意，无论你有多忙，也应该先腾出时间与我们交换意见。"（表明要让步）邢先生反驳道："可是几天来我们并没有看到贵公司对我方的有关要求给予足够的重视，浪费了双方不少时间。（影射）那么，对于刚才杜诺先生所言，我是否可以理解为在接下来的谈判中贵公司愿意表示诚意，对我方的有关要求给予足够的关注呢？"（趁热打铁）停顿了片刻，邢先生笑着追问道："是这样吗？"

此时，杜诺不再盛气凌人，在接下来的谈判中，法方F公司做出妥协，降低产品价格，谈判打破僵局，最后达成了双方满意的协议。

3. 换位思考、彼此理解

谈判双方要设身处地地从对方的角度来思考问题，这是谈判双方实现有效沟通的重要方式，这样做可以打破谈判僵局。

当谈判陷入僵局时，己方要做到换位思考，同时设法引导对方学会换位思考，这样彼此之间就能多一些理解，消除误会，达成一致意见。

4. 暂时休会、有效退让

双方谈判是为了达成协议，因此，当谈判陷入僵局时，双方都应该清醒地认识到只要能够成功签约，就可以进行有效的退让，只是不要轻言妥协，要把握时机，提出暂时休会的建议。己方谈判人员要集思广益，分析谈判对手，统一目标，设置底线，调整策略，即便在重启谈判时也不能一步到位，要故作姿态，在“万不得已”时才佯装“败下阵来”，防止对方得寸进尺，说不定再坚持一会，对方就会妥协。

商务谈判的策略与技巧还有许多，各个教材的内容也各有千秋，往往需要谈判人员亲身体验。只有成功地组合运用商务谈判的策略与技巧，善于临场发挥，才能成为谈判专家。谈判人员是否能够成为谈判专家在很大程度上取决于谈判人员是否积累了丰富的经验与知识，是否具备谈判口才与应变的能力，考查的是谈判人员的综合素质。谈判人员要根据谈判的背景与形势，因时、因地、因人而异，灵活采用商务谈判的策略与技巧。

第二节　EPC + O 项目招标文件的检查要点

下面笔者为大家介绍 EPC + O 项目招标文件的检查要点。

一、招标文件的检查要点

谈判人员可以按照以下几个步骤检查招标文件：

第一步：仔细阅读招标公告。

招标公告内容如下：

①项目名称；

②项目大致内容；

③发售招标文件的时间和地点；

④投标截止日期、地点和开标日期、地点；

⑤投标人需要具备的资格；

⑥招标代理机构或采购单位名称及其联系人和电话；

⑦招标文件的售价。

有些写得更具体的招标公告可能还会提示如下内容：

①具体的技术需求或对产品的要求；

②购领标书时需要携带的文件；

③投标保证金的金额；

④本项目的预算金额；

⑤项目的工期。

如果是分标段的项目，可能还会提示各标段的具体内容。

只有一页大小的招标公告会提示很多信息，想投标的公司、企业应当仔细认真地阅读招标公告，我认为主要考虑如下内容：

（1）能不能投标

①企业自身是否有资格参加此项目的投标；

②这个项目凭自身的实力能否承担，是否需要与其他公司合作，是否允许联合投标；

③距离投标截止日期还有多久，能否在此时间段内完成标书。

（2）是否值得投标

①这个项目对企业自身有何益处，是否值得承接此项目；

②与客户的关系怎么样。

如果资格不够，但又有价值，希望投标，可以考虑与其他公司合作，当然前提是此项目允许联合投标。

如果资格等方面都合格，且有把握中标，但是经过预算承担这个项目后花费可能会比收入多，且该项目又无任何宣传价值和作为案例的价值，就可以选择放弃。

第二步：编制投标文件。

首先，在拿到招标文件的时候，不要盲目编写投标文件，技术文件和商务文件都是如此，应该先仔细阅读招标文件。

写投标文件最怕“拿来”主义，即便是技术文件也不要全部照搬以前类似的技术方案，因为每个项目的要求都不同，所以在拿到招标文件后，必须仔细阅读招标文件中的每一项要求，然后按照招标文件的要求逐一响应。

商务文件要完全响应招标文件的要求，要特别注意以下几点：

（1）投标保证金的支付形式和支付时间

支付形式是现金、支票、汇票，还是电汇？

关于支付时间，一般情况下会在开标时支付，但有时也会要求投标人在开标前支付，并在投标文件中附上投标保证金已交的证明，即交款收据。

支付投标保证金是非常重要的环节，如果出差错可能会导致废标，我曾经亲身经历过类似事件，在一个开标现场，一家知名公司由于未在投标截止时间前交纳投标保证金而被废标。

（2）关注投标文件的内容和结构组成

每个项目投标文件需要提供的内容都不尽相同，所以要认真逐条阅读本项目需要提供的文件内容。

有时还会对投标文件的结构加以要求，比如要求按照某一顺序编写投标文件，或者是要求商务文件和技术文件分开编写。

（3）投标文件的装订、密封和递交

不要轻视这一环节，如果没按招标文件的要求装订、密封和提交，有被废标和拒收的可能，即使不被废标，也会让评审团感到不满。

其中，主要注意以下几点：

①需要几个正本，几个副本；

②是否需要提供电子文档；

③是否要将开标一览表单独封装；

④技术和商务文件是否要分开装订；

⑤是每本单独密封，还是统一密封，或者是单独密封后再统一密封；

⑥递交投标文件的时间和地点。

（4）评分标准

这是编写商务文件时经常被忽略的一个地方，因为这部分内容一般会在招标文件比较靠后的位置，甚至可能在技术文件之后，当然有些招标文件并没有这部分内容。

查看这部分内容主要是看一下在投标人资格和投标文件组成里是否提到商务要求，比如要求提供的案例有何标准等。

同时，查阅这部分内容也是让投标人对分值有所了解，能够预估一下投标结果，也就是投标人的胜算有多少。

第三步：报价。

这是关键的一步，价格的合理性直接影响投标结果，因为笔者不是销售人员，所以无法过多谈论这一过程，只是把自己见过的内容与大家分享。

具体来说，可以从以下几个方面考虑报价：

①招标方的预算；

②本企业就本项目的投入产出和收益预算；

③类似项目的合同金额；

④竞争对手的报价。

第四步：提交投标文件和开标。

在开标的时候，主要注意以下几点：

①参加开标的法定代表人或授权代表一定要携带身份证或其他有效证件，因为有时会在开标前审查证件；

②可以带一些胶带、密封条之类的东西到开标现场，如果能带上公

章更好，因为招标人在收投标文件的时候会检查密封情况，如果密封情况与招标方的要求有很大偏差，在时间来得及的情况下，是允许重新按要求密封的；

③开标的时间大多数被安排在上午，最好预留一些在路上的时间，因为交通状况是无法预测的。

第五步：讲标。

这个步骤不是每次投标都会有的，但如果有这个步骤，就必须重视，因为讲标的好坏直接影响评审团（专家）给投标人打分的结果。

主要注意以下几个方面：

①讲标前要做充分的准备，制作一份漂亮的PPT会提升投标人在专家心目中的印象；

②一般的讲标时间会在15～30分钟，在很短的时间内一定要讲出投标人的实力及技术上的优势，以及对招标要求的响应；

③讲标前一定要让讲标人充分了解这个项目的情况及投标文件的内容，包括技术和商务方面的内容，避免出现讲的内容与写的内容不一致的现象；

④回答问题时要机敏，做到随机应变。

二、招标公告案例（部分）

株洲渌口（省级）经济开发区南洲工业园配套设施项目。

株洲渌口科创园项目（标准厂房三期）（EPC＋O）总承包招标公告

1. 招标条件

本招标项目株洲渌口（省级）经济开发区南洲工业园配套设施项目——株洲渌口科创园项目（标准厂房三期）已由株洲市渌口区发展和改革局备案，备案文号为渌发改复【2019】145号，资金来源为业主自筹。招标人为株洲渌口经济开发区产业发展集团有限公司，招标代理机构为湖南广大天平工程项目管理有限公司。项目已具备招标条件，现对该项目进行公开招标。

2. 项目概况与招标范围

2.1 项目名称：株洲渌口（省级）经济开发区南洲工业园配套设施项目——株洲渌口科创园项目（标准厂房三期）（EPC+O）总承包。

2.2 建设规模：项目总用地面积为144642.01m^2，总建筑面积130795.41m^2，其中标准厂房（一拖三）63648.54m^2，L形厂房15115.2m^2，一字形标准厂房28797.2m^2，独栋厂房5224.4m^2，综合楼13949.65m^2，不计容4006.42m^2。计容建筑面积167466.40m^2，规划容积率1.16，建筑密度43.02%，绿地率12.2%，停车位430个，其中货车停车位36个。(以最终规划验收面积为准)

2.3 建设地点：株洲市渌口区南洲镇，用地南至规划16路，东至渌湘大道，西至规划26路，北至规划15路。

2.4 工期要求：签订合同后60天（日历日）内完成施工图设计，并完成施工图审查，其中房建部分在30天（日历日）内完成施工图设计，非设计方原因可顺延；其他设计均在项目报批、报建、报审、报验或工程施工需要前120天（日历日）完成；整个项目建设期+运营期共6年（其中建设期24个月，建设期从各单体建筑办理好施工许可证之日起算)。

2.5 质量要求：

2.5.1 设计：设计文件内容和深度应符合《建筑工程设计文件编制深度的规定》，达到工程交付标准。

2.5.2 采购：符合国家、行业及地方现行相关法律法规、规范及技术标准，满足工程交付标准。

2.5.3 施工：符合现行《工程施工质量验收规范》要求，工程质量标准为合格。

2.5.4 运营：按招标人确定的企业入驻条件、出租和销售价格要求进行销售租赁招商，并按招标人确定的运营考核标准予以考核。

2.6 保修要求：按国务院令2000年第279号令及建设部2000年

第80号令要求保修，文件未注明的工程项目保修期为1年。

2.7　招标范围：对项目进行施工图设计，经图审、施工图预算财政评审后，进入工程实施阶段，按合同要求对项目提供设计、采购与施工、安装与调试、工程竣工验收、运营及其他全部相关服务，具体以招标人提供的经财政评审后的概算文件所包含的内容为准。包括但不限于以下事项：

2.7.1　设计部分：包括但不限于对前期勘察设计等资料的复核、补充完善和优化；方案优化设计、施工图设计，包括总图、基础、建筑、结构、电气、消防、给排水、人防、暖通、电梯、弱电、智能化、动力、按产品交付标准要求的装修装饰、室外工程（含道路与综合管网）、供配电、景观绿化、亮化等；按招标人的要求进行设计调整和变更；参与设计交底及验收；招标人书面委托的其他相关设计工作。

2.7.2　采购与施工部分：包括但不限于工程建设各阶段配合发包人办理报批、报建、报审、报验工作；工程施工包含但不限于基础、建筑、结构、电气、消防、给排水、人防、暖通、电梯、弱电、智能化、动力、按产品交付标准要求的装修装饰、室外工程（含道路与综合管网）、供配电、景观绿化、亮化等，设备采购及安装、调试与试运行；工程竣工验收、备案、交付、工程结（决）算、工程保修等。

2.7.3　运营部分：负责项目统筹协调、整体销售租赁招商、营销手续、物业管理与企业服务及配合发包人办理产权，运营期满后的管理权移交等。

2.8　标段划分：一个标段。

3. 投标人资格要求

3.1　本次招标要求投标人具备有效的营业执照，湖南省外企业需按照湘建建【2015】190号文件要求办理省外入湘企业基本情况登记（以"湖南省住房和城乡建设网"查询为准）或具有入湘施工登记证（处于有效期内）。

3.2 投标人须同时具备与工程规模相适应的工程设计、施工和运营资质，具有相应的财务与风险承担能力，同时具有相应的组织机构、项目管理体系、项目管理专业人员和工程业绩。具体要求如下：

3.2.1 运营要求：

（1）近三年以来必须具有销售或租赁，且运营管理一个 3 万平方米及以上工业类项目业绩。（委托运营管理的提供符合上述业绩要求的运营管理合同原件；自建自营的提供预售许可证或竣工验收备案表复印件）。

（2）本项目营销推广团队人员（含运营负责人 1 人）配置不低于 5 人（含 5 人），提供劳动保障部门出具的 2019 年连续 6 个月（2019 年 7 月—12 月）养老保险证明（投标人属于未改制的全民事业性质的教学、科研、设计单位的，其拟派人员提供社保部门出具的缴纳养老保险证明或相应的编制管理部门出具的在编证明，如果无法查询或查询不是投标单位在职员工的或重复参保的，一律作为无效投标处理）。运营负责人为项目总负责人。

（3）提供完整有效的 2018 年度经会计师事务所审计的财务会计审计报告。

3.2.2 设计要求：

（1）设计投标资质要求具有建设行政主管部门颁发的工程设计综合资质或建筑行业（建筑工程）乙级资质及以上企业资质。

（2）设计项目负责人资格：须具备一级注册建筑师执业资格。

（3）设计项目负责人 1 人，建筑、结构、给排水、电气、暖通专业设计人员各 1 人，按照国家政策规定，根据项目规模与工程技术特点所配备的其他专业人员。拟任设计项目负责人及各专业主要设计人员提供劳动保障部门出具的 2019 年连续 6 个月（2019 年 7 月—12 月）养老保险证明（投标人属于未改制的全民事业性质的教学、科研、设计单位的，其拟派人员提供社保部门出具的缴纳养老保险证明或相应的编制管理部门出具的在编证明，如果无法查询或查询不是投标单位在职员工的或重复参保的，一律作为无效投标处理）。

（4）提供完整有效的2018年度经会计师事务所审计的财务会计审计报告。

3.2.3 施工要求：

（1）施工投标资质要求具有建设行政主管部门颁发的建筑工程施工总承包二级及以上资质，安全生产许可证处于有效期，在人员、设备、资金等方面具备相应的施工能力。

（2）施工负责人资格：须具有建筑工程专业一级注册建造师资格，并具有项目负责人安全生产考核合格证B证且无在建工程。拟任本项目技术负责人具有建筑工程相关专业高级及以上职称。

（3）拟任本次投标的施工项目部关键岗位人员最低配备标准须满足湘建建［2015］57号文件标准，具体配备如下：项目负责人1人、技术负责人1人、施工员6人、安全员6人（应具备建设行政主管部门核发的有效的C类安全生产合格证书）、质量员5人。

（4）投标人还需提供劳动保障部门出具的施工项目部关键岗位人员2019年连续6个月（2019年7月—12月）养老保险证明（投标人属于未改制的全民事业性质的教学、科研、设计单位的，其拟派人员提供社保部门出具的缴纳养老保险证明或相应的编制管理部门出具的在编证明，如果无法查询或查询不是投标单位在职员工的或重复参保的，一律作为无效投标处理），且不得同时在两个及两个以上的建设工程项目中任职（在湖南省建筑市场监管公共服务平台上查询无押证）；省外企业关键岗位人员如持有外省住房和城乡建设主管部门颁发的岗位资格证书，提供其证书真伪官方查询网址。省外施工企业提供企业注册所在地地市级及以上建设行政主管部门本公告发布后开具的无在建证明原件（资格审查时提供原件并审查）。

（5）提供完整有效的2018年度经会计师事务所审计的财务会计审计报告。

3.3　本次招标接受联合体投标。联合体投标的，应满足下列要求：

3.3.1　联合体各成员均应具有独立法人资格，并依法取得企业法人营业执照，有效联合体成员不得超过 4 家，联合体牵头人为运营单位，由牵头人负责获取招标文件及其他资料并交费，授权委托人必须为项目总负责人，即运营负责人。

3.3.2　联合体需提供联合投标协议，明确各方的分工。联合体牵头人在投标文件中的所有承诺均代表了联合体各成员，对联合体各成员均具有约束力；联合体中标后，联合体牵头人负责合同订立和合同实施阶段的主办、组织和协调工作。联合体各成员法定代表人应当共同出具授权委托书，授权同一人（项目总负责人即运营负责人）作为代理人，办理投标事宜，授权书由联合体各成员法定代表人签字并加盖企业法人公章。

3.3.3　以联合体形式投标的，由联合体成员任何一方提交投标担保。

3.3.4　联合体成员签订联合体协议书后，不得再以自己的名义单独投标，也不得组成新的联合体或参加其他联合体在本项目中投标。

3.4　信誉要求：

3.4.1　未被责令停业。

3.4.2　未被暂停或取消投标资格的（指被县级及以上的住房城乡建设主管部门或其他行政主管部门暂停或取消投标资格，或禁止进入该区域建设市场，处于有效期内）。

3.4.3　2016 年以来没有骗取中标、严重违约或重大工程事故。

3.5　投标人不得存在下列情形之一：

（1）为招标人不具有独立法人资格的附属机构（单位）。

（2）为本招标项目的监理人。

（3）为本招标项目的代建人。

（4）为本招标项目提供招标代理服务的。

（5）被责令停业的。

（6）被暂停或取消投标资格的。

（7）财产被接管或冻结的。

（8）与本招标项目的监理人或代建人或招标代理机构同为一个法定代表人的。

（9）与本招标项目的监理人或代建人或招标代理机构相互控股或参股的。

（10）与本招标项目的监理人或代建人或招标代理机构相互任职或工作的。

（11）单位负责人为同一人或者存在控股、管理关系的不同单位，不得同时以不同的投标人参加本招标项目投标。

（12）在最近三年内有骗取中标或严重违约或重大工程质量问题的。

（13）违反法律、法规和招标文件规定的其他条件。

4. 资格审查方式及评标办法

本项目根据湖南省住房和城乡建设厅湘建监督〔2017〕76号《湖南省房屋建筑和市政基础设施工程总承包招标投标活动管理暂行规定》要求，资格审查采用开标后资格审查方式，评标办法采用**综合评估法**。

5. 投标担保

投标担保的金额为人民币**捌拾万元整**，投标担保具体要求详见本项目招标文件第二章投标人须知前附表规定。

6. 招标文件的获取及澄清答疑发布

6.1 请从2020年1月7日至2020年2月11日9时00分（北京时间，下同）在株洲市公共资源交易中心网站“建设工程—房屋建筑—招标公告—附件”进行网上下载/获取招标文件、图纸及其他资料。通过网络下载的招标文件、图纸及其他资料与书面招标文件、图纸及其他资料具有同等法律效力。

6.2 招标文件售价400元/套，投标人在递交投标文件时交纳。

6.3 澄清答疑采用网上下载方式。招标人对招标文件、工程量清单的澄清答疑均采用在株洲市公共资源交易中心网站“建设工程—房屋建筑—招标答疑/澄清公告”栏目上发布，投标人自行下载。在投标截止时间前，投标人应及时关注网上相关招标信息，如有遗漏（包括但不限于文件未下载或下载不完整）招标人概不负责，所造成的投标失败或损失由投标人自行负责。

7. 投标文件的递交

7.1　投标文件递交截止时间（投标截止时间，下同）及开标时间为2020年2月11日9时00分，地点为株洲市公共资源交易中心六楼开标室。

7.2　逾期送达的或者未送达指定地点或未按要求密封和加写标记的投标文件，或投标人未按本项目招标公告第6.1款规定获取招标文件的，招标人将拒收。

7.3　投标人法定代表人或委托代理人（委托代理人必须为本项目的项目总负责人），须亲自到场参加投标。

8. 发布公告的媒介

本招标公告同时在中国采购与招标网、湖南省招标投标监管网、株洲市公共资源交易中心网站上发布。

9. 行政监督

本招标项目接受渌口区住房和城乡建设局依法实施的行政监督，电话。

10. 联系方式

招标单位：株洲渌口区经济开发区产业发展集团有限公司

联系人：　　　　　　　　　　　　　联系电话：

招标代理机构：湖南××××工程项目管理有限公司

联系人：　　　　　　　　　　　　　联系电话：

以上为集团株洲渌口项目公开的《招标公告》，各项目总经理可以阅读对照、参考，因详细招标文件内容较多，请到相关部门或网站下载了解。

招标全流程如图 7－1 所示。

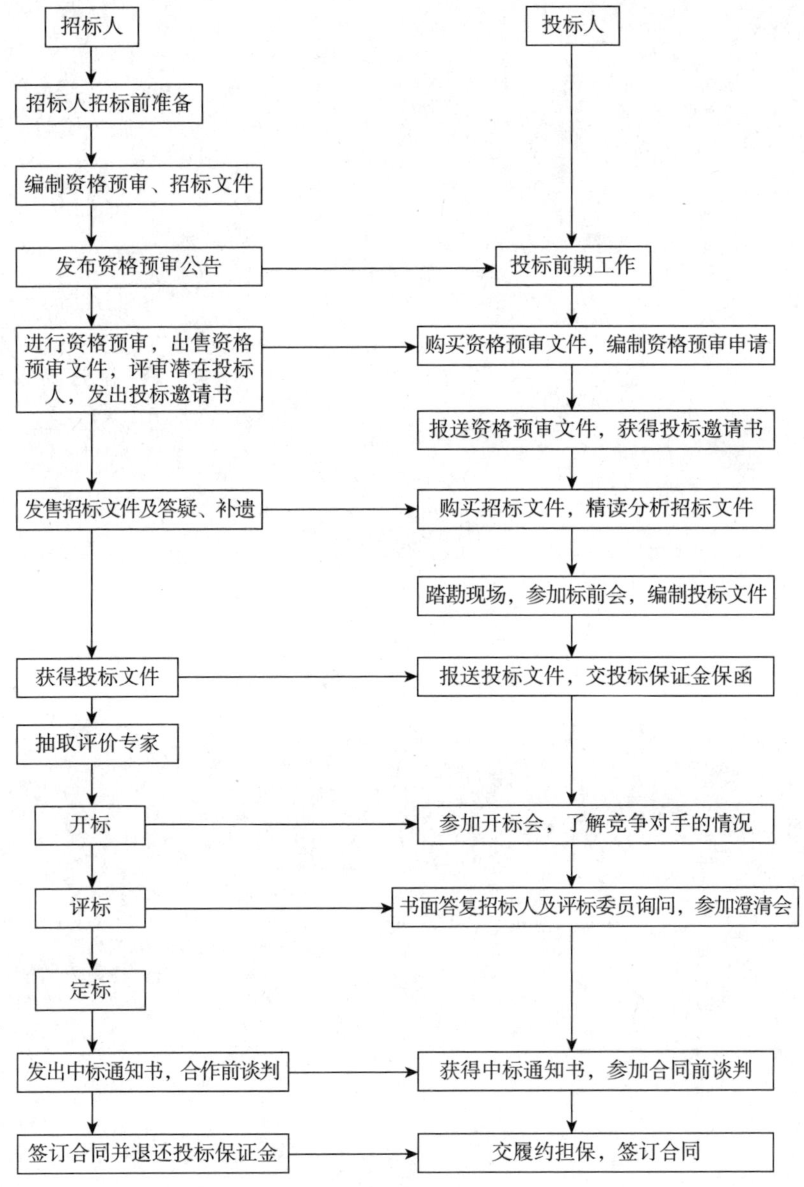

图 7－1　招标全流程

后　记

完成本书原本是2020年的年度计划，结果拖到2020年底才完成，疫情期间居家办公，我便着手编写这本实操手册。

刚开始，我感觉毫无头绪，不知从何下手。在集团总裁李雅璇的指导下，我确定从项目拓展到落地根据项目开发流程来拟订手册提纲，这才算有了思路。开始行动的时候，我认为结合自己参与项目的经验和平时积累的素材，再查阅案头上准备的7本书，编写1万~2万字就足够了，可是当我下笔之后，竟然陆陆续续编写了13万多字，俨然成为一本书，有了第一章至第七章的内容。

作为金荣集团商学院、金荣产业研究院的执行负责人，值此手册完成之际，我对为本书提供帮助的领导、同事表示感谢，感谢金荣集团董事长李文金先生、总裁李雅璇女士、副总裁邹宜英先生对此事的大力支持，感谢集团品牌中心彭龙先生、雅创市场拓展中心与策划部总监宁涛然先生、集团工程中心总工程师罗清利先生、集团招商中心与粤港澳产业转移综合服务中心副总经理徐竞先生、雅创平台创新中心兼邵阳项目总经理李林先生，以及外界各位朋友，他们为手册的编写提供了大量的资料和素材。

因时间仓促，经验不足，个人水平有限，本书的内容存在许多瑕疵，恳请业内专家给予批评指正，如果涉及其他个人版权内容，请予以告知。

刘晓君

老板·创业			
一、经理人			
书名	内容	书名	内容
老总有想法，高层有干法 王清华 著	企业将、帅之间的定位问题、角色问题、方法问题、思维问题、管理问题等	**历史深处的管理智慧1：组织建设与用人之道** 刘文瑞 著	通过历史鉴照当今企业选人用人、二代接班人、创业团队管理等问题
历史深处的管理智慧2：战略决策与经营运作 刘文瑞 著	通过历史鉴照当今企业决策、战略规划、战略冒进、决策监督等问题	**历史深处的管理智慧3：领导修炼与文化素养** 刘文瑞 著	通过历史鉴照当今企业的领导修养、用权、管理风格等问题
老板经理人双赢之道 陈明 著	经理人怎么选平台、怎么开局，老板怎样选/育/用/留		
二、用人			
用好骨干员工 王敏 著	系统化分享关键人才打造与激励方法	**领导这样点燃你的下属** 孟广桥 著	领导者如何才能让员工积极主动地工作
让用人回归简单 宋新宇 著	帮助管理者抓住用人的要害，让用人变得简单	**激活新生代员工** 史量 孙斌 著	走进新生代的世界，一套行之有效的管理、激活90后、95后、00后的方法
三、转型·创业			
创业要过哪些坎 董坤 著	15年创业咨询经验总结的创业遇到的问题及办法	**高潜牛人** 董坤 著	创业和事业发展中如何找到牛人
成为下一个SaaS独角兽 崔牛会 主编	19位SaaS领专家，7个不同的视角总结SaaS行业实践	**创模式：23个行业创新案例** 段传敏 著	CEO社群23位企业家的思考与实践分享
重生——中国企业的战略转型 施炜 著	本书对中国企业战略转型的方向、路径及策略性举措提出了建议和意见	**7个转变，让公司3年胜出** 李蓓 著	企业估值、业务模式、营销、生产制造、客户服务、用户黏性、组织管理7个转变
企业二次创业成功路线图 夏惊鸣 著	五步骤给出了一幅企业二次创业经营突破、管理提升的成功路线图	**跟老板“偷师”学创业** 吴江萍 余晓雷 著	如何通过“偷师”学习与积累当老板的阅历
公司由小到大要过哪些坎 卢强 著	企业成长路线图，现在我在哪儿、未来还要走哪些路都清楚了	**跳出同质思维，从跟随到领先** 郭剑 著	66个精彩案例剖析，帮助老板突破行业长期思维惯性
极速增长：企业扩张策略 董坤 著	以“8shoes扩张法则”为思考框架，帮助处于这个阶段的创业公司及以创业公司形式孵化的变革型项目做出清晰的战略选择		

企业经营			
经营打造你的盈利系统 高可为 著	选择最有效的经营策略，打造属于自己的商业模式	**中国企业的觉醒** 王涛 著	企业告别自私、野蛮，转向善良、爱，才会赢得消费者
成为敏感而体贴的公司 王涛 著	未来有竞争力的企业，一定是那些敏感而体贴的公司	**有意识的思考** 王涛 著	对头脑中固有观念保持觉察，从而超越它们的局限
简单思考 孔祥云 著	著名咨询公司（AMT）CEO创业历程中的经验与思考	**写给企业家的公司与家庭财务规划** 周荣辉 著	以企业的发展周期为主线，介绍各阶段企业与企业主家庭的财务规划

续表

书名	内容	书名	内容
从10亿到100亿的企业顶层设计 刘建兆　著	重新定义企业成长方式，有效益、有效率、有效能、有效果、有品质的良性成长	**活系统：跟任正非学当老板** 孙行健　尹贤　著	造活系统，使系统活，靠系统活，活的系统
宗：一位制造业企业家的思考 刘建兆　著	发展20年营业额近亿元制造业企业家的思考与心得	**使命：驱动企业成长** 高可为　著	用大企业发展轨迹及企业家的心路历程，揭示企业成长的基因、做事的逻辑
让经营回归简单 宋新宇　著	战略、客户、产品、员工、成长、经营者的经营法则	**边干边学做老板** 黄中强　著	86个案例讲述中小公司成长过程中遇到的问题和方法
盈利原本就这么简单 高可为　著	跨越业务与财务边界，为企业提高盈利水平提供方法	**战略参谋：写出管用的战略报告** 蔡春华　著	企业对自己、市场、行业其实了解更深，助你高质量完成战略规划
不战全胜：给企业家读的孙子兵法 王吉坤　杨伟霞　著	从《孙子兵法》提炼和总结了帮助企业打造行业龙头品牌的体系	**公司离不开的全栈运营高手：产品运营与推广获客** 王虎　著	涉及运营案例、思维理论、实操复盘、管理方式、推广策略等，是作者八年运营推广经验的浓缩
公域引流　私域经营：这样经营用户关系 王庆云　汪洋　著	为大中型企业提供私域建设的顶层和全景式框架，探索不同业务特性可能适配的不同私域模式	**平台生态：价值创造与价值获取** 彭毫　罗珉　著	厂商之间的竞争已经从产品转到平台，如何创造新的价值创造和获取模式，是企业最想得到的答案
合伙制经营：有效激励，而不丧失控制权 胡八一　著	重点阐述实施合伙制的流程，通过四步为企业家提供一种有效激励而不丧失控制权的工具和方法	**机制创造人才** 彭剑锋　尚艳玲　著	华夏基石专家团著作，为个体赋能，经营人成就人，进行机制创新和价值管理
管理·管理学			
一、企业管理			
让管理回归简单 宋新宇　著	从目标、组织、决策、授权、人才、老板自己等提供方案	**管理的尺度** 刘文瑞　著	西医式的体检化验，又要施加中医式的望闻问切
管理：以规则驾驭人性 王春强　著	人性驾驭角度权度运筹安排的可兑现性，管理有效性	**看电影，学管理** 刘文瑞　著	十六部电影的解读，揭示电影内含的管理之道
好管理　靠修行 曾伟　著	从佛法、道法思想中寻找管理智慧	**公司大了，怎么管** 金国华　著	成长型企业发展中的共性问题，通过案例实录解开
低效会议怎么改 王玉荣　葛新红　著	从梳理公司会议体系的层面改变低效会议的现状	**年初订计划年尾有结果** 郭晓　著	总结七步落地方案让战略计划切实落地实现
分股合心 段磊　周剑　著	围绕股权激励，详细介绍相关知识和实行方法	**员工心理学超级漫画版** 邢磊　著	以漫画形式对组织中个体心理的全面介绍和深入探讨
让投诉客户满意离开 孟广桥　著	投诉法律法规，应对各种投诉技巧等提升客诉能力	**管理就是定计划，抓落实** 张国祥　著	员工“看了就会、拿来就用”的计划制订操作指南
不读韩非子，怎么当老板 王春强　著	通过集中分析有关人性的内容，引导现代管理者更深理解人性是如何影响企业运行，以及管理者应如何因人性而实施管理	**重新想象组织** 彭剑锋　尚艳玲　著	华夏基石专家团著作，通过组织变革逐步进化，找到成长之道，让企业可持续发展

续表

书名	内容	书名	内容
战略管理有方法 和恒咨询　著	结合中国企业实践总结的一套独创性、实操性的战略方法，100+工具轻松做战略	**高管如何为公司创造高增长** 彭剑锋　尚艳玲　主编	战略驱动着企业成长，企业又该如何突破增长的瓶颈
二、管理思想			
管理学的奠基者 刘文瑞　著	近代以来的管理思想发展揭示管理思想的演化奥秘	**巴纳德组织理论研读** 郭威　著	深度研读巴纳德《经理人员的职能》，帮你理解和看懂
管理学在中国 刘文瑞　著	科学看待管理学流入中国，对继承发展进行深入的阐述	**德鲁克管理学** 张远凤　著	以德鲁克管理思想发展为线展示20世纪管理学的发展
德鲁克与他的论敌们 罗珉　著	德鲁克与马斯洛、戴明等诸多管理大师论战的故事	**德鲁克管理思想解读** 罗珉　著	全面解构德鲁克思想的精髓与实践价值
治论：中国古代管理思想 张再林　著	深入分析中国古代哲学基本精神的基础上，梳理分析了儒法墨三家的管理思想	**流程经理10年案例笔记** 王焕东　著	用自身工作和生活中的鲜活案例及思考后的心得呈现不一样的流程管理思想
透过决策看组织 李慧才　著	对西蒙管理行为进行贴近企业的通俗化解析和阐释	**为什么高管爱读德鲁克** 王鹏　著	辅助深读德鲁克、提升管理认知
营销·销售			
一、企业销售			
大客户销售这样说这样做 陆和平　著	大客户销售活动的十大模块，68个典型销售场景	**向高层销售** 贺兵一　著	销售人员与客户高层打交道需要重点掌握的知识、技巧
资深大客户经理 叶敦明　著	将大客户经理必须具备的规划、策略、执行三种能力运用自如	**成为资深的销售经理** 陆和平　著	让销售经理成功把握销售管理的6个关键点，并提供工具
销售是个专业活 陆和平　著	据客户采购流程拆分销售过程十阶段，讲解方法技巧	**学话术　卖产品** 张小虎　著	手机、电动车、家电、食品等消费品的一线销售话术
工程项目大客户销售攻略 陆和平　著	三十八讲循序渐进，全方位透视工程大项目拿单的奥秘，通俗易懂，看了就能用	**大客户销售谈判：获得利润的最快途径** 陆和平　著	从不会谈判到成为谈判专家，帮助你在与大客户的谈判中轻松说服对方，实现从一次成交、成本价成交到高价成交、持续成交的转变
二、企业营销			
新营销组织力 迪智成　著	适应最新数字化外部环境，系统化协同组织能力建设	**营销按钮** 老苗　著	讲述存在于人性及各个营销环节中的“按钮”
精品营销战略 杜建君　著	“精品营销战略”核心逻辑与营销组合策略	**360°谈营销** 王清华　古怀亮　著	营销是立体的，从不同角度观察不同企业的营销精髓
互联网精准营销 蒋军　著	互联网时代整体策划、包装品牌和产品	**招招见销量的营销常识** 刘文新　著	做好基本的营销动作都可以提高销量、降低成本
用数字解放营销人 黄润霖　著	用数字说话覆盖营销工作的方方面面	**用营销计划锁定胜局** 黄润霖　著	让营销计划落地，营销人员只需解决两个问题：基数与概率

续表

书名	内容	书名	内容
我们的营销真案例 联纵智达研究院　著	五芳斋粽子、诺贝尔瓷砖、利豪家具、保健品、娃哈哈	**中国营销战实录** 联纵智达研究院　著	51个案例，46家企业，46万字，18年积淀
弱势品牌如何做营销 李政权　著	产品与物流通道、服务通道、促销互动通路，提供方法	**解决方案营销实战案例** 刘祖轲　著	十大工业品作者实操案例解码解决方案营销
升级你的营销组织 程绍珊　吴越舟　著	根据企业的实际情况建立有机性营销组织	**变局下的营销模式升级** 程绍珊　叶宁　著	十年大量案例归纳三种核心驱动要素、三种升级方向
老板如何管营销 史贤龙　著	十六个招式，理论与案例相结合，高段位营销方法	**孙子兵法营销战** 刘文新　著	理解《孙子兵法》原意的同时，还可体悟到营销之用
新营销2.0：从深度分销到立体连接 刘春雄　公方刚 牛恩坤　等著	立体连接打通三度空间，在互联网时代诞生快消品领域的超级巨头		
三、品牌			
中国品牌营销十三战法 朱玉童　著	深度演绎最符合企业品牌营销策划的十三套实战战法	**中小企业如何打造区域强势品牌** 吴之　著	从如何建立强势品牌的角度解析扩张难题
小众战略：小资源打造强势品牌 吴修利　著	从品牌观念、市场调研、竞争机会、内部调整等角度，对产品、渠道、传播等核心原则进行了系统梳理	**把品牌建在顾客心里：4步实现品牌IP化** 张学军　著	让品牌自带话题，自主传播
四、营销策划			
这样写文案，就没有卖不动的产品 秦剑　刘安丽　著	术、法、道三个层面由浅至深培养商业文案创作能力	**洞察人性的营销战术** 沈坤　著	介绍了28个匪夷所思的营销怪招，大部分可以直接运用
双剑破局：沈坤营销策划案例集 沈坤　著	双剑公司8年来的实操案例，每个项目诞生过程、策划角度和方法	**社区团购就这么干：供应商•平台•团长•用户** 陈海超　杨顶刚　著	分享最新实践经验，一看就懂，照着就能做
企业案例			
鲁花：一粒花生撬动的粮油帝国 余盛　著	鲁花如何成长为优秀的带动农业产业发展的品牌，鲁花你一定学得会	**金龙鱼背后的粮油帝国** 余盛　著	以金龙鱼为脉的一部中国粮油行业的史诗
你不知道的加多宝 曲宗恺　牛玮娜　著	以时间为轴线，详细叙述了加多宝品牌的发展历程	**静水流深** 黄治国　著	作者在美的十五年对何享健内部讲话资料的整理
娃哈哈区域标杆 罗宏文　快车君 赵晓萌　寇尚伟　著	讲娃哈哈豫北市场如何成为娃哈哈全国第一大市场、全国增量第一的市场	**借力咨询：德邦成长背后的秘密** 官同良　王祥伍　著	德邦将自己积累的与咨询公司发展共赢的合作逻辑和盘托出
六个核桃凭什么从0过100亿 张学军　著	全视角深度解读养元企业的裂变成长，复盘十年蜕变轨迹	**像六个核桃一样** 王超　著	六个核桃为什么卖得这么好，产品畅销的6大要义36条简明法则

续表

书名	内容	书名	内容
中国首家未来超市 IBMG 集团　著	对乐城超市的掌门人及内部员工的采访详细阐释了乐城的经验	**三四线城市超市如何快速成长：解密甘雨亭** IBMG 集团　著	甘雨亭的许多关键经营指标均高于行业标准，学习其成功的方法
集团化企业阿米巴实战案例 初勇钢　著	作者在某酒厂推行阿米巴经营模式的心得		
经销商			
新经销：新零售时代教你做大商 黄润霖　著	探访近 100 位经销商在传统营销手法上的创新，传统营销微创新和新营销本地化	**商用车经销商运营实战** 杜建君　王朝阳 章晓青　著	对商用车经销商的经营与管理、4S 店运营做了全方面的总结
跟行业老手学经销商开发与管理 黄润霖　著	从管理耐用消费品经销商角度提炼了 48 个代表性问题并给出解决办法	**快消品经销商如何快速做大** 黄润霖　著	经销商如何通过经营实现规模，通过管理实现规模效益
建材家居经销商实战 42 章经 王庆云　著	经营管理的心法和战法，帮助经销商成为“业务妙手”和“管理能手”	**成为最赚钱的家具建材经销商** 李治江　著	针对建材家居行业的经销商，从销售模式、产品、门店、市场等方面给出方法
白酒经销商的第一本书 唐江华　著	对经销商如何选择厂家、合作、运营品牌等问题给出建议	**快消品招商的第一本书** 刘雷　著	从招商理论到招商动作进行系列化分解，化繁为简
大商方法：榜样经销商与厂家的合作之道 唐道明　著	洞察厂商合作的核心，为经销商提供可行的方法，手把手教你做大商	**快消品经销商成功密码** 舟谱商学院　著	通过 8 个真实经销商案例，分享快消品经销商成功经验与方法
中小企业			
中小企业如何打造区域强势品牌 吴之　著	从如何建立强势品牌的角度解析扩张难题	**用流程解放管理者** 张国祥　著	8 个板块构成，共 66 篇文章，14 幅流程管理图
用流程解放管理者 2 张国祥　著	对中小企业规范化流程管理进行系统的阐述	**弱势品牌如何做营销** 李政权　著	产品与物流通道、服务通道、促销互动通路提供方法
本土化人力资源管理 8 大思维 周剑　著	用最贴近中国中小企业现实管理情境的案例讲述周围人的“家事”	**中小农业企业品牌战法** 韩旭　著	农业企业需要全产业链视野，更需要品牌实战方法
门店管理			
门店销售冠军复制系统 王吉坤　著	门店型企业如何打造可复制的销售冠军系统	**新零售动作分解与实操：建材·家居·家具** 盛斌子　著	对泛家居行业趋势、店面管理、团队管理、促销推广、五感营销等提供策略
家具建材促销与引流 薛亮　李永锋　著	对泛家居营销执行模式和工具、关键环节等进行汇总	**建材家居门店 6 力爆破** 贾同领　著	产品力、导购力、形象力、推广力、服务力、组织力
家具行业操盘手 王献永　著	总结家具终端门店发展的现状及问题并给出策略	**手把手教你做专业督导** 熊亚柱　著	系统梳理督导的核心技能，岗位职责、工作流程及技能

续表

书名	内容	书名	内容
手把手帮建材家居导购业绩倍增 熊亚柱　著	针对建材家居门店的业务人员，用案例故事还原场景教你成为好导购	**10 步成为最棒的建材家居门店店长** 徐伟泽　著	梳理店长管理的核心工作职责、店面管理规范，帮助销售人员成长
建材家居门店销量提升 贾同领　著	9 个板块讲述建材门店一个单店如何做到经营的良性循环	**总部有多强大，门店就能走多远** IBMG 集团　著	五大方向综合阐述连锁零售企业总部如何提升管理能力
赚不赚钱靠店长，从懂管理到会经营 孙彩军　著	注重专卖店的经营思路拓展、门店管理细节方面能力的提升	**新医改了，药店就要这样开** 尚锋　著	从药店定位的思考，内部和会员管理等方面探讨中小型药店发展方向
电商来了，实体药店如何突围 尚锋　著	新时代药店经营的三驾马车：药学专业服务、会员贴心服务和精准定向促销	**引爆药店成交率 1：店员导购实战** 范月明　著	药店人的零售工作，怎样接待顾客，完善销售技巧
引爆药店成交率 2：药店经营实战 范月明　著	从药店经营角度建立改善门店现状的实用标准	**引爆药店成交率：专业化销售解决方案** 范月明　著	从简单的拿药服务到提供多角度的专业解决方案
口腔门诊盈利倍增：精益口腔 杨伟霞　王吉坤　著	为口腔门诊定制业绩提升管理系统并落地实施		
互联网			
一、互联网转型			
画出公司的互联网进化路线图 李蓓　著	18 个“可以……吗”的问题作为产品、客户和价值方面的指引牌	**7 个转变，让公司 3 年胜出** 李蓓　著	企业估值、业务模式、营销、生产制造、客户服务、用户黏性、组织管理 7 个转变
重生战略移动互联网和大数据时代的转型法则 沈拓　著	四个重生战略对应四个法则，告知传统企业的转型重生之路	**创造增量市场：传统企业互联网转型之道** 刘红明　著	为读者提供了寻找这些互联网的切入点和接触点的具体方法，带来增量市场
互联网+变与不变 本土管理实践与创新论坛　著	61 篇精华文章，聚焦传统行业如何互联网+时代转型	**今后这样做品牌** 蒋军　著	顶层设计、营销创新、产品战略、渠道变革、品牌策略
移动互联新玩法 史贤龙　著	立足现实，剖析新时代背景下的移动互联趋势与热点	**互联网时代的成本观** 程翔　著	多维组合成本的互联网精神和大数据特征及应用
正在发生的转型升级实践 本土管理实践与创新论坛　著	100 多位本土管理专家当年对最新一年的思考和实践	**1000 铁杆女粉丝** 张兵武　著	如何让普通女性成为忠实追随的铁杆粉丝，磁力点、情感结、甜蜜区、信任圈
混沌与秩序Ⅰ：变革时代企业领先之道 彭剑锋　施炜　苗兆光 王祥伍　孙波　夏惊鸣	新环境下企业面临变革应如何应对，企业家如何坚守并与企业共同成长	**混沌与秩序Ⅱ：变革时代管理新思维** 彭剑锋　施炜　苗兆光 王祥伍　孙波　夏惊鸣	对处于时代变革下的企业管理新机制、人力资源管理新思维，组织与人的新型关系，结合案例提出优化建议
消费升级：实践·研究 本土管理实践与创新论坛　著	从经营、管理、行业三个方面记录消费升级下的实践	**互联网精准营销** 蒋军　著	互联网时代整体策划、包装品牌和产品
智能推荐：让你的业务千人千面 刘国昊　周波　著	从资讯、电商、文娱行业来详细讲解智能推荐的应用，用户时间的争夺战	**制造业外贸营销网站建设** 宋金亮　著	介绍整个网站从无到有的实现过程，从分析思路、撰写内容到规划页面，列举了大量正反面实例，帮助读者理解和投入实践

续表

二、抖音、微信微商、电商			
书名	内容	书名	内容
抖音营销系统 刘大贺　著	抖音系统的实战营销知识，上百个从0做大的案例	金牌微商团队长 罗晓慧　著	微商团队长创业实操的指导工具书
微商生意经：真实再现33个成功案例操作全程 伏泓霖　罗晓慧　著	精心挑选的33个微商成功案例，阐述具体操作过程	快速见效的企业微信营销方法 孙巍　著	站在微信生态的立体高度系统讲述企业微信快营销方法论
阿里巴巴实战运营：14招玩转诚信通 聂志新　著	产品定位、阿里巴巴排名因素、数据分析、标题优化等	阿里巴巴实战运营2：诚信通热卖技巧 聂志新　著	打开诚信通运营的金钥匙，十大具体运营技巧
三、行业新营销			
餐饮新营销 杨勇　程绍珊　著	聚焦餐饮企业转型，系统的餐饮企业营销管理体系	新零售进化路径 李政权　著	预先复盘新零售及商业的未来，找到方向
珠宝黄金新营销 崔德乾　著	珠宝业新营销/新品牌/新产品/新零售/新连接/新场景/新服务/新传播/新管理	新经销：新零售时代教你做大商 黄润霖　著	探访近100位经销商在传统营销手法上的创新，传统营销微创新和新营销本地化
新零售动作分解与实操：建材·家居·家具 盛斌子　著	对泛家居行业趋势、店面管理、团队管理、促销推广、五感营销等提供策略	新营销 刘春雄　著	让品牌商和渠道商掌握获得独立流量的能力，能够与平台商博弈
快速见效的企业网络营销方法B2B　大宗B2C 张进　著	数据和案例90%来自作者服务的中小企业，快速全面地学习企业网络营销方法	移动互联下的超市升级 联商网专栏　著	超市未来的发展趋势，对社区超市、生鲜、全渠道建设、O2O等提出观点
百货零售全渠道营销策略 陈继展　著	零售行业的竞争重点、行业本质、战略转型、未来趋势、经验和案例	互联网时代的银行转型 韩友诚　著	银行业在互联网金融变革浪潮中所做的积极应对和转型布局
触发需求：互联网新营销样本·水产 何足奇　著	通过鲜誉案例解读阐述水产行业如何进行互联网转型	新农资如何弯道超车 刘祖轲　著	从农业产业化、互联网转型、行业营销与经营突破四个方面阐述农资企业转型
新零售　新终端 迪智成　著	将新零售系统打法做梳理并落地在新终端建设上		
医药医疗			
一、药店			
新医改了，药店就要这样开 尚锋　著	从药店定位的思考、内部和会员管理等方面探讨中小型药店发展方向	电商来了，实体药店如何突围 尚锋　著	新时代药店经营的三驾马车：药学专业服务、会员贴心服务和精准定向促销
引爆药店成交率1：店员导购实战 范月明　著	药店人的零售工作，怎样接待顾客，完善销售技巧	引爆药店成交率2：药店经营实战 范月明　著	从药店经营角度建立改善门店现状的实用标准
引爆药店成交率：专业化销售解决方案 范月明　著	从简单的拿药服务到提供多角度的专业解决方案	连锁药店新风口：资本　智能　大数据 动脉网　著	对我国连锁药店的市场环境、行业现状等进行分析，给出对连锁药店未来发展趋势的预判
药店导购关联销售技巧与成交话术 范月明　著	以药店情景案例导入，介绍常见疾病的导购销售话术与顾客心理分析，进而提供关联销售解决方案		

续表

书名	内容	书名	内容
二、药品销售			
书名	**内容**	**书名**	**内容**
医药第三终端：从控销到动销　诊所　基层医疗 王祥君　张芳文　著	用大量案例来梳理药企落地动销的策略、方法和技战术	**医药营销：诊所开发维护与动销** 张江民　著	从六个方面系统阐述基层诊所市场营销攻略
处方药合规推广实战宝典 赵佳震　著	对处方药推广体系搭建、推广人员岗位内容等六个方面进行阐述	**医药代理商经营全指导** 戴文杰　著	从产品选择、价格体系设计、路径管理等维度描述代理商产品操作的基本策略
处方药零售这样做 田军　著	处方药零售的重要性及做市场的具体措施和方法	**OTC医药代表药店开发与维护** 鄢圣安　著	一位从初级OTC医药销售代表成长起来的销售经理的经验分享
OTC医药代表药店销售36计 鄢圣安　著	以《三十六计》为线，阐述OTC医药代表向药店销售的技巧与策略	**做医生信赖的医药代表** 邹晓徽　宁剑锋 朱文虎　著	医药代表如何在合规要求下做好药品推广工作的操作工具书
三、药企转型			
药企战略·运营与医药产业重构 杜臣　著	医药产业的深度认知与发展趋势结合，战略思考与经营操作相统一	**医药行业大洗牌与药企创新** 林延君　沈斌　著	围绕创新介绍医药行业，介绍近百家医药企业创新实践案例
医药新营销 史立臣　著	从药企最关心的八个方面阐述制药企业、医药商业企业营销模式转型	**医药企业转型升级战略** 史立臣　著	从商业模式转型、管理转型、定位转型、运营模式转型和跨界转型五方面阐述转型
新医改下的医药营销与团队管理 史立臣　著	立足新医改相关政策的解读，为中小医药企业出谋划策	**在中国，医药营销这样做** 段继东　著	时代方略在医药营销领域思想、方法文章的精选合集
四、新医疗			
成为医疗器械领军者 王强　著	中小医疗器械生产企业和代理商怎样转型	**新型诊所经营与创新** 动脉网　著	对新型诊所从标准化管理、经营方式、团队建设、连锁模式四个方面进行解读
医美新风口：颜值经济下的亿万市场 动脉网　著	详细介绍中国医疗美容行业的发展趋势、现状及医美产业链等	**互联网医院：正在发生的医疗新变革** 动脉网　著	介绍互联网医院的建设与运营、管理，发展模式和市场布局，以及发展规律
快消品			
一、快消案例			
中国快消品营销这些年 史贤龙　著	一本书浓缩快消品营销15年的实战历程与前沿思考	**这样打造大单品** 迪智成　著	通过13个大案例帮助企业梳理打造大单品的路径
你不知道的加多宝 曲宗恺　牛玮娜　著	以时间为轴线，详细叙述了加多宝品牌的发展历程	**娃哈哈区域标杆** 罗宏文　快车君　赵晓萌 寇尚伟　著	娃哈哈豫北市场如何成为娃哈哈全国第一大市场、全国增量第一的市场
六个核桃凭什么从0过100亿 张学军　著	全视角深度解读养元企业的裂变成长，复盘十年蜕变轨迹	**像六个核桃一样** 王超　著	六个核桃为什么卖得这么好，产品畅销的6大要义36条简明法则

续表

书名	内容	书名	内容
5小时读懂快消品营销 陈海超　著	20年快消品市场风云洞察解码，丰富的案例解析		
二、快消品区域经理			
快消品营销团队管理 刘雷　伯建新　著	快消品团队管理相关的20余个工具+20余个案例	**这样打造快消品区域标杆** 罗宏文　牛玉龙　著	分两篇解决如何成功打造标杆市场和进行持续增量管理两大问题
成为优秀的快消品区域经理（升级版） 伯建新　著	作为区域经理的“速成催化器”，升级版增加11篇内容	**快消老手都在这样做：区域经理操盘锦囊** 方刚　著	一线成长起来的资深快消品营销人“压箱底”绝活
快消品营销人的第一本书 刘雷　伯建新　著	针对一线厂家业务员工作中常遇到的问题给予建议	**销售轨迹：一位快消品营销总监的拼搏之路** 秦国伟　著	一个普通营销人的故事，16年背井离乡的职场拼搏之路
快消品营销：一位销售经理的工作心得2 蒋军　著	从市场操作、团队管理、传播推广、营销的具体策略和战略等方面提供方法		
三、快消品动销			
动销：产品是如何畅销起来的 余晓雷　著	从怎么被消费者买走和竞争对手是谁这两个原点解决动销问题	**动销操盘：节奏掌控与社群时代新战法** 朱志明　著	用七个章节阐述关于动销操盘的要诀，节点、节奏、主次、条件匹配性等问题
动销四维：全程辅导与新品上市 高继中　著	从产品、渠道、促销和新品上市四个方面详细讲解提高动销的具体方法	**快消品经销商这样做才赚钱** 张宇　著	从全新的角度，解读经销商的经营困境，并提供可实操的解决方法
四、快消品渠道			
深度分销 施炜　著	渠道价值链、模式选择、渠道策略与管理、零售经销商管理、最佳实践、团队建设	**通路精耕操作全解** 周俊　陈小龙　著	对康师傅的制胜法宝通路精耕进行系统的介绍与说明，图表和完善入微的操作方法
酒水饮料快消品餐饮渠道营销手册 朱伟杰　著	对餐饮渠道深入挖掘，建立适合餐饮渠道发展的服务模式和组织保障措施	**快消品经销商如何快速做大** 杨永华　著	经销商如何通过经营实现规模，通过管理实现规模效益
快消品营销与渠道管理 谭长春　著	解决日常涉及的渠道管理、市场、产品等营销事务	**快消品招商的第一本书** 刘雷　著	从招商理论到招商动作进行系列化分解，化繁为简
采纳方法：化解渠道冲突 朱玉童　著	21个最新的渠道冲突案例立体地介绍渠道冲突的现象和方法	**快消品促销管理与方案：规划 技能 工具** 张荣举　著	涵盖促销规划、打法、具体落地执行的细节和终端人员技能及训练，结合线上线下运作，提供全套方法
五、快消品企业战略			
重构：快消品企业重生之道 杨永华　著	从战略、品牌、市场、产品、营销、系统、管理7个方面进行重构	**变局下的快消品实战策略** 杨永华　著	从5个角度针对快消品企业如何应对行业变局给出答案
新营销 刘春雄　著	让品牌商和渠道商掌握获得独立流量的能力，能够与平台商博弈	**采纳方法：破解本土营销8大难题** 朱玉童　著	破解困扰营销人的八大难题，给出解决方法
白酒营销培训宝典：复制高业绩 刘孝鞅　著	总结白酒营销人员系统运作市场的要点，转化为易学可复制的动作和工具表单	**酒水饮料快消品餐饮渠道营销手册** 朱伟杰　著	对餐饮渠道深入挖掘，建立适合餐饮渠道发展的服务模式和组织保障措施

续表

白酒			
书名	内容	书名	内容
白酒营销的第一本书 唐江华　著	多角度阐释白酒一线市场操作的最新模式和方法	白酒经销商的第一本书 唐江华　著	对经销商如何选择厂家、合作、运营品牌等问题给出建议
白酒到底如何卖 赵海永　著	多角度阐释白酒一线市场操作的最新模式和方法	白酒到底如何卖2：从市场培育到动销 赵海永　著	系统化、标准化、模式化的促成动销的实战操作方式和方法
变局下的白酒企业重构 杨永华　著	白酒企业重构期的营销战略与实操策略6大方法	酒业转型大时代 微酒　著	酒水营销、新闻资讯及行业分析、预测的知识宝典
区域型白酒企业营销必胜法则 朱志明　著	以36条法则从战略、营销、推广、产品线、品牌、市场、战术等方面提供方法	10步成功运作白酒区域市场 朱志明　著	从市场攻守、产品攻略、新品上市、占领渠道、促销等十个层面阐述
白酒营销1：中小酒企操盘与崛起 徐伟　徐涛　著	深入分析品牌与行业、操作方法，提供营销实操宝典	白酒营销2：品类创新策略升级 黑格咨询　著	立足行业现状，建立品类创新、营销模式创新路径，提供市场建设方法、营销策略与工具案例
茶·调味品·油·乳业			
营销中国茶：2小时读懂茶叶营销 史贤龙　著	中国茶营销的“困局”“破局”和“创举”	中国茶叶营销第一书 柏龑　著	纵览中国茶叶市场的全局，并且有针对性地提出问题并阐述解决方法
调味品营销第一书 陈小龙　著	15年监控中国市场50个中外著名调味品品牌市场运作、管理等的经验总结	调味品企业八大必胜法则 张戟　著	提炼了调味品企业八大规律性的关键成功要素
食用油营销的第一本书 余盛　著	从小包装油行业概述到产品的基本知识，从基本执行动作到品牌整体策划等	鲁花：一粒花生撬动的粮油帝国 余盛　著	鲁花如何成长为优秀的带动农业产业发展的品牌
金龙鱼背后的粮油帝国 余盛　著	以金龙鱼为脉的一部中国粮油行业的史诗	乳业营销的第一本书 侯军伟　著	区域型乳品企业如何才能稳健发展
调味品经销商公司化运营 张戟　著	调味品和快消品经销商如何从“个体户”到“公司化”，一步步推进的具体方法		
工业品			
一、工业品销售			
大客户销售这样说这样做 陆和平　著	大客户销售活动的十大模块，68个典型销售场景	销售是个专业活 陆和平　著	据客户采购流程拆分销售过程十阶段、讲解方法技巧
成为资深的销售经理：B2B工业品 陆和平　著	让销售经理成功把握销售管理6个关键点，并提供工具	一切为了订单：订单驱动下的工业品营销实践 唐道明　著	以订单流程的三个环节为主线讲述工业品营销管理新思路
订单是这样拿到的 郑文洲　著	作者近10年销售生涯的回顾，真实销售故事和成功经验分享		
二、工业品营销			
工业品营销管理实务（第4版） 李洪道　著	是信任导向工业品营销体系的深化版、工业品营销管理体系优化咨询的升级版	工业品企业如何做品牌 张东利　著	为当下中国制造的品牌化转型提供经过实践证明的理念、方法和体系

续表

书名	内容	书名	内容
工业品市场部实战全指导 杜忠　著	解决职能不清、市场部五大职能如何运作、职业发展路径等具体问题	**解决方案营销实战案例** 刘祖轲　著	十大工业品作者实操案例解码解决方案营销
资深大客户经理：策略准　执行狠 叶敦明　著	将大客户经理必须具备的规划、策略、执行三种能力运用自如		
三、工业品企业			
变局下的工业品企业7大机遇 叶敦明　著	探索工业品企业成长的新机会，7大战略与战术性机会	**两化融合管理体系贯标流程与方法** 戴勇　著	融合五十多家企业在两化融合贯标过程的经验，总结重点与举措
丁兴良讲工业4.0 丁兴良　著	多角度阐述中国在工业4.0的机遇和挑战		
建材家居			
一、建材家居门店			
家居建材促销与引流 薛亮　李永锋　著	对泛家居营销执行模式和工具、关键环节等进行汇总	**新零售动作分解与实操：建材·家居·家具** 盛斌子　著	对泛家居行业趋势、店面管理、团队管理、促销推广、五感营销等提供策略
家具行业操盘手 王献永　著	总结家具终端门店发展的现状及问题并给出策略	**手把手教你做专业督导** 熊亚柱　著	系统梳理督导的核心技能、岗位职责、工作流程及技能
手把手帮建材家居导购业绩倍增 熊亚柱　著	针对建材家居门店的业务人员、案例故事还原场景，教你成为好导购	**10步成为最棒的建材家居门店店长** 徐伟泽　著	梳理店长管理的核心工作职责、店面管理规范和帮助销售人员成长
建材家居门店销量提升 贾同领　著	9个板块讲述建材一个单店如何做到经营的良性循环	**建材家居门店6力爆破** 贾同领　著	产品力、导购力、形象力、推广力、服务力、组织力
二、建材家居经销商			
新经销：新零售时代教你做大商 黄润霖　著	探访近100位经销商在传统营销手法上的创新，传统营销微创新和新营销本地化	**建材家居经销商42章经** 王庆云　著	经营管理的心法和战法，帮助经销商成为“业务妙手”和“管理能手”
成为最赚钱的家具建材经销商 李治江　著	针对建材家居行业的经销商，从销售模式、产品、门店、市场等方面给出方法		
三、建材家居企业			
定制家居黄金十年 韩锋　翁长华　著	对中国定制家居行业20年发展历程进行深度、系统、专业的解读	**建材家居营销：除了促销还能做什么** 孙嘉晖　著	探索家居建材行业营销的革命，发现行业“营销天花板”的突破口
建材家居营销实务：新环境、新战法 程绍珊　杨鸿贵　著	针对建材家居市场特点提出以客户价值为基础的整体营销价值链	**全屋整装　高利润运营手册** 翁长华　陈平　著	十大维度解决实际问题，是0到1极具操作性的整装指南
零售·餐饮·服装·影院·美容院			
新零售进化路径 李政权　著	预先复盘新零售及商业的未来，找到方向	**新零售　新终端** 迪智成　著	梳理新零售系统打法并落地在新终端建设上

续表

书名	内容	书名	内容
移动互联下的超市升级 联商网　著	超市未来的发展趋势，对社区超市、生鲜、全渠道建设、O2O 等提出观点	百货零售全渠道营销策略 陈继展　著	零售行业的竞争重点、行业本质、战略转型、未来趋势、经验和案例
超市卖场定价策略与品类管理 IBMG 集团　著	零售企业的市场拓展与商品定位、商品结构与商品陈列、毛利分析与库存分析	连锁零售企业招聘与培训破解之道 IBMG 集团　著	围绕零售企业组织架构、培训体系建设等内容进行探讨
总部有多强大，门店就能走多远 IBMG 集团　著	五大方向综合阐述连锁零售企业总部如何提升管理能力	三四线城市超市如何快速成长：解密甘雨亭 IBMG 集团　著	甘雨亭的许多关键经营指标均高于行业标准，学习其成功的方法
中国首家未来超市：解密安徽乐城 IBMG 集团　著	对乐城超市的掌门人及内部员工的采访详细阐释了乐城的经验	零售：把客流变成购买力 丁昀　著	通过大量的实际案例对中国零售业态的升级转型之路提出思考
餐饮新营销 杨勇　程绍珊　著	聚焦餐饮企业转型，系统的餐饮企业营销管理体系	电影院的下一个黄金十年 李保煜　著	介绍了中国电影产业的运作模式及电影院的开发、设计思路
餐饮企业经营策略第一书 吴坚　著	阐述餐饮企业产品之道、市场之道、顾客之道及盈利之道	赚不赚钱靠店长，从懂管理到会经营 孙彩军　著	注重专卖店的经营思路拓展，门店管理细节方面能力提升
时装买手自学通 范敏娜　编著	从流行趋势调研、商品企划、采购渠道、数据管理到店铺销售等时装买手需要具备的能力与操盘技巧	美容院/养生馆高盈利经营模式 陈鹏飞　著	5 步实现店铺高盈利方法与策略
农牧业			
一、农资			
饲料营销有方法 陈石平　著	饲料营销的 7 大核心命题	农资营销实战全指导 张博　著	在农资市场行之有效的营销策略和工具
新农资如何弯道超车 刘祖轲　著	农业产业化、互联网转型、行业营销与经营突破		
二、农牧企业			
中国牧场管理实战 黄剑黎　著	对牧场管理标准、管理制度、操作规程做出剖析和指引	中小农业企业品牌战法 韩旭　著	农业企业需要全产业链视野，更需要品牌实战方法
变局下的农牧企业 9 大成长策略 彭志雄　著	为农牧企业量身打造了 9 个立足现在、展望未来的成长策略	农产品营销实战第一书 胡浪球　著	针对 33 个农产品营销的核心问题提供具体招数
农产品全网营销 吴之　著	帮助全国农业合作社、家庭农场打造农产品品牌		
地产·汽车			
一、地产			
中国城市群房地产投资策略 吕俊博　刘宏　著	挖掘主要城市群的现状特征、发展因子、演化趋势、竞争关系等，给出分析建议	产业园区/产业地产：规划、招商、实战运营 阎立忠　著	从认知、规划、招商、运营四方面系统解读产业园区的建设精要和运营技巧
人文商业地产策划 戴欣明　著	“全球化视野（创意）”+“人文+”思维	产业园区/产业地产 2：系统化经营与操盘攻略 阎立忠　著	全方位系统解析产业园区运营策略
从零开始打造产业园区 刘晓君　著	全流程，系统化，注重细节，多角度教你打造产业园区		

续表

二、汽车			
书名	内容	书名	内容
商用车经销商运营实战 杜建君　著	对商用车经销商的经营与管理、4S店运营做了全方面的系统总结	**汽车配件这样卖** 俞士耀　著	适合轮胎、机油、维修、快保、美容、洗车等汽车服务业态销售实操办法
润滑油销售：这样说，这样做更有效 张金荣　著	总结润滑油销售面对三大客户常遇到的200余个营销问题解决方法	**润滑油品牌营销** 张金荣　著	没有说教，只有方法，适合小微企业、代工品牌、经销商、营销人阅读
投资理财·收购资本			
交易心理分析 马克·道格拉斯 【美】　著	一语道破赢家的思考方式，并提供了具体的训练方法	**财报背后的投资机会** 蒋豹　著	零基础轻松掌握财务报表的相关知识，快速入门
写给企业家的公司与家庭财务规划 周荣辉　著	以企业的发展周期为主线，介绍各阶段企业与企业主家庭的财务规划	**分股合心** 段磊　周剑　著	围绕股权激励，详细介绍相关知识和实行方法
成功并购300问 浩德并购军师联盟　著	系统学习资本运作和企业并购知识的金融工具书	**并购名著阅读指南** 叶兴平　著	从全球5000多本并购图书中精选200本并进行评价
避开股权合伙这些坑 苏雯静　著	根据创始合伙人、外部合伙人、内部合伙人等方面的实际案例做归纳和梳理	**产业并购操盘手** 张军杰　著	15个案例，11个范本，38个图表，拿来即用
科创板IPO上市全流程指导 丁先云　刘海旭　著	不仅有各项制度的深入剖析，更有各种问题和解决方案的详细论述，配合案例，轻松操作		
阿米巴			
阿米巴经营的中国模式 李志华　著	基于阿米巴经典理念提出了适合中国本土的员工自主经营的“1532”模型	**集团化企业阿米巴实战案例** 初勇钢　著	作者在某酒厂推行阿米巴经营模式的心得
中国式阿米巴落地实践之激活组织 胡八一　著	划分原则、裂变与整合、组织管控、重新定位、巴长竞聘和组阁	**中国式阿米巴落地实践之从交付到交易** 胡八一　著	从6个方面阐述经营会计，从交付到交易是成功实施阿米巴的标志
中国式阿米巴落地实践之持续盈利 胡八一　著	企业做成平台、平台做成阿米巴、阿米巴做成合伙制		
人力资源管理			
一、绩效·薪酬			
回归本源看绩效 孙波　著	从目的和概念帮助企业梳理绩效管理与经营的关系	**走出薪酬管理误区** 全怀周　著	从7个常见的薪酬误区入手为企业提供一套系统解决方法
曹子祥教你做绩效管理 曹子祥　著	作者核心授课课程的还原，掌握绩效管理的核心内容	**曹子祥教你做激励性薪酬设计** 曹子祥　著	作者28年咨询经验总结，如何进行科学的薪酬体系设计
把招聘做到极致 远鸣　著	资深招聘经理多年工作心得的提炼	**把招聘做到极致2：灰度招聘全攻略** 黄渊明　李佳倩　著	从实战需求出发，兼容并包各种优秀的招聘理论、方法、经验与工具，并进行创新性的应用

续表

二、招聘·面试·培训			
书名	内容	书名	内容
把面试做到极致 孟广桥　著	一套实用的确定岗位招聘标准，提升面试官技能方法	**世界500强资深培训经理人教你做培训管理** 陈锐　著	构建培训体系、培训组织、培训文化、开发培训资源，教你做培训管理
人才评价中心漫画版 邢雷　著	用漫画形式写成的人才测评专业书籍		
三、HR高管·劳动法			
经营型HRD 黄渊明　著	总结企业HRD如何支撑企业经营，抓好七件关键事情	**人才供应链：实现高绩效均衡的人才管理模式** 许锋　著	打造人才供应链的四大支柱、十项修炼的完整体系
新任HR高管如何从0到1 新海　著	到互联网创业型企业担任HRVP，从0到1建立较完善的HR体系	**人力资源体系与e－HR信息化建设** 刘书生　陈莹　王美佳　著	6大框架、28个关注点、5大目标、6大优势、166个交付物咨询体系和盘托出
集团化人力资源管理实践 李小勇　著	针对集团型企业人力资源管理的问题提出科学建议	**我的人力资源管理笔记** 张伟　著	第三方咨询视角跳出"技术方法"看人力资源管理
人力资源的5分钟劳动法 李皓楠　著	入职管理、在职管理、离职管理中遇到的劳动法问题及应对	**海外人力资源管理：帮企业成功"走出去"** 黄渊明　著	弥补了中国企业海外人力资源管理实践体系建设的空白，具有开创性意义
从零开始学：胜任力模型建模与应用 林丽萍　著	手把手教你做胜任力建模，并通过大量的企业案例拆解介绍模型在各个方面的落地应用	**上市公司总经理助理工作笔记** 黄娜　著	40个案例，教你从小白助理到资深总助
用好任职资格体系 杨序国　著	以某企业为案例，系统地介绍了企业HR如何通过任职资格体系帮助员工成长		
四、HRBP			
HRBP是这样炼成的之菜鸟起飞 黄渊明　著	作者在初步转型HRBP两年时间里摸索实践的亲身经历与总结	**HRBP是这样炼成的之中级修炼** 黄渊明　著	结合作者亲身从事HRBP的工作经历，总结HRBP的作战故事
HRBP高级修炼 黄渊明　著	故事方式，HRD角度深度呈现运用HRBP的思维、方法		
企业文化			
企业文化落地本土实践 王祥伍　著	华夏基石"知信行"模型描绘企业文化落地路线图	**企业文化的逻辑** 王祥伍　著	从文化起源深刻剖析文化、效率、企业、企业文化联系
企业文化定位·落地一本通 王明胤　著	企业文化理念传播和落地聚焦的17种方法，解读了近100个实战案例	**36个拿来就用的企业文化建设工具** 海融心胜　著	汇集整理了36个通用的企业文化实践工具
企业文化激活沟通 宋杼宸　安琪　著	系统阐述沟通与企业文化的关系，给予企业提升沟通效能的企业文化解决方案	**企业文化建设超级漫画版** 邢雷　著	用漫画形式写成的企业文化建设专业书籍，理论体系和29个具体的操作方法
在组织中绽放自我 朱仁建　著	个人与组织之间的关系，文化对组织化形成的影响	**用企业文化提升经营绩效** 彭剑锋　尚艳玲　主编	企业要想在竞争中利于不败之地，就不能没有能打胜仗的企业文化与领导力
流程管理			
营销·研发·供应链业务架构与流程管理 谭勋晖　著	营销、研发、供应链三大业务流程变革实践经验总结	**打造集成供应链** 王春强　著	第一用力在"集成"上，梳理内外部相关模块及其依赖关系
人人都要懂流程 金国华　余雅丽　著	50幅流程管理漫画，内部对流程价值理念的高度共识	**用流程解放管理者** 张国祥　著	8个板块构成，共66篇文章，14幅流程管理图
用流程解放管理者2 张国祥　著	对中小企业规范化流程管理进行系统的阐述	**跟我们学建流程体系** 陈立云　罗均丽　著	在《跟我们做流程管理》的基础上丰富了标杆实践案例

续表

质量管理			
书名	内容	书名	内容
16949质量管理体系落地与全套文件汇编 谭洪华 著	对IATF16949每个条款讲解采用理解、作用、落地、模板、成功案例模块解析	**ISO9001：2015制造业文件模板全集** 贺红喜 著	五篇内容组成的完整的质量管理体系工具文件
精益质量管理实战工具 贺小林 著	四个方面对精益质量管理进行了全方位介绍和解读，并提供大量的方法工具	**五大质量工具详解及运用案例** 谭洪华 著	APQP、FMEA、MSA、SPC、PPAP五大质量工具的具体运用
IATF16949质量管理体系详解与案例文件汇编 谭洪华 著	针对IATF16949的标准原文做详细解说，同时提供大量的表单案例	**SA8000：2014社会责任体系认证实战** 吕林 著	将SA8000多版本及10多年的体系实战经验汇编成书
ISO9001：2015新版质量管理体系解读与案例文件汇编 谭洪华 著	对ISO9001：2015新版标准理解和运用操作进行详细解读	**ISO14001：2015新版环境管理体系解读与案例文件汇编** 谭洪华 著	ISO14001：2015改版后的差别和操作运用进行详细讲解
我在世界500强做供应商质量管理 宋华 著	分享汽车行业成熟的供应商质量管理体系和方法，都是作者的亲身经历	**ISO45001职业健康安全管理体系落地+全套案例文件** 谭洪华 著	每个条款清晰讲解，内容完全落地，轻松运用
五大质量工具之FMEA（2019第五版）详解及运用落地 谭洪华 著	对2019年6月修订的第五版FMEA标准进行详解，提供落地操作方法和全部案例文件，可直接套用		
精益生产			
一、精益·JIT·IE			
精益思维：超越对手的力量 刘承元 著	以尊重人性的精益思想为切入点，分别从管理者的精益理念、精益思维、精益实践、精益中国制造等方面进行独到的分析	**比日本工厂更高效** 刘承元 著	管理提升无极限+超强经营力+精益改善里的成功实践
计划与物流精益改善之道 于晓光 著	围绕"计划与物流战略咨询的方法论"进行解析，提供方法论和案例	**300张现场图看懂精益5S** 乐涛 著	通过日本丰田、上市企业案例，用300张现场图系统讲解5S管理
3A顾问精益实践1：IE与效率提升 党新民 苏迎斌 蓝旭日 著	系统、全面地介绍IE工厂管理技术，提高效率创造价值	**3A顾问精益实践2：JIT与精益改善** 肖智军 党新民 著	系统、全面地介绍JIT生产方式，并加入实践案例
高员工流失率下的精益生产 余伟辉 著	从三方面论述推行精益管理时如何应对员工流失	**让员工爱上6S管理** 肖智军 著	提供了众多企业的原版资料、案例，还汇集了一些企业骨干的推行感想、感悟及反思
200张图表学精益管理：IE工厂效率提升方法 刘秀堂 著	IE工程师视角，全是一线经验。精益落地的实操方法，大量图表工具让你上手就能做		
二、生产管理			
化工企业工艺安全管理实操 黄娜 著	围绕化工工艺安全14要素来展开分析	**手把手教你做专业生产经理** 黄娜 著	生产经理如何在信息流、物流、资金流三大流中开展工作

续表

书名	内容	书名	内容
欧博心法：好工厂　靠管理 曾伟　著	从管人篇和管事篇帮助读者解决人难管、事难控	欧博工厂案例1：生产计划管控对话录 曾伟　曾子豪　著	工厂管理生产计划管控模块的8个全景细节大案例
欧博工厂案例2：品质技术改善对话录 曾伟　曾子豪　著	工厂管理品质、技术、效率管理模块的10个全景细节大案例	欧博工厂案例3：员工执行力提升对话录 曾伟　曾子豪　著	工厂管理人员管控模块的5个全景细节大案例
工厂管理实战工具 曾伟　著	中国传统文化指导下的工厂管理工具	制造业成本倍减42法 王天江　著	42种经过实际验证有效的成本降低方法，用61个真实案例说明
制造企业上10亿其实并不难 杨小林　著	年产值1亿～10亿元中小制造企业在工厂经营和管理上的业务指导		
三、班组长			
全能型班组：城市能源互联网与电力班组升级 国网天津电力公司　著	从互联网时期的班组转型升级出发，对新型班组组织模式和运行机制进行设想	国网天津电力全能型班组建设实务 国网天津电力公司　著	聚焦天津电力公司在探索全能型班组转型升级时的优秀实践
车间人员管理那些事儿 岑立聪　著	从小事入手把基层车间管理者头疼的事务打包解决		
咨询·培训师			
培训师事业长青之道 廖信琳　著	培训师自我管理的“洋葱模型”、十项内容与五个层级	管理咨询师的第一本书 熊亚柱　著	深度剖析初级入行咨询师在工作中遇到的问题
资深管理咨询顾问工作心得 张国祥　著	使用手册讲述咨询师如何操作项目、老板如何选择咨询师、企业如何自主落地	手把手教你做顶尖企业内训师 熊亚柱　著	从开、控、收、编、制、用的角度去履行培训师的职责
TTT培训师精进三部曲上 廖信林　著	手把手教你“深度改善现场培训效果”的一招一式	TTT培训师精进三部曲中 廖信林　著	建构一整套培训课程设计与开发的认知架构和方法体系
TTT培训师精进三部曲下 廖信林　著	通过“沉淀职业功力的六度模型”，帮助培训师在职业技能上持续精进		
产品·研发			
研发体系改进之道 靖爽　陈年根 马鸣明　著	取材数十家企业研发改进的咨询实践，提炼一套实操的改进步骤与工具	新产品开发管理，就用IPD（升级版） 郭富才　著	把产品经营的思想凝结在新产品开发管理机制中，升级版更丰富
产品开发管理：方法·流程·工具 任彭枞　著	结合超过300家企业的实际研发管理方法，总结问题和方法，大量表格	资深项目经理这样做新产品开发管理 秦海林　著	采用过程管理方法，对新产品开发的四大过程进行分析，主要针对小电器产品
产品炼金术Ⅰ：如何打造畅销产品 史贤龙　著	打造畅销产品的四个方法	产品炼金术Ⅱ：如何用产品驱动企业成长 史贤龙　著	从经营者视角重新认识产品，快速诊断产品现状
快消品产品开发方法：打造快消爆品 张荣举　著	提供整套实战性的思维、方法、技能和工具，直接带有表格及公式，一看就能上手		